데일 카네기

HOW TO STOP WORRYING AND START LIVING

자기관리론

데일 카네기

HOW TO STOP WORRYING AND START LIVING

자기관리론

데일 카네기

정내현 옮김

더스토리

HOW TO
STOP WORRYING AND
START LIVING

세상에 없던 책이 나온 과정과 이유

35년 전, 나는 뉴욕에서 가장 불행한 청년 중 한 명이었다. 당시 나는 트럭을 판매하며 먹고살았지만 트럭이 어떤 원리로 굴러 가는지도 몰랐고 알고 싶지도 않을 만큼 일하기가 싫었다. 또한 싸구려 가구들로 채워져 있고 바퀴벌레가 득실거리는 웨스트 56번가의 방에 사는 것도 끔찍했다. 아침마다 방에 걸려 있던 넥타이를 매려고 손을 뻗으면 바퀴벌레들이 사방으로 흩어지던 것이 아직도 생생히 기억난다. 나는 내 방과 마찬가지로 바퀴벌레들이 득실거릴 것이 빤한 허름하고 더러운 식당에서 밥을 먹는 것도 정말 싫었다.

매일 밤 나는 실망, 걱정, 비통, 그리고 혐오를 먹고 자란 편두통을 이끌고 썰렁한 방으로 돌아왔다. 내가 혐오를 느낀 이유는 대학 시절에 품었던 나의 꿈들이 악몽으로 변했기 때문이었다. 정녕 내가 이런 삶을 원했나? 이것이 내가 그토록 간절히 소망했던, 생기 넘치는 모험이었나? 이것이 삶이 나에게 주는 의미의 전부인가? 내가 정말 싫어하는 일을 직업으로 삼고, 바퀴벌레들과 동고동락하고, 싸구려 음식을 먹으며 미래에 대한 희망도 없이? 나는 독서할 여유와 대학 시절에 꿈꾸었던 책을 쓸 여가 시간을 갈망했다.

나는 내가 그토록 싫어하는 일을 그만두는 것이 이익이면 이익이지 손해가 되지는 않을 것임을 알고 있었다. 나는 돈을 많이 버는 것에는 관심이 없었지만 풍요로운 삶을 살고 싶었다. 간단히 말해 루비콘 강, 즉 대부분의 젊은이들이 인생의 출발점에 서 있을 때 맞이하는 결단의 순간에 이르른 것이다. 그리하여 나는 결심했고 그것이 나의 미래를 완전히 바꾸었다. 그것은 지난 35년을 행복하게 했고 나의 유토피아적인 열망을 능가하는 보상을 주었다.

내가 내린 결단은 이것이었다. 싫어하는 일을 그만두는 것, 내가 미주리 주 워런스버그의 주립 교육대학에서 4년 동안 교육학을 공부했으니 야간학교에서 성인들을 가르치면서 돈을 벌겠다는 것, 그리고 가끔 쉬면서 독서, 강의 준비, 소설이나 단편을 쓰는 것. 나는 '글을 쓰기 위해 살고, 살기 위해 글을 쓰기'를 진정으로 원했다.

야간에 성인들에게 어떤 과목을 가르쳐야 할까? 나의 대학 교육과정을 되돌아보고 평가해 보니 내가 대학에서 배운 다른 어떤 것보다 대중연설의 교육과 경험이 업무, 그리고 인생에서 더욱 현실적인 가치가 있다는 것을 알게 되었다. 왜? 그것은 나의 소심함과 더불어 자신감 부족 현상을 사라지게 했고, 사람들을 대하는 용기와 확신을 주었기 때문이다. 또한 리더십이란 대개 자리에서 일어나 자신이 생각하는 바를 말할 수 있는 사람에게 주어진다는 사실을 명확히 깨달았다.

나는 콜롬비아 대학과 뉴욕 대학의 야간 공개강좌에서 대중연설 강사로 일하고 싶다고 지원했다. 그러나 이 두 대학은 나의 도움이 필요 없다는 결정을 내렸다.

당시 나는 좌절했다. 하지만 지금은 그 두 대학이 나를 거절한 것에 대해 하느님께 감사한다. 왜냐하면 눈에 보이는 결과물을 신속하게 내야 했던 YMCA 야간 학교에서 강의를 시작했기 때문이다. 그것은 그야말로 도전이었다. 성인들은 대학 학위나 사회적 지위 때문에 내 강의를 듣는 것이 아니었다. 그들이 오는 이유는 단 하나, 자신이 처한 문제들을 해결하기 위해서였다. 그들은 업무 회의에서 극도의 긴장감 없이 두 발로 서서 몇 마디의 말이라도 할 수 있기를 원했다. 영업사원들은 용기를 내기 위해 한참이나 주변을 서성거리지 않고도 깐깐한 고객을 방문할 수 있게 되기를 바랐다. 그들은 침착함과 자신감을 얻고 싶어 했다. 사업에서의 성공도 원했고, 가족을 위해 더 많은 돈을 벌고 싶어 했다. 그리고 수업료도 할부로 지불했기 때문에 만일 자신이 원하는 결과를 얻지 못하면 더 이상 돈을 내지 않아도 됐다. 나 역시 고정 급여가 아닌 수익금의 일정액을 받기로 계약했기 때문에 먹고 살기 위해서는 현실을 직시해야만 했다. 그때는 내가 악조건 속에서 강의를 한다고 느꼈지만 지금 와서 생각해 보면 돈으로도 살 수 없는 훈련이었다는 것을 실감한다. 나는 학생들에게 동기를 부여해야 했고, 그들이 문제를 해결하는 데 도움을 줘야 했다. 또한 활기 넘치는 강의를 통해 그들이 계속 수업에 나오고 싶게 만들어야만 했다.

그것은 흥미로운 일이었고 나는 그 일을 사랑했다. 수강하러 온 비즈니스맨들이 그토록 빨리 자신감을 얻을 뿐 아니라 그중 상당수가 빨리 승진하고 봉급이 인상되는 것을 보고 나 역시 크게 놀랐다. 수업은 내가 기대했던 것보다 훨씬 큰 성공을 거듭했다.

처음에 일급 5달러도 거절했던 YMCA는 3학기가 채 지나지 않아 내게 이익 배분 방식으로 하루 30달러를 보수로 지급했다. 처음에는 오로지 대중연설 강의만 했으나 몇 해가 지나면서 사람들에게 친구를 사귀고 사람들을 설득하는 능력 또한 필요하다는 것을 알게 된 나는 인간관계에 관한 적당한 교재를 찾을 수 없어서 직접 한 권을 써 냈다. 내가 썼다고는 하지만 일반적인 집필 방식은 아니었다. 내 글은 수강생들의 경험 속에서 성장하고 발전했고, 나는 그 책의 제목을 《인간관계론How to Win Friends and Influence People》으로 정했다.

그 책은 오로지 내 강좌에 참여하는 성인들을 위한 교재로 집필된 것이었던 데다 그 전에 내가 썼던 책들은 거의 팔리지 않았기 때문에 나는 그 책의 판매에 대한 기대도 없었다. 그러나 아마 현존하는 인물 중 나만큼 깜짝 놀란 작가도 별로 없을 것이다.

시간이 흐르면서 나는 성인들의 또 다른 큰 문제들 중 하나가 바로 '걱정'이라는 것을 알게 되었다. 대다수의 수강생들은 경영인, 영업사원, 기술자, 회계사 등 업종과 직종을 망라한 여러 분야의 직장인들이었는데 그들 중 대부분은 걱정거리를 갖고 있었다. 수강생 중에는 여성들도 있었는데, 직장에 다니거나 가정주부인 그녀들에게도 역시 걱정거리가 있었다. 때문에 내게는 당연히 '걱정을 극복하는 방법'에 관한 교재가 필요했고, 다시 한 번 그런 책을 찾아보려 했다. 나는 5번가와 42번가가 만나는 지점에 있는 뉴욕 최대의 공공도서관에 가 봤다. 그런데 놀랍게도 그 도서관에는 '걱정Worry'이라는 단어가 포함된 제목의 책이 단 22권밖에 없었다. 반면 '벌레Worm'라는 단어를 포함한 제목의 책은 무려 189권에 달했다. 벌레에 관한 책이 걱정에 관한 책보다 거의 아홉 배나 많다니! 놀랍지 않은가?

걱정은 인류가 직면한 가장 큰 문제들 중 하나이기 때문에 당신은 미국의 모든 고등학교와 대학에서 '걱정을 없애는 방법'에 관한 강좌를 하고 있다고 생각할 수도 있다. 그렇지 않은가? 하지만 내가 무지해서인지는 몰라도 미국에 그런 강좌가 있다는 말은 단 한 번도 들어본 적이 없다. 데이비드 시베리David Seabury가《성공적으로 걱정하는 방법How to Worry Successfully》이란 책에서 '책벌레에게 발레를 하라고 요구하는 것만큼이나 우리는 익숙하지 않은 일에 대한 준비가 거의 없는 상태에서 성인이 된다.'라고 말한 것도 놀랄 일은 아니다.

그 결과는 어떤가? 병원 침대의 절반 이상은 신경과 감정상의 문제를 가진 사람들이 차지하고 있다.

나는 뉴욕 공립도서관에 있던 걱정과 관련된 스물두 권의 책을 꼼꼼히 읽었을 뿐 아니라, 구할 수 있는 책은 모두 구입했다. 하지만 교재로 사용할 수 있는 책은 단 한 권도 찾을 수 없었고, 그래서 직접 책을 쓰기로 결심했다.

7년 전에 나는 이 책을 쓸 준비를 시작했다. 어떻게 준비했는지 궁금한가? 여러 시대의 철학자들이 걱정에 관해 말한 것들과 더불어 공자에서 처칠에 이르는 수많은 전기들도 읽었다. 그리고 잭 뎀프시, 오마르 브래들리 장군, 마크 클라크 장군, 헨리 포드, 일리노어 루스벨트, 도로 시 딕스와 같은 각계각층의 저명인사들과 면담도 했다. 하지만 이런 것들은 시작에 불과했다.

나는 면담이나 독서보다 훨씬 중요한 것들을 했다. 나는 걱정을 정복하기 위한 '실험실'에서 5년간 연구했고, 내 강좌의 성인 수강생들은 실험들의 대상이 되었다. 내가 아는 한 그런 종류의 실험실은 세계 최초이자 유일무이한 것이었다. 실험 과정은 다음과 같았다. 나는 수강생들에게 걱정을 없애는 방법에 관한 일련의 규칙들을 제시하고 그것을 그들의 생활에 적용시켜 보게 한 뒤, 그들이 얻은 결과들에 대해 수업 시간에 이야기하게 했다. 어떤 수강생들은 걱정을 없애기 위해 자신이 과거에 사용했던 방법들에 대해 발표했다.

이 경험의 결과 나는 '어떻게 걱정을 극복했나'에 관한 이야기를 이 세상 그 누구보다 많이 들은 사람이 되지 않았을까 생각한다. 게다가 '어떻게 걱정을 극복했나'에 대한 강의 시간에 나온 수백 개의 이야기들을 편지로도 읽었다. 그 이야기들은 미국과 캐나다의 219개 도시에서 진행되고 있는 이 강좌에서 우수한 것으로 엄선된 것들이었다. 그러므로 이 책은 상아탑에서 나온 것이 아니고, 걱정이 어떻게 극복될 수 있는가에 관한 학문적 강론 또한 아니다. 나는 오히려 그것과는 정반대로 수천 명의 사람들이 어떻게 걱정을 극복해 왔는가에 관해 빠르고 정확하며 입증된 보고서를 쓰려고 노력했다. 분명한 한 가지는 이 책이 실제적이고, 당신은 아주 생생한 이야기를 들을 수 있을 것이라는 점이다.

다행히 이 책에 실린 이야기들은 정체를 알 수 없는 가상의 인물 혹은 막연한 '메리'나 '존'에 관한 것이 아니다. 아주 드문 경우를 제외하고 이 책에는 실제 사람의 이름과 주소가 나온다. 즉, 이 책의 내용은 실제 있었던 일을 기록한 것이며, 그것을 보증하고 증명할 실제 인물도 존재한다.

프랑스의 철학자 폴 발레리Paul Valery는 "과학은 좋은 처방의 집대성이다."라고 말했다. 이 책이 바로 그렇다. 우리 삶에서 걱정을 없앨 성공적이고 장기간의 경험으로 보증된 처방들의 모음집이기 때문이다. 그러나 미리 경고 삼아 말해 둘 것은, 당신이 이 책에서 보게 될 것들은 전혀 새로운 어떤 것이 아니라는 점이다. 대신 일반적으로 적용되지 않는 것들을 많이 보게 될 것이다. 사실 근본적으로 당신과 나는 어떤 새로운 것을 필요로 하는 것이 아니다. 우리는 이미 완벽한 삶을 살아도 될 만큼 많이 알고 있다. 우리 모두는 황금률과 산상수훈에 대해 읽었다. 우리의 문제는 알지 못하는 것이 아니라 실천하지 않는 것이다. 이 책의 목적은 오랜 세월을 거친 수많은 기본 진리들을 고쳐 말하고 실례를 들어 설명하며 현대적으로 재해석해 진부한 냄새를 없애는 것, 그러고 나서 당신의 정강이를 걷어차며 그것들을 삶에 적용하게 만드는 것이다.

당신이 이 책을 고른 이유는 어떻게 쓰였는지 알고 싶어서가 아닐 것이다. 당신은 해결 방법을 찾고 있다. 그러니 이제부터 시작하자. 부디 먼저 이 책을 처음부터 35쪽까지만 읽어보기 바란다. 그때까지도 걱정을 멈추고 삶을 즐길 새로운 힘과 새로운 자극을 얻지 못한다면 그 사람은 이 책을 쓰레기통에 던져 버려도 좋다. 그런 이에게는 이 책이 쓸모가 없다.

데일 카네기

세상에 없던 책이 나온 과정과 이유

이 책이 여러분에게 도움을 주는 16가지 방법

1. 걱정되는 상황을 해결하는 구체적이고도 검증된 공식을 풍부하게 제공한다.

2. 사업상의 걱정을 절반으로 줄이는 방법을 알려 준다.

3. 평화와 행복을 부르는 정신 자세를 갖추는 데 필요한 일곱 가지 방법을 제시한다.

4. 돈과 관련된 걱정을 줄이는 방법을 알려 준다.

5. 당신이 가진 수많은 걱정을 극복하는 법칙을 설명해 준다.

6. 비난을 유익하게 활용하는 방법을 말해 준다.

7. 주부들이 피로를 줄이고 젊음을 유지할 수 있는 방법을 제시한다.

8. 피곤과 걱정을 막는 네 가지 작업 습관을 알려 준다.

데일 카네기 자기관리론

9. 하루의 활동 시간을 한 시간 늘리는 방법을 가르쳐 준다.

10. 감정이 폭발하는 것을 막을 수 있는 방법을 설명해 준다.

11. 평범한 수십 명의 남녀가 자신들이 어떻게 걱정을 멈추고 새로운 삶을 시작했는지 솔직하게 털어놓은 이야기를 들려준다.

12. 2주 내에 우울증을 치료하는 알프레드 아들러의 처방을 알려 준다.

13. 세계적으로 유명한 의사인 윌리엄 오슬러 경으로 하여금 걱정을 물리치게 한 스물한 개의 단어를 알려준다.

14. 냉방산업의 창시자인 윌리스 H. 캐리어가 걱정을 극복할 때 사용하는 3단계 방법을 제시한다.

15. 윌리엄 제임스의 '걱정을 다스리는 특효약'을 어떻게 사용해야 하는지 알려 준다.

16. 〈뉴욕 타임스〉의 발행인인 아서 헤이즈 설츠버거, 컬럼비아 대학 전 학장인 허버트 E. 호크스, 세계 헤비급 권투 챔피언인 잭 뎀프시, 야구 명감독 코니 맥, 뱁슨 대학 설립자인 로저 W. 뱁슨, 버드 제독, 헨리 포드, 진 오트리, J. C. 페니, 존 D. 록펠러 등 걱정을 극복한 수많은 유명 인사들의 방법을 자세히 제시한다.

| 차 례 |

1부 | 걱정에 대해 알아야 하는 기본 사실들

2부 | 걱정을 분석하는 기본 테크닉

DALE CARNEGIE

HOW TO STOP WORRYING AND START LIVING

걱정에 대해 알아야 하는 기본 사실들

걱정을 분석하는 기본 테크닉

걱정하는 습관을 버리는 방법

평화와 행복을 가져오는 7가지 마음가짐

걱정을 극복하는 완벽한 방법

타인의 비판을 걱정하지 않는 방법

걱정과 피로를 예방하고 활력과 의욕을 높이는 6가지 방법

행복과 성공을 모두 잡는 방법

금전적인 걱정을 줄이는 방법

1.

오늘을
충실하게 살아라

　1871년 봄, 한 청년이 책 한 권을 집어 들어 그의 미래에 깊은 영향을 끼친 스물한 단어의 구절을 읽었다. 몬트리올 종합병원의 의과대학생이었던 그는 기말시험을 어떻게 통과할지, 앞으로 무엇을 해야 할지, 어디로 가야 할지, 어떻게 기량을 키워야 할지, 어떻게 생계를 꾸려야 할지 등의 걱정에 한창 빠져 있었다.

　이 젊은 의학도가 1871년에 읽은 그 스물한 단어의 구절은 그가 당대의 가장 저명한 내과의사가 되는 데 큰 도움이 줬다. 그는 세계적으로 유명한 존스홉킨스 대학에 의학대학원을 설립했고 옥스퍼드 의과대학의 흠정(왕이 친히 제정함, 또는 그의 명령으로 제정된 것)강좌를　담당하는 교수가 되었다. 그것은 영국에서 의사가 받을 수 있는 최고의 영예였다.

그는 영국 왕실로부터 기사 작위를 받았다. 그가 죽어 세상을 뜬 뒤 그의 삶을 기록하기 위해서는 두꺼운 두 권의 책이 필요했는데, 그 분량은 무려 1,466쪽에 달했다.

그의 이름은 윌리엄 오슬러William Osler 경이었다. 1871년 봄에 그가 읽었던 스물 한 단어의 구절. 그로 하여금 걱정으로부터 자유로운 삶을 살도록 도와준 토머스 칼라일Thomas Carlyle의 그 구절은 이것이다.

우리의 주된 임무는 저 멀리 있어 희미하게 보이는 것을 보려고 하는 것이 아니라, 당장 손안에 있는 명확한 것을 실천하는 것이다Our main business is not to see what lies dimly at a distance, but to do what lies clearly at hand.

42년이 지나고 캠퍼스에 튤립이 만발한 어느 따스한 봄날 저녁, 윌리엄 오슬러 경은 예일 대학 학생들을 대상으로 연설을 했다. 그는 학생들에게, 자신처럼 4개 대학에서 강의를 하고 유명한 책까지 써 낸 사람은 '특수한 두뇌'의 소유자일 것이라고 생각하겠지만, 그것은 사실이 아니라고 말했다. 또한 친한 친구들은 자신이 '지극히 평범한 두뇌'를 가졌다는 것을 잘 알고 있다고 덧붙였다.

그렇다면 그의 성공 비결은 무엇일까? 그는 자신이 '오늘에 충실하자'는 태도로 살았기 때문이라고 답했다. 이 말은 무슨 뜻일까? 예일 대학에서 연설하기 몇 달 전 오슬러 경은 대서양을 횡단하는 대형 원양 정기선 위에 몸을 실었다. 그 배는 선장이 버튼 하나만 누르면 육중한 기계음과 함께 배의 각 부분이 다른 부분들과 빠르게 격리되어 방수 구역으로 바뀌는 배였다.

"여러분들 하나하나는 그 정기선보다 훨씬 더 놀라운 유기적 조직체일 뿐 아니라 그것보다 더 긴 항해를 해야만 합니다. 제가 강조하고 싶은 것은 배의 기계장치를 다루는 법을 배우듯 여러분의 하루하루를 충실히 살아가는 것이 안전한 항해를 책임지는 가장 확실한 방법이라는 점입니다. 선교船橋에 올라서서 적어도 그 커다란 차단막이 제대로 작동하게끔 만드십시오. 살아가는 모든 단계에서마다 버튼을 누르고 강철문이 과거, 즉 지나 버린 날들을 차단하는 소리를 들으십시오. 또한 미래, 즉 아직 다가오지 않은 날들을 금속막으로 막아 버리십시오. 그러면 여러분은 안전하게 오늘에만 충실히 살 수 있습니다.

과거를 차단하세요. 죽은 과거는 죽은 이들을 묻게 놔두십시오. 바보들을 무가치한 죽음으로 인도하는 지난날은 막아 버리십시오. 내일의 짐에 어제의 짐까지 얹어서 오늘 가지고 간다면 아무리 강한 사람도 비틀거리기 마련입니다. 과거와 마찬가지로 미래도 철저하게 차단하십시오. 오늘이 바로 미래입니다. 내일은 없습니다. 인류가 구원받는 날은 바로 오늘입니다. 미래를 걱정하는 사람의 발걸음에는 정력 낭비, 정신적 고통, 걱정, 근심이 끈질기게 따라다닙니다. 단단히 틀어막으십시오. 그렇게 선수船首에서 선미船尾까지 칸막이를 친 다음, '오늘만의 구역'에서 생활하는 습관을 기를 수 있도록 준비하십시오."

오슬러 경은 내일을 준비하기 위한 어떤 노력도 하지 말아야 한다는 의미로 그런 말을 했을까? 아니다. 전혀 그렇지 않다. 내일의 준비를 위한 최선의 방법은 당신의 모든 지혜와 열정을 오늘 할 일에 집중시키는 것, 그리고 오늘 그 일을 훌륭하게 하는 것이다. 그것만이 당신이 미래를 준비할 수 있는 유일한 방법이다.

윌리엄 오슬러 경은 예일 대학교 학생들에게 주기도문으로 하루를 시작할 것을 권했다. '오늘날 우리에게 일용할 양식을 주시고……'로 시작하는 그 기도문에서 알 수 있듯 우리는 오직 오늘의 양식만 필요로 한다는 것을 기억하기 바란다. 어제 먹어야 했던 딱딱해진 빵에 대해서 이 기도는 불평하지 않는다. 또한 '오, 하느님, 요즘 밀밭이 너무 가물었어요. 가뭄이 오려나 봐요. 그러면 내년 가을에 먹을 빵은 어떻게 구하죠? 아니면 만약 제가 직업을 잃는다고 생각해 보세요. 오, 하느님, 그러면 어떻게 빵을 구하죠?'라고 하지도 않는다. 그렇다. 이 기도문은 우리에게 오늘의 양식만 청할 것을 가르치고 있다. 오늘의 양식만이 당신이 먹을 수 있는 유일한 양식이다.

오래전, 주변이 전부 자갈밭이라 사람들의 생계가 힘든 지방을 무일푼의 한 철학자가 지나가고 있었다. 어느 날 그는 언덕 위에 많은 사람을 모아 놓고 연설을 했다. 아마 그 연설은 동서고금을 막론하고 그 어떤 연설보다 가장 많이 인용될 것이다. 그의 주변에 모여들었고 그는 동서고금을 막론하고 아마도 가장 많이 인용되었을 연설을 했다. 스물여섯 단어로 이루어진 이 연설은 수세기 동안 많은 사람에게 깨달음을 주고 있다. "그러므로 내일 일을 위하여 생각하지 말라. 내일 일은 내일이 생각할 것이요, 한 날의 괴로움은 그날로 족하니라."(마태복음 6장 34절)

많은 사람이 예수의 '내일 일을 위하여 생각하지 말라'는 말을 받아들이지 않았다. 사람들은 그 말을 실현될 수 없는 이상이나 동양적 신비주의의 일부로 여긴다. 그들은 "나는 꼭 내일 일을 생각해야겠어. 가정을 지키려면 보험에 들어야만 하고, 노후를 위해서는 저축을 해야지. 성공하려면 반드시 계획을 세우고 준비해야 해."라고 말한다.

그렇다. 물론 그렇게 해야 한다. 사실 예수의 저 말이 번역된 것은 300년 이상 지났고, 제임스 왕 시대에 그 말들이 의미했던 것은 오늘날의 의미하는 바와 다르다. 300년 전의 '생각'이라는 단어는 대개 '걱정'을 뜻했다. 현대식의 성서 번역본은 예수의 말을 다음과 같이 보다 정확하게 인용하고 있다. '내일 일을 위하여 염려하지 말라.' 반드시 내일을 생각하라. 아니, 그뿐 아니라 신중하게 생각하고 계획하고 준비하라. 그러나 걱정하지는 마라.

제2차 세계대전 시 미국의 군 지휘관들은 걱정할 겨를도 없이 내일을 위한 전략을 짰다. "나는 우리가 가진 최고의 장비들을 최정예 부대에 보급했고 그들에게 가장 현명하다고 판단되는 임무를 부여했다. 내가 할 수 있는 일은 그게 전부였다." 미 해군을 지휘했던 어니스트 J. 킹Ernest J. King 제독의 말이다.

계속해서 그는 이렇게 말했다. "나는 침몰해 버린 군함을 건져 올리거나, 막 침몰하려는 전함을 막을 수 없다. 어제의 일로 괴로워하기보다는 내일의 문제에 내 시간을 할애하는 것이 훨씬 낫다고 생각한다. 더구나 지난 일들이 나를 괴롭힌다면 나는 견딜 수 없을 것이다."

전시나 평시를 막론하고 올바른 사고와 그렇지 못한 사고의 가장 큰 차이는 바로 이것이다. 올바른 사고는 원인과 결과를 따져 논리적이고 건설적인 계획에 이르게 하지만 그렇지 않은 사고는 종종 긴장과 신경쇠약에 이르게 한다. 최근에 나는 세계에서 가장 유명한 신문 중 하나인 〈뉴욕 타임스New York Times〉의 경영자 아서 헤이즈 설츠버거Arthur Hays Sulzberger와 인터뷰하는 특권을 누렸다. 그는 내게, 제2차 세계대전의 불길이 유럽 전역으로 퍼져 나갔을 때 너무 놀라고 걱정스러워서 잠도 거의 못 잤다고 말했다. 그는 몇 번이고 한밤중에 자다 일어나 캔버스와 물감을 챙겨서는 거울을 보며 자화상을 그리려 애썼다. 그림에 관해서는 문외한이었지만 걱정을 떨쳐 버리고자 그렇게 했던 것이다. 그럼에도 걱정하지 않을 수 없었던 그는 교회 찬송가에 나오는 다섯 단어를 그의 좌우명으로 삼고 나서야 평정심을 찾을 수 있었다고 했다. '다만 한 걸음씩 인도하소서.'

인도하여 주소서, 자비로운 빛 되신 주님
내 발걸음을 지켜 주소서
저 먼 곳 보려 하지 않으니
다만 한 걸음씩 인도하소서

비슷한 시기에, 유럽 어딘가에서 군복무 중이던 한 청년이 그와 비슷한 교훈을 배우고 있었다. 그는 메릴랜드 주 볼티모어 시의 늄럼 가 5716번지에 사는 테드 벤저미노였는데 전쟁에 대한 걱정이 너무 심해 중증 전투 신경증에 걸려 있었다. 당시의 일을 그는 아래와 같이 쓰고 있다.

1945년 봄, 나는 걱정을 계속하다가 결국에는 의사들이 '발작성 가로 결장'이라고 부르는 증세를 보였다. 극심한 고통이 따르는 질병이었다. 장담컨대 그때 만약 전쟁이 끝나지 않고 계속되었다면 나는 육체적으로 완전히 무너져 버렸을 것이다. 육군 제94보병사단 유해발굴

단 소속 하사관이었던 나는 모든 전사자, 실종자, 부상자에 관한 기록을 작성하고 관리하는 일을 했다. 그리고 전투가 최고조에 달했을 때는 임시 묘지에 묻힌 연합군과 적군의 시신을 발굴하는 일도 했다. 또한 그 시신들의 개인 소지품을 수거하여 그것들을 소중히 간직할 그들의 부모나 친척에게 보내는 일도 했다. 그러면서 나는 우리가 어이없거나 심각한 실수를 저지르지는 않을지 끊임없이 걱정했다. 또한 이 일을 끝까지 해낼 수 있을지, 전쟁터에서 살아남아 하나밖에 없는 아들을 내 팔에 안아 볼 수 있을지도 걱정이었다. 나는 당시 16개월밖에 안 된 아들의 얼굴조차 보지 못한 상태였다. 걱정이 심해지자 몸무게가 15킬로그램이나 줄었고, 거의 정신이 나간 미친 사람 같았다. 내 손은 마치 뼈와 살만 남은 듯 앙상했다. 나는 만신창이가 되어 제대하는 것이 아닐지 두려워졌다. 나는 울음을 터뜨렸고 어린아이처럼 흐느꼈다. 너무도 마음이 약해진 나머지 혼자 있을 때마다 눈시울을 붉혔다. 벌지 전투가 시작된 지 얼마 지나지 않아서는 너무도 자주 눈물이 나서 정상적인 상태로 돌아가는 것을 거의 포기하기까지 했다.

결국 나는 군 병원에 입원했다가 한 군의관으로부터 내 삶을 완전히 바꿔 줄 조언을 듣게 되었다. 내 몸 상태를 꼼꼼히 검사한 그는 나의 문제가 심적인 것이라 말했다. "테드, 당신의 삶을 모래시계라고 생각해 보세요. 모래시계 위쪽에는 수천 개의 모래알이 있다는 것을 당신도 알 겁니다. 그 모래알들은 모래시계를 깨뜨리지 않고 천천히 그리고 일정하게 모래시계의 좁은 목을 통과하죠. 당신과 나 그리고 모든 사람이 이 모래시계와 같아요. 아침에 눈을 뜨면 우리 앞에는 반드시 그날 처리해야 할 일들이 산더미같이 쌓여 있죠. 하지만 만약 그 일들을 한꺼번에 처리하려 하거나 모래알들이 모래시계의 좁은 목을 통과하듯 천천히 그리고 일정하게 하지 않으면, 우리의 신체나 정신 조직은 무너지고 맙니다."

잊지 못할 말을 들은 그날 이후 지금까지 나는 그 근본 원리를 실천하고 있다. '한 번에 모래 한 알, 한 번에 한 가지 일.' 전쟁 기간 동안 그 조언은 육체적으로나 정신적으로 나를 지켜 주었을 뿐 아니라 나로 하여금 애드크래프터스 프린팅 앤 옵셋이라는 유한책임회사의 광고홍보부장 자리에 오를 수 있게 도와주었다. 전쟁 기간 동안 나를 괴롭혔던 문제들은 업무에서도 마찬가지로 발생했다. 한꺼번에 스무 가지 이상의 일거리가 주어졌고 시간은 별로 없었다. 우리 회사의 재고는 떨어져 갔고, 새로운 방식의 일처리, 재고 정리, 주소 변경, 사업장을 열고 닫는 등의 모든 일을 해야 했다. 그러나 나는 긴장과 불안 대신 그 군의관의 말을 떠올렸다. '한 번에 모래 한 알. 한 번에 한 가지 일.' 마음속에서 계속 이 말을 반복하면 일을 더욱 효과적으로 처리할 수 있고 전장에서 나를 거의 파멸시킬 뻔했던 혼란스러운 마음도 생기지 않는다.

현대의 생활 방식과 관련하여 참으로 놀라운 사실은 입원 환자들의 절반이 신경 혹은 정신적 문제를 가진 사람들이라는 것이다. 그 환자들은 지난날에 대한 후회와 다가올 날들에 대한 두려움의 중압감을 못 이기고 무너져 버린 이들이다. 그러나 만일 '내일 일을 위하여 염려하지 말라.'라는 예수의 가르침이나 '오늘에 충실하라.'라는 윌리엄 오슬러 경의 말을 마음에 새겼다면 그들 중 대다수는 오늘도 길을 걸으며 행복하고 유익한 삶을 살고 있었을 것이다.

당신과 나는 지금 이 순간 두 영원, 즉 영구히 지속될 광대한 과거와 기록된 시간의 마지막 한 글자를 향해 돌진하고 있는 미래의 합류점에 서 있다. 우리는 두 영원 중 어느 쪽에서도 살 수 없다. 결코, 단 1초도 말이다. 만일 그렇게 살려 하면 몸과 마음이 다치게 된다. 그러니 우리가 살 수 있는 유일한 시간, 즉 지금부터 잠들기 전까지의 시간을 사는 것에 기꺼이 만족하자. 영국의 소설가 로버트 루이스 스티븐슨Robert Louis Stevenson은 말했다.

"누구나 아무리 힘들어도 해질녘까지는 짐을 옮길 수 있다. 누구나 아무리 힘들어도 하루 동안은 일을 할 수 있다. 누구나 해가 지기 전까지는 기분 좋게, 참을성 있게, 성실하게, 순수하게 살 수 있다. 그리고 이것이 바로 삶이 진정 의미하는 바다."

그렇다. 삶이 우리에게 요구하는 것은 이것이 전부다. 그러나 미시간주 새기노 시 코트 가 815번지에 사는 E. K. 쉴즈 부인은 잠들기 전까지 기꺼운 마음으로 사는 법을 배우기 전에는 절망에 빠져 자살까지 생각하기도 했다. 그녀는 내게 말했다. "저는 1937년에 남편을 잃고 완전히 의욕을 상실했죠. 게다가 거의 무일푼이었어요. 그래서 예전에 캔자스의 로치플라워라는 회사에서 일했을 당시의 상사였던 리언 로치 씨에게 편지를 썼더니 다시 일을 주더군요. 저는 예전에 시골과 도시 지역의 교육위원회에 책을 파는 일로 생활비를 벌었어요. 그로부터 2년 전에는 남편이 병을 얻어 차를 팔았지만, 중고차 한 대를 사기로 하고 그 계약금을 지불할 만큼의 돈을 어렵게 모아 다시 책 판매를 시작했습니다.

저는 다시 길 위에 오르면 우울증이 좀 나아질 줄 알았어요. 하지만 혼자 운전하고 혼자 밥을 먹는 일은 견디기 힘들었습니다. 어떤 지역에서는 돈벌이가 쉽지 않아 얼마 되지도 않는 중고차 할부금을 치르기도 힘들 지경이었으니까요.

1938년 봄 미주리 주의 베르사유에서 일하고 있을 때였어요. 학교들의 재정 상태는 좋지 않았고 길도 험하게 느껴졌습니다. 저는 너무도 외롭고 낙담해서 자살까지 생각했죠. 제 인생에서 성공하기란 불가능해 보였습니다. 살아야 할 이유도 없었어요. 모든 게 두려웠습니다. 자동차 잔금을 치르지 못할까 봐, 방세를 내지 못할까 봐, 밥도 제대로 못 먹고 살까 봐 두려웠죠. 건강은 나빠지고 있는데 병원비가 없다는 것도 두려웠습니다. 그럼에도 자살할 수 없었던 이유는 제가 죽으면 여동생이 절망에 빠질 것이고, 내게는 장례식에 필요한 돈조차 충분하지 않다는 생각이 들어서였습니다.

그러던 어느 날, 저는 어떤 글을 읽은 뒤 절망에서 벗어나 살아 갈 용기를 얻었습니다. 저는 평생 이 한 문장에 감사할 것입니다. '현명한 사람에게는 하루하루가 새로운 인생이다.' 저는 이 문장을 타이핑하여 운전하는 내내 볼 수 있도록 차 앞 유리에 붙여 놓았습니다. 저는 한 번에 하루만 산다는 것이 그리 어렵지 않다는 것을 알게 되었습니다. 그리고 지난날을 잊고 내일을 생각하지 않는 법을 배웠습니다. 저는 아침마다 스스로에게 이렇게 말합니다. '오늘 하루가 새로운 인생이다.'

저는 외로움과 가난에 대한 두려움을 극복하는 데 성공했습니다. 지금 저는 행복하게 잘살고 어느 정도 성공도 했으며, 삶에 대한 열정과 애착도 가지고 있습니다. 이제 저는 결코 다시는 두려워하지 않을 것이며 제게 어떤 삶이 주어지든 개의치 않을 것입니다. 또한 미래를 두려워할 필요도 없고 한 번에 하루만 살 수 있다는 것, 그리고 현명한 사람에게는 하루하루가 새로운 인생이라는 것을 저는 압니다."

당신은 혹시 누가 이 시를 썼는지 알고 있는가?

행복한 사람, 홀로 행복하여라.
오늘을 나의 것이라고 말할 수 있는 사람,
확신을 갖고 이렇게 말할 수 있는 사람,
내일이여, 무슨 짓이든 해 보아라. 나는 오늘을 살리니.

요즘 시처럼 보이지 않는가? 그러나 이 시는 예수가 태어나기 30년 전 로마의 시인 호라티우스Horatius가 지은 것이다.

인간성과 관련하여 내가 알고 있는 가장 큰 비극 중 하나는 사람들에게 삶을 미루는 경향이 있다는 것이다. 우리는 지금 창문 밖에 피어 있는 장미꽃을 만끽하기보다는 지평선 저 멀리 어딘가에 있는 매혹적인 장미 화원을 꿈꾸고 있다. 왜 우리는 이렇게 어리석을까? 왜 이토록 비극적으로 어리석은 것일까?

캐나다의 소설가이자 경제학자인 스티븐 리콕Stephen Leacock은 다음과 같이 말했다.

"우리의 짧은 인생 과정은 참으로 이상하다. 아이들은 '내가 크면'이라고 말하지만 큰 아이가 되면 '내가 어른이 되면'이라 하고, 어른이 되면 '내가 결혼하면'이라고 한다. 그러나 결혼하고 나면 결국 어떻게 되는가? 또다시 '내가 은퇴하면'이라는 말을 할 것이다. 그러고 나서 마침내 은퇴하는 시기가 다가왔을 때, 그는 살아온 풍경을 되돌아본다. 그곳에는 찬바람만 불 것이다. 그는 모든 것을 놓쳤고 인생은 지나가 버렸다. 인생은 삶 속에 있고 매일 매시의 연속으로 이루어진다는 사실을 우리는 너무 늦게 깨닫게 된다."

디트로이트에 사는 에드워드 S. 에반스는 걱정 때문에 거의 죽을 지경에 이르러서야 '인생은 삶 속에 있고 매일 매시의 연속으로 이루어진다'는 사실을 깨달았다. 가난한 환경에서 자란 그는 신문 배달로 처음 돈을 벌었고 그다음에는 식료품 점원으로 일했다. 시간이 흘러 그가 책임져야 할 가족은 일곱 명으로 늘었고 그는 도서관의 보조 사서가 되었다. 급여는 적었지만 그만두기가 두려웠다. 8년이라는 세월이 흐른 뒤 그는 용기를 내어 자기 사업을 시작하기로 했다. 다행히 그는 초기 투자 비용 55달러를 빌려 시작한 그 사업을 1년에 2만 달러를 벌어들일 정도로 성장시켰다. 그러나 곧 추위, 그것도 견디기 힘든 한파가 몰아닥쳤다. 친구의 고액 어음에 보증을 서 주었는데 그 친구가 파산하고 만 것이다. 그에 이어 또 다른 불행이 찾아왔다. 그가 전 재산을 저축해 두었던 은행이 망해 버린 것이다. 그는 자신의 전 재산을 잃었을 뿐 아니라 1만 6,000달러에 이르는 빚까지 떠안게 되었다. 그 상황에서는 그의 신경도 견뎌 내지 못했다. 그는 내게 말했다.

"저는 잠을 잘 수도, 먹을 수도 없었습니다. 이상하게 몸이 아팠죠. 걱정, 오로지 걱정만이 저의 병을 키웠습니다. 하루는 길을 걷다가 정신을 잃고 인도 위에 쓰러졌어요. 더 이상 걸을 수 없게 된 겁니다. 저는 입원했고, 몸에는 종기가 나기 시작했어요. 그 종기들이 몸속에서 곪기 시작하자 침대에 누워 있는 것도 고통스러웠습니다. 하루가 다르게 쇠약해졌죠. 마침내 의사는 제가 2주 정도밖에 살지 못할 것이라고 말했습니다. 충격을 받은 저는 유언장을 작성하고 침대에 누워 죽을 날만 기다리고 있었습니다. 몸부림치고 걱정해 봐야 아무런 소용이 없었으니까요. 그래서 다 포기하고 편안하게 잠을 청했습니다. 저는 1주일을 통틀어 두 시간도 제대로 못 잤는데, 그때는 저의 세속적 골칫거리들이 대단원을 향해 가고 있다고 하니 아이처럼 잠들 수 있었습니다. 마침내 고단한 피로가 사라지기 시작한 겁니다.

그러자 식욕이 돌아오고 몸무게가 늘었습니다. 몇 주 후에는 목발을 짚고 걸을 수 있게 되었고, 6주 후부터는 다시 일을 할 수 있게 되었죠. 1년에 2만 달러라는 돈을 벌던 저였지만 당시엔 1주에 30달러를 벌 수 있는 일에도 감사했습니다. 저는 차량이 배에 실릴 때 바퀴 뒤에 괴는 고임목을 판매하는 일을 했습니다. 그때 교훈을 얻었죠. 더 이상 걱정하지 말자. 더 이상 지난 일에 대해 후회하지 말자. 더 이상 미래를 두려워하지 말자. 저는 저의 모든 시간과 정력 그리고 열정을 고임목 파는 일에 집중시켰습니다."

그리고 에드워드 S. 에반스는 급속히 성장했다. 몇 해 지나지 않아 그는 자신의 이름을 딴 제조사를 설립했고 그 회사의 주식은 오래 전에 뉴욕 증권거래소에 상장되었다. 만약 당신이 비행기로 그린란드에 가게 된다면 그의 이름을 붙인 에반스 필드 소형 비행장에 착륙할지도 모른다. 그러나 만약 하루를 충실히 사는 법을 배우지 않았다면 에드워드 S. 에반스는 이러한 것들을 이루어 내지 못했을 것이다.

루이스 캐럴Lewis Carroll의 소설 《거울나라의 앨리스》에서 화이트 퀸은 앨리스에게 이런 말을 한다. "규칙은 내일도 잼을 바르고 어제도 잼을 바르는데 오늘은 절대 잼을 바르지 않는 거야." 우리들 대부분도 이

032

데일 카네기 자기관리론

와 같다. 지금 당장, 빵 위에 오늘의 잼을 바르는 대신 어제의 잼을 만들고 내일의 잼을 걱정한다. 심지어 프랑스의 위대한 철학자 몽테뉴Montaigne도 이와 비슷한 실수를 저질렀던 적이 있다. 그는 "내 인생은 대부분 일어나지도 않은 끔찍한 불행으로 가득 차 있었다."라고 말했다. 내 삶도 그렇고 당신의 삶도 그렇다.

단테Dante는 말했다. "오늘이 결코 다시 시작될 수 없다는 것을 생각하라." 인생은 무서운 속도로 미끄러지듯 가 버린다. 우리는 초속 19마일의 속도로 공간을 질주하고 있다. 우리의 가장 소중한 재산은 바로 오늘이고, 그것이 우리가 유일하게 갖고 있는 확실한 재산이다.

기원전 5세기경의 그리스 철학자 헤라클레이토스Heracleitos는 "변하지 않는다는 법칙을 제외한 모든 것은 변한다."라고 제자들에게 가르쳤다. 또한 그는 "같은 강물에 두 번 들어갈 수는 없다."라고도 말했다. 강물은 매 순간 변화한다. 그 안에 들어가는 사람도 마찬가지다. 인생은 끊임없이 변하고, 확실한 것은 오늘뿐이다. 끊임없는 변화와 불확실성에 싸여 있는 미래, 어느 누구도 예상할 수 없는 미래의 문제를 해결하기 위해 오늘을 살아가는 아름다움을 망쳐서야 되겠는가? 다음은 미국의 언론인 로웰 토머스Lowell Thomas의 깨달음이다. 나는 최근 그의 농장에서 주말을 보낸 적이 있는데, 그는 구약성경의 시편 118편 중 한 구절을 액자에 넣어 잘 볼 수 있도록 자신의 방송 스튜디오의 벽에 걸어놓고 그것을 자주 쳐다보았다.

이날은 여호와께서 정하신 것이라
이날에 우리가 즐거워하고 기뻐하리로다.

영국의 비평가 존 러스킨John Ruskin은 '오늘'이라는 단어가 새겨진 작은 돌멩이 하나를 자신의 책상 위에 올려놓았다. 내 책상 위에는 그런 돌멩이가 없지만, 나는 내가 매일 아침 면도할 때마다 볼 수 있도록 시 한 편을 거울에 붙여 놓았다. 윌리엄 오슬러 경이 자신의 책상 위에 항상 두고 보던 그 시는 고대 인도의 유명한 극작가 칼리다사Kalidasa가 쓴 것이었다.

새벽에 바치는 인사

이 하루를 잘 살펴라!
이 하루가 인생이고, 인생 중의 인생이니.
그 짧은 흐름 안에
들어 있다, 네 존재의 진실과 실체가
성장의 축복이
행동의 영광이
아름다움의 찬란함이.
어제는 한낱 꿈이고
내일은 오직 환상이니,
오늘을 잘 보내는 이에게
어제는 행복한 꿈
내일은 희망으로 가득 찬 환영.
그러니 잘 살펴라, 이 하루를!
이것이 새벽에 바치는 인사

당신이 걱정에 대해 가장 먼저 알아 두어야 하는 사실은 이것이다. 당신의 삶에서 걱정을 떨쳐 버리고 싶다면 윌리엄 오슬러 경이 한 대로 하면 된다.

┤ 원칙 1 ├

과거와 미래를 철문으로 막아라. 오늘을 충실히 살라.

Shut the iron doors on the past and the future.
Live in Day-tight Compartments.

당신 자신에게 아래 질문들을 던져 보고 그 답을 적어보라.

1. 나는 미래에 대한 걱정이나 '지평선 너머의 매혹적인 장미 화원'에 대한 동경으로 오늘의 삶을 미루는 경향이 있는가?
2. 나는 과거에 일어난, 이미 끝나 버린 일에 대한 후회로 현재 괴로워하지 않는가?
3. 나는 아침에 일어나면서 '오늘을 붙잡을' 결심, 즉 내게 주어진 24시간을 최대한 활용할 결심을 하는가?
4. 나는 '오늘에 충실한 삶'을 통해 내 인생을 더욱 밀도 있게 살 수 있는가?
5. 언제부터 그것을 실천하면 좋을까? 다음 주? 내일? 오늘?

2.

걱정스러운 상황을
해결하는 비법

.

당신은 이 책을 더 읽어 나가기 전에, 걱정스러운 상황을 처리하는 데 있어 지금 당장 사용할 수 있는 빠르고 확실한 마법과 같은 기술을 원하는가?

그렇다면 훌륭한 엔지니어로서 냉방산업을 개척했고, 현재 뉴욕 주 시러큐스에 있는 세계적으로 유명한 캐리어Carrier 사의 회장 윌리스 H. 캐리어Willis H. Carrier가 만들어 낸 방법을 여기에 소개하겠다. 걱정을 떨치는 방법들에 대해 지금까지 들어본 것 중 가장 확실한 방법인 그것은 언젠가 내가 뉴욕의 엔지니어스 클럽에서 그와 함께 점심 식사를 했을 때 직접 들은 것이다.

"저는 젊은 시절에 뉴욕 주 버펄로 시에 있는 버펄로 포지 컴퍼니에서 일했습니다. 당시 제게는 미주리 주 크리스털 시에 있는 피츠버그 플레이트 글라스 컴퍼니의 한 공장에 가스정화 장비를 설치하라는 임무가 주어졌습니다. 공장설비비는 수백만 달러에 달했죠. 그 장비의 설치 목적은 기체 내의 불순물을 제거하여 엔진에 손상을 입히지 않고 연소하게 하는 것이었습니다. 이런 식의 가스정화 방식은 새로운 것이었죠. 전에 한 번밖에 시도된 적이 없었고, 설치 조건 또한 달랐습니다. 그래서 그곳에 가서 작업하던 도중 예측하지 못했던 문제가 발생했죠. 장비가 어느 정도 작동하긴 했지만 우리가 상품보증서에서 보장한 수준에는 미치지 못했던 것입니다.

저는 실패했다는 사실에 큰 충격을 받았습니다. 마치 누군가로부터 머리를 한 대 얻어맞은 것 같았어요. 위장이 꼬이듯 아팠고 한동안은 너무나 걱정스러운 마음에 잠도 자지 못했습니다. 그러던 어느 날, 누구나 알고 있을 법한 '걱정해 봐야 아무짝에도 소용없다.'라는 말이 떠올랐습니다. 그래서 저는 걱정하지 않고 제게 일어난 문제를 해결할 방법을 생각해 냈습니다. 효과는 아주 좋았고 그로부터 30년 이상 저는 그 방법을 사용하고 있습니다. 간단합니다. 누구든 할 수 있죠. 그 방법은 세 단계로 이루어져 있습니다.

제1단계. 저는 그 상황을 대담하고 솔직하게 분석한 뒤 실패의 결과로 발생할 수 있는 최악의 경우가 무엇인지 생각해 봤습니다. 저를 감옥에 처넣거나 총으로 쏴 죽일 리가 없다는 것은 확실했습니다. 제가 실직할 가능성이 있다는 것은 사실이었고, 고용주가 그 장비를 철수시키고 투자비 2만 달러를 손해 볼 가능성은 물론 있었죠.

제2단계. 그렇게 저는 발생할 수 있는 최악의 경우를 생각한 후, 필요하다면 그것을 감수하기로 했습니다. 그래서 저 자신에게 이렇게 말했습니다. '이번 실패는 내 경력에 오점으로 남을 것이고 어쩌면 직장을 잃을 수도 있다. 하지만 만약 그렇게 된다 해도 나는 언제든지 다른 직장을 찾을 수 있다. 상황은 훨씬 더 나빴을 수도 있다. 고용주들의 입장에서 생각해 봐도 그들은 우리가 새로운 기체정화 방식을 시도한다는 것을 이미 알고 있었으니, 이번 일로 2만 달러의 손실을 입는다 해도 그 정도는 견딜 수 있을 것이다. 이번 경우는 실험이었으니 그 돈을 연구비로 처리할 수도 있겠지.'

발생할 수 있는 최악의 경우를 생각하고 필요하면 그것을 감수하기로 마음먹자 대단히 중요한 결과가 생겼습니다. 마음이 편안해지면서 한동안 느끼지 못했던 평화로운 느낌을 갖게 된 것입니다.

제3단계. 그때부터 저는 제가 이미 마음속에서 받아들인 그 최악의 상황을 개선하기 위해 차분한 마음으로 시간과 힘을 기울였습니다.

저는 눈앞에 닥친 2만 달러의 손실을 줄일 수 있는 모든 수단과 방법을 생각하기로 했습니다. 몇 가지 테스트를 거친 뒤 마침내 추가적인 장비에 5,000달러를 더 투자해서 추가 장비를 설치하면 문제를 해결할 수 있다는 것을 발견했습니다. 그렇게 해서 결과적으로 2만 달러의 손실 대신 1만 5,000달러의 수익을 얻었죠.

만일 제가 계속 걱정만 하고 있었다면 결코 그 일을 해낼 수 없었을 것입니다. 걱정의 가장 나쁜 속성 중의 하나가 집중력을 떨어뜨리는 것이니까요. 걱정에 빠지면 생각이 산만해져서 결단력을 발휘할 수 없습니다. 하지만 마음을 굳게 먹고 스스로를 최악의 상태에 맞서게 한 뒤 그것을 마음속으로 받아들이면 막연한 상상들은 사라지고 문제에 집중할 수 있는 상태에 도달하게 됩니다.

제가 말씀드린 이 사건은 오래 전에 일어난 일이지만, 그 효과가 너무 좋았기 때문에 지금까지도 저는 그 방법을 사용하고 있습니다. 그리고 그 결과, 제 인생은 거의 완벽하게 걱정으로부터 자유로워질 수 있었습니다."

심리학적 관점에서 봤을 때, 윌리스 H. 캐리어의 비법은 어떻게 그토록 그렇게 가치 있고 실용적인 것이 된 것일까? 그 비법은 걱정 때문에 분별력을 잃고 거대한 먹구름 속에서 헤매는 우리를 그것으로부터 끌어내 주기 때문이다. 우리는 우리가 어디에 서 있는지 알게 된다. 만약 우리가 공중에 떠 있는 상태라면 무엇 하나라도 철저히 생각할 겨를이 있겠는가?

응용심리학의 창시자 윌리엄 제임스William James 교수가 사망한 지 38년이 지났다. 그러나 그가 지금 살아 있어서 이 최악의 상황에 대처하는 비법을 듣는다면 그는 진심으로 그것에 동의했을 것이다. 내가 어떻게 그것을 아는지 궁금한가? 그는 자신의 학생들에게 이렇게 말했기 때문이다. "사실을 인정하라. 기꺼이 인정하라. 이미 일어난 일을 인정하는 것은 모든 불행의 결과를 극복하는 첫걸음이다."

이와 비슷한 생각은 사람들 사이에서 널리 읽힌 린위탕의《생활의 발견The Importance of Living》이라는 책에도 나와 있다. 중국의 사상가인 그는 "진정한 마음의 평화는 최악의 상황을 받아들이는 것으로부터 온다. 심리적으로 그것은 에너지의 발산을 의미한다."라고 말했다.

바로 그것이다! 그것은 심리적으로 에너지의 새로운 발산을 의미한다. 우리가 최악의 상황을 받아들이면 우리는 더 이상 잃을 것이 없다.

잃을 것이 없다는 것은 바로 우리가 모든 것을 얻을 수 있음을 의미한다.

윌리스 H. 캐리어는 말했다.

"나는 최악의 상황을 받아들이자마자 한동안 느끼지 못했던 편안함과 평화로움을 느꼈습니다. 그런 후부터 생각을 할 수 있었습니다."

일리 있는 말이다. 그렇지 않은가? 수많은 사람은 길길이 날뛰는 혼란 속에서 그들의 삶을 망친다. 최악의 상황을 받아들이려 하지 않기 때문에, 그 상황을 개선하고자 하지 않기 때문에, 파멸로부터의 구출을 거부하기 때문에 그러한 것이다. 그들은 자신들의 운명을 재건하려 하기보다는 '쓰라리고 격렬한 경험과의 싸움'에 몰두한다. 그리고 결국엔 우울증이라는 상념 고착의 희생자가 되고 만다.

윌리스 H. 캐리어의 비법을 자신의 문제에 적용시킨 사례가 궁금한가? 그렇다면 여기 한 가지 좋은 예가 있다. 뉴욕에서 정유 도매업을 하는 한 수강생의 이야기다. 그는 다음과 같이 말했다.

"저는 협박을 당하고 있었습니다. 그게 가능한 일이라는 것을 믿을 수 없었죠. 영화에서나 있는 일인 줄 알았거든요. 하지만 실제로 제가 협박을 당하고 있었어요. 자초지종을 설명하자면 이렇습니다. 제가 대표로 있던 정유 회사에는 배달 트럭과 운전기사가 많았어요. 당시에는 물가 관리국 법규가 엄격하게 실시되고 있었던 때라 우리는 고객들에게 배달할 수 있는 기름의 양을 할당받고 있었습니다. 그런데 저도 모르는 사이에 일부 배달 기사들이 고정 고객들에게는 기름을 적게 배달하고 거기에서 남은 기름을 자기 고객들에게 되팔고 있었던 모양입니다.

그런 불법적인 거래에 대해 어렴풋이 알아채기 시작한 것은 어느 날 정부 조사관이라는 사람이 찾아와서 제게 불법행위를 묵인해 주는 대가로 돈을 요구한 뒤부터입니다. 그는 우리 회사 기사들이 저지른 일이 담긴 문서를 내보이며 만약 제가 돈을 주지 않으면 그 서류를 지방 검찰로 넘기겠다고 위협했습니다.

물론 저는 적어도 제 개인적인 입장에서만 봤을 때 걱정할 게 없다는 것을 알고 있었습니다. 하지만 법적으로 회사는 직원의 행위에 대한 책임도 져야 했습니다. 게다가 그 사건이 법정까지 가서 신문에 실리기라도 한다면 평판이 나빠져 사업을 그만두게 될 수 있다는 것도 알고 있었습니다. 더군다나 그 사업은 저의 아버지가 24년 전에 시작하셨고 저는 그 사업을 자랑스럽게 여기고 있던 터였습니다.

저는 너무나 걱정스러운 나머지 몸까지 아팠습니다. 꼬박 3일 밤낮 동안 아무것도 먹지 못하고 잠도 잘 수 없었습니다. 미친 듯이 서성대기만 했죠. 5,000달러를 쥐야 하나, 아니면 어디 마음대로 해 보라고 해야 하나? 어느 쪽으로든 마음을 먹어 보려 해도 결국 악몽으로 끝나고 말았습니다.

그러던 어느 일요일 밤, 대중연설에 관한 카네기 코스에 참석했던 저는 '걱정을 없애는 방법'이라는 제목의 소책자 하나를 우연히 집어 들었고, 그 책을 읽다가 윌리스 H. 캐리어의 이야기를 발견했습니다. 그는 '최악의 상황에 맞서라.'라고 말했더군요. 그래서 저는 생각했습니다. '내가 돈을 주는 것을 거절해 그 날강도 같은 놈들이 검찰청에 증거를 넘기게 될 때 일어날 최악의 상황은 무엇인가?'

대답은 이것이었습니다. '사업이 망하는 것, 그것이 일어날 수 있는 최악의 상황이다. 감옥까지 갈 일은 없을 것이다. 평판이 나빠져 사업을 접게 되는 일이 전부다.'

그리고는 저 자신에게 말했습니다. '좋아, 사업이 망한다. 마음으로 받아들이자. 그다음은? 사업이 망했으니 다른 일을 찾아봐야겠지. 나쁘지 않아. 나는 석유에 관련된 건 많이 알고 있으니 기꺼이 나를 받아 줄 회사들이 있을 거야.' 그렇게 생각하고 나니 기분이 조금 나아졌습니다. 사흘 밤낮을 괴롭히던 공포감이 차츰 사라지기 시작한 겁니다. 감정이 진정되고 놀랍게도 생각이란 것을 할 수 있게 되었죠.

이제 저는 제3단계, 즉 그 최악의 상황을 개선하기 위한 단계를 밟을 수 있을 만큼 충분히 머리가 맑아졌습니다. 해결책을 생각하자, 완전히 새로운 양상이 제 앞에 펼쳐졌습니다. 만약 제 변호사에게 이 모든 상황을 말한다면 그는 아마 내가 생각지 못했던 방법을 찾아낼지도 모르는 일이었습니다. 전에는 그 생각을 하지 못했습니다. 바보같이 보일 수도 있다는 것을 압니다. 하지만 전에는 생각이 아니라 오로지 걱정만 하고 있었던 겁니다. 저는 아침이 밝자마자 변호사를 만나 보기로 마음먹고 침대에 누워 마치 통나무처럼 세상모르고 잠을 잤습니다.

그래서 어떻게 됐냐고요? 다음 날 아침 제 변호사는 제게 지검장을 직접 찾아가 사실대로 이야기하라고 했습니다. 그래서 그렇게 했죠. 진술을 마치고 저는 깜짝 놀랄 이야기를 듣게 되었습니다. 그 지검장이 말하길, 이와 같은 공갈 협박 사건이 수개월째 발생하고 있고 자신을 정부 조사관이라 사칭했던 그 사람은 경찰에 수배 중인 사기꾼이라는 것이었습니다. 사흘 밤낮을 그 전문 사기꾼한테 5,000달러를 줘야 하나 말아야 하나 생각하느라 괴로웠던 저는 그 말을 듣고 크게 안도했습니다.

이 경험은 저에게 오래도록 간직할 교훈을 주었습니다. 이제 걱정되는 절박한 문제가 닥치면 '윌리스 H. 캐리어 공식'이라 부르는 방법을 사용합니다."

만약 '윌리스 H. 캐리어가 어려운 일에 처했었구나.'라고 생각된다면 잠깐 생각을 멈추고 들어보라. 아직 제대로 시작도 안했다. 이제 매사추세츠 주 윈체스터, 웨지미어 52번가에 사는 얼 P. 헤니의 이야기를 해보겠다. 이 이야기는 1948년 11월 17일, 보스턴에 있는 스태틀러 호텔에서 그가 내게 들려준 것이다.

"지난 1920년대, 너무 많은 걱정에 시달린 나머지 궤양이 제 위 속을 갉아먹는 상태에 이르렀습니다. 어느 날 밤 위궤양으로 인한 심한 출혈로 저는 급히 시카고의 노스웨스턴 의대 부속병원으로 향했습니다. 78킬로그램이던 체중은 40킬로그램으로 줄었어요. 병세가 너무 심각해서 손가락 하나도 까딱하지 말라는 주의를 받았습니다. 저명한 궤양 전문의를 포함하여 세 명의 의사가 제 증세에 대해 '치료할 수 없다'는 진단을 내렸습니다. 저는 알칼리성 분말과 함께 우유와 크림을 반반씩 섞어 만든 하프앤하프 한 수저를 매 시간 섭취하며 생명을 유지했습니다. 간호사는 매일 밤낮으로 제 위에 고무 튜브를 넣어 내용물을 뽑아냈습니다.

그렇게 몇 개월의 시간이 흘렀고 저는 저 자신에게 말했습니다. '이봐, 얼 헤니. 이렇게 질질 끌다 죽는 것 말고 기대할 게 없다면 네게 남은 그 짧은 시간이라도 최대한으로 살아보는 것이 어떻겠어? 너는 죽기 전에 세계 일주를 해 보는 게 소원이었잖아. 언젠가 그 일을 할 거라면 그 기회는 오직 지금밖에 없을 거야.'

제가 세계 일주를 하겠다고, 그리고 스스로 하루에 두 번 위 속에 든 내용물을 뽑아내겠다고 의사들에게 말하자 그들은 큰 충격을 받았습니다. 그들은 지금껏 이런 이야기를 들어 본 적이 없고, 제가 세계 일주를 하던 도중에 죽어 수장될 수도 있다고 경고했습니다. 그래서 저는 이렇게 대답했지요. '아뇨, 그럴 일은 없을 겁니다. 제 친척들에게 네브래스카 주 브로큰 보우에 있는 가족묘지에 묻히겠다고 약속했거든요. 그래서 제 관을 가지고 다닐 생각입니다.'

저는 관을 배에 실을 준비를 한 후 상선회사와 약속을 했습니다. 만약 제가 죽으면 배가 고국으로 돌아갈 때까지 제 시신을 냉동실에 보관해 달라고 말입니다. 저는 예전에 오마르 하이얌Omar Khayyam이 지은 시의 한 구절에 나오는 기분을 맛보며 여행을 시작했습니다.

아, 아직 쓸 것이 남아 있다면, 지금 아낌없이 쓰라
우리 역시 한 줌의 먼지가 되기 전에
먼지에서 먼지로 돌아가 먼지 아래 누울지니
술도 없이, 노래도 없이, 노래 부르는 이도 없이, 그리고 끝도 없이!

로스앤젤레스에서 아시아를 향해 출항하는 프레지던트 애덤스 호에 올라타는 순간 몸이 한결 나아지는 것 같은 기분을 느꼈습니다. 저는 차츰 알칼리성 분말 섭취와 위 세척기를 멀리하게 되었고 얼마 지나지 않아 모든 종류의 음식을 먹을 수 있었습니다. 심지어 먹으면 죽을 수도 있는 모든 종류의 낯선 토착 음식을 먹고 혼합 음료도 마셨습니다. 몇 주가 지나자 길고 검은 시가도 피웠고 위스키로 만든 하이볼을 마시기까지 했지요. 여태껏 살았던 그 어느 때보다 즐거운 나날들이었습니다. 저는 몬순과 태풍을 경험하기도 했어요. 예전 같았다면 그로 인한 공포에 질려 죽었을지도 모르지만 그런 모든 모험들이 흥미롭기까지 했습니다.

저는 배 안에서 게임을 하고 노래를 부르고 친구들을 사귀며 밤늦도록 놀았습니다. 중국과 인도를 여행할 때는 제가 고국에서 사업을 하며 고민했던 것들은 동양의 가난과 굶주림에 비하면 천국이었다는 것을 깨달았습니다. 저는 무의미한 걱정들을 멈추고 상쾌한 기분을 느꼈습니다. 다시 미국으로 돌아왔을 땐 몸무게가 40킬로그램이나 늘었고 위궤양을 앓았던 적은 없었던 것처럼 거의 잊고 지낼 정도였습니다. 그때처럼 기분이 좋았던 적은 평생 한 번도 없었습니다. 저는 관을 장의사에게 도로 판 뒤 사업으로 복귀했고, 그 이후 단 하루도 아픈 적이 없었습니다."

얼 P. 헤니는 윌리스 H. 캐리어가 걱정을 극복하기 위해 사용했던 원칙과 똑같은 방법을 자기도 모르게 사용했다는 것을 그제야 깨달았다고 말했다.

"제일 먼저 저는 저 자신에게 물었습니다. '일어날 수 있는 최악의 상황은 무엇인가?' 대답은 바로 죽음이었습니다.

둘째, 저는 죽음을 받아들일 마음의 준비를 했습니다. 아니, 해야만 했습니다. 선택의 여지가 없었지요. 의사들이 제 병은 나아질 가망이 없다고 했으니까 말입니다.

셋째, 저는 제게 남은 짧은 시간을 최대한 즐기는 것으로 그 상황을 개선하려고 노력했습니다. 만약 배에 몸을 실은 뒤에도 계속 걱정을 했다면 저는 의심의 여지없이 관 속에 누워서 귀향했을 것입니다. 그러나 저는 마음을 편안하게 가졌고, 제 모든 문제들을 잊었습니다. 그 마음의 평화 덕분에 새로운 에너지가 생겼고, 그것은 제 생명을 구해 주었습니다.”

그러므로 원칙 2는 이것이다.

——————————| 원칙 2 |——————————

1. 일어날 수 있는 최악의 상황은 무엇인지 자신에게 물어보라.

2. 필요한 경우에는 최악의 상황을 받아들일 준비를 하라.

3. 침착하게 최악의 상황을 개선하기 위해 노력하라.

1. Ask yourself, "What is the worst that can possibly happen?"

2. Prepare to accept it if you have to.

3. Then calmly proceed to improve on the worst.

3.

걱정이 삶에
미치는 영향

걱정에 대처하는 법을 모르는 사업가는 요절한다.

– 알렉시스 캐럴Alexis Carrel 박사

어느 저녁 무렵, 이웃 사람 하나가 우리 집에 찾아와 나와 가족들에게 천연두 예방접종을 받길 권했다. 그는 뉴욕 시 전역의 집을 찾아다니며 천연두 예방접종을 권하는 수천 명의 자원봉사자들 중 한 명이었다. 겁에 질린 사람들은 예방접종을 받기 위해 몇 시간이고 줄을 서서 기다렸다. 백신 접종 부서는 모든 병원뿐 아니라 소방서, 관할 경찰서, 큰 공장에도 설치되었다. 2,000명 이상의 의사와 간호사들은 밤낮을 가리지 않고 열성적으로 예방접종을 위해 몰려드는 사람들을 상대했다. 이러한 소동의 원인은 무엇이었을까? 뉴욕 시에서 여덟 명의 시민이 천연두에 걸렸고 그중 두 명이 사망한 일이 있었다. 거의 800만 명에 달하는 인구 중에 두 명이 사망한 것이 원인이었던 것이다.

내가 뉴욕에 산 지는 37년 이상 되었지만 지금껏 어느 누구도 걱정이라는 정서적 질병에 대해 주의를 당부하기 위해 우리 집 초인종을 누르지는 않았다. 그 질병은 지난 37년 동안 천연두보다 1만 배나 많은 손상을 입혔는데도 말이다.

현재 미국에 살고 있는 사람 열 명 중 한 명은 신경쇠약 증세를 갖게 될 것이다. 그 원인의 대부분은 걱정과 심리적 갈등이라는 사실을 알려주기 위해 집집마다 찾아다니는 사람은 아무도 없었다. 그래서 나는 당신의 집 초인종을 누르고 경고를 하기 위해 이 챕터를 쓰고 있다.

노벨의학상을 수상한 알렉시스 캐럴 박사는 "걱정에 대처하는 법을 모르는 사업가는 요절한다."라고 말한 바 있다. 그리고 이것은 가정주부, 수의사, 벽돌공의 경우에도 마찬가지다.

몇 년 전 나는 산타페 철도회사의 보건 담당 임원인 O. F. 가버 박사와 텍사스, 뉴멕시코 주를 자동차로 여행하며 휴가를 보냈다. 그의 직함을 정확하게 말하자면, 걸프 콜로라도 앤 산타페 병원협회의 수석 내과의였다. 우리는 걱정이 끼치는 영향에 대해 대화를 나눴는데, 대화 중 그는 내과에 찾아오는 환자들의 70퍼센트는 불안감이나 걱정만 없애도 병원을 찾을 필요가 없는 사람들이라고 말했다.

"그들의 질병이 실제로는 존재하지 않는 상상 속의 것이라는 말은 아닙니다. 그 사람들의 병은 욱신거리는 치통만큼이나 현실적이고, 때로는 그보다 100배 이상 심각하죠. 제가 말하는 것은 신경성 소화불량, 몇

몇 종류의 위궤양, 심장 질환, 불면증, 여러 가지 두통, 특정 종류의 마비 증세 같은 것들입니다. 이 질병들의 고통은 대단합니다. 저도 12년 동안 이나 위궤양으로 고생해 봤기 때문에 제가 말한 것들에 대해서 잘 압니다."라고 그는 말했다.

"두려움은 걱정을 야기합니다. 걱정은 사람을 긴장하고 불안하게 만들며 위 신경에도 영향을 주어 실제로 정상적인 위액을 비정상적으로 변하게 합니다. 이렇게 되면 위궤양에 걸리게 되는 경우가 많습니다."

《신경성 위 질환Nervous Stomach Trouble》이라는 책의 저자 조지프 F. 몬테규Joseph F. Montague 박사도 이와 유사한 말을 했다. "위궤양은 당신이 먹는 것 때문이 아니라, 당신을 먹는 것 때문에 생긴다."

메이요 클리닉의 W. C. 알바레즈 박사는 "궤양은 정신적 스트레스의 기복에 따라 심해지기도 하고 진정되기도 합니다."라고 말했다. 메이요 클리닉에서 위 기능장애 치료를 받은 1만 5,000명의 환자들에 대한 연구는 이 진술을 뒷받침한다. 다섯 명 중 네 명에게는 위 질환이 생길 만한 신체적 요인이 전혀 없었다. 대부분의 환자들이 위 질환이나 위궤양을 앓는 주요한 요인들은 두려움, 걱정, 증오, 강한 이기심, 현실에 대한 부적응과 같은 것이었다. 위궤양은 당신을 죽음에 이르게 할 수도 있다. 〈라이프Life〉지에 따르면 위궤양은 현재 치명적 질병 목록에서도 상위 열 번째 자리를 차지하는 질병이다.

나는 최근에 메이요 클리닉의 해럴드 C. 하베인 박사와 몇 번 연락을 주고받았다. 그는 매년 열리는 전미개업의협회 정기총회에서 기업체 임원 176명에 대한 연구 논문을 발표했다. 그들의 평균 나이는 44.3세였다. 그의 발표에 따르면 그 임원들 중 3분의 1을 조금 넘는 사람들은 극도의 긴장 상태로 살아갈 때 발생하는 특유의 만성질환 세 가지, 즉 심장 질환, 소화 계통 궤양, 고혈압 중 하나를 앓고 있었다. 생각해 보라. 기업체 임원들의 3분의 1이 마흔다섯 살이 채 되기도 전에 심장 질환, 궤양, 고혈압으로 몸을 망치고 있다니, 성공을 위해 얼마나 비싼 대가를 치르고 있는 것인가! 게다가 엄밀히 말하면 그들은 성공했다고도 할 수 없다!

사업의 발전을 위해서 위궤양과 심장 질환의 대가를 치르는 사람을 누가 성공했다고 말할 수 있겠는가? 세상을 다 얻고 건강을 잃는다면 그게 무슨 소용일까? 설사 세상을 다 얻었다 해도 한 번에 한 침대에서 밖에 잠을 잘 수 없고 하루에 세끼밖에 먹지 못한다. 공사판 노동자도 그렇게는 한다. 아니, 큰 권력을 가진 경영 간부보다 더 잘 자고 더 즐겁게 식사한다. 솔직히 나라면 철도회사나 담배회사를 경영하느라 마흔다섯 살에 건강을 망치며 사느니 차라리 무릎 위에서 밴조나 퉁기며 사는 앨라배마의 소작농이 되는 쪽을 택하겠다.

담배 이야기가 나와서 말인데, 세계에서 가장 유명한 담배회사 사장이 최근 기분 전환을 위해 캐나다에 있는 숲에 갔다가 심장마비로 갑작스레 사망하는 일이 있었다. 수백만 달러의 재산을 모은 그였지만 예순한 살의 나이로 사망한 것이다. 그는 아마도 그의 지난 인생과 소위 말하는 '사업에서의 성공'을 맞바꿨을 것이다. 내 생각에는 이 수백만 달러의 재산을 가진 담배회사 사장이 이룬 성공은 미주리 주의 농부였던 내 아버지가 거둔 성공의 절반도 되지 않는 것 같다. 아버지는 돈 한 푼 남기지 않으셨지만 89세에 돌아가셨으니 말이다.

저명한 의사인 메이요 형제는 병원 침대의 절반 이상은 신경성 질환을 가진 환자들이 차지하고 있다고 강조했다. 그러나 그 환자들이 사망한 후 그들의 신경조직을 고성능 현미경으로 검사해 보면 그들의 신경조직은 대부분 권투선수 잭 뎀프시Jack Dempsy의 신경조직만큼이나 건강하다는 것이 분명히 나타난다. 그 사람들의 '신경성 질환'은 신체 신경의 악화 때문에 유발되는 것이 아니라 허무, 좌절, 근심, 걱정, 불안, 패배의식, 절망의 감정들 때문에 발생한 것들이다. 플라톤은 이렇게 말했다. "의사들이 범하는 가장 큰 잘못은 마음을 치료하려는 시도도 없이 몸을 치료하려 한다는 것이다. 그러나 마음과 몸은 하나이므로 이 둘을 별개로 취급해서는 안 된다."

의학 분야에서 이 위대한 진리를 이해하는 데는 2,300년이 걸렸다. 우리는 심신의학이라 부르는 새로운 분야의 의학의 싹을 이제 막 틔우기 시작했다. 마음과 몸을 함께 치료하는 심신의학을 발전시키기에는 지금이 적당한때다. 현재의 의학은 물리적 병원균에 의해 발병되는 천연두, 콜레라, 황 열병, 그리고 이름 모를 수백만의 사람들을 때 이른 죽음으로 몰고 갔던 수십 개의 다른 전염병과 같은 무서운 질병들을 대부분 극복했기 때문이다. 그러나 의학은 병원균이 아닌 걱정, 불안, 증오, 좌절, 절망 등의 감정으로 인해 야기되는 정신적, 신체적 질환에는 제대로 대처하지 못했다. 이러한 감정적 질환으로 인한 피해자의 규모는 놀라운 속도로 증가, 확대되고 있다. 의사들은 현재 인구의 20분의 1은 인생의 일부를 정신 질환을 치료하기 위한 시설에서 보내게 될 것이라고 전망한다. 제2차 세계대전 당시 군에 소집된 미국 젊은이들 여섯 명 중한 명은 정신적으로 병 또는 문제가 있어서 입대를 거부당했다.

정신이상의 원인은 무엇일까? 그 이유를 정확하게 아는 사람은 아무도 없지만, 많은 경우 불안과 걱정이 주원인일 가능성이 크다. 현실 세계의 냉혹함에 대처하지 못하고 걱정과 괴로움에 시달리는 사람은 주변 환경과 관계를 끊고 자기가 만든 은밀한 공상의 세계로 도망쳐 자신의 근심스러운 문제들을 해결한다.

내가 이 책을 쓰는 지금, 내 책상 위에는 에드워드 포돌스키Edward Podolsky 박사가 쓴《걱정을 멈추면 건강을 얻는다Stop Worrying and Get Well》라는 제목의 책이 놓여 있다. 그 책에 나온 챕터 제목을 몇 개를 소개해 보겠다.

걱정이 심장에 미치는 영향
걱정을 먹고 자라는 고혈압
걱정이 유발할 수 있는 류머티즘
당신의 위장을 위한 걱정 줄이기
걱정은 어떻게 감기를 유발하는가
걱정과 갑상선
걱정하는 당뇨병 환자

걱정에 대해 조명한 또 다른 책은 '정신의학계의 메이요 형제'라 불리는 칼 메닝거Karl Menninger 박사가 쓴《내 안의 적Man Against Himself》이다. 이 책은 당신에게 걱정을 피하기 위한 법칙 같은 것을 알려주지는 않지만, 근심이나 좌절, 증오, 원한, 저항, 불안에 의해 우리의 몸과 마음이 어떻게 파괴되는지를 생생히 보여 준다.

걱정은 매우 완고한 성격의 사람마저도 병들게 할 수 있다. 그랜트

Grant 장군은 남북전쟁이 막바지에 다다를 무렵 이 사실을 깨달았다. 이야기인즉슨 이렇다. 그랜트 장군은 리치몬드 시를 아홉 달 동안 포위하고 있었다. 리Lee 장군의 부대는 기진맥진했고 굶주렸으며 녹초가 되었다. 전 연대가 한꺼번에 하기도 했는가 하면, 남아 있던 군인들은 그들의 막사에서 기도 모임을 하며 고함치고, 흐느끼고, 환상을 보기도 했다. 종말이 다가오고 있었다. 리 장군의 부대원들은 리치몬드 시내의 면화와 담배 창고에 불을 붙이고 무기고를 태우고서는 치솟은 불길이 어둠을 밝히는 동안 그 도시에서 탈출했다. 그랜트 장군은 남부 연합군들을 맹렬히 추격하며 그들의 양쪽, 뒤쪽에서 발포를 멈추지 않았다. 그러는 동안 북군 소속 셰리든 장군의 기병부대는 앞에서 철도를 파괴하고 보급 열차를 탈취하며 그들의 진로를 차단했다.

극심한 편두통 때문에 거의 눈을 뜨지 못할 정도였던 그랜트 장군은 자신의 부대원들을 따라가지 못하고 근처의 한 농가에 머물게 되었다. 그의 회고록에는 다음과 같이 기록되어 있다.

나는 두 겨자가 섞인 뜨거운 물에 두 발을 담근 상태로 밤을 지새웠다. 겨자 반죽 덩어리를 손목과 목 뒤에 대면서 아침까지 다 낫기를 바라고 있었다.

다음 날 아침, 그의 두통은 사라졌다. 하지만 그를 낫게 한 것은 겨자 반죽이 아니라 말을 탄 장교가 황급히 가져온, 리 장군의 항복 의사가 담긴 서한이었다. 그랜트 장군은 이렇게 쓰고 있다. '그 전갈을 지닌 장교가 도착했을 때까지도 나는 편두통에 시달리고 있었지만 서한의 내용을 보자마자 두통이 씻은 듯 사라졌다.' 명백하게 그랜트 장군의 병을 유발한 것은 걱정, 긴장, 그리고 감정이었다. 그는 그의 감정이 확신, 성취, 그리고 승리의 색을 취한 순간 치료된 것이다.

그로부터 70년 후, 프랭클린 D. 루스벨트Franklin D. Roosevelt 내각의 재무장관을 역임한 헨리 모건도 2세는 걱정 때문에 너무 고통스러워져 어지러움을 느낄 수도 있다는 것을 알게 되었다. 그의 일기에 의하면 그의 걱정은 대통령이 밀 가격을 올리기 위해 하루 사이에 440만 부셸을 매입하던 날 극에 달했다. 일기에는 다음과 같이 적혀 있다. '그 일을 진행하는 내내 나는 말 그대로 눈이 핑핑 돌았다. 나는 점심을 먹은 뒤 집으로 돌아가 두 시간 동안 침대에 누워 있었다.'

걱정이 사람들에게 끼치는 영향에 대해 알고 싶어져도 나는 도서관이나 의사를 찾아갈 필요가 없다. 지금 이 책을 쓰고 있는 우리 집의 창밖을 내다보는 것으로 충분하기 때문이다. 한 블록 내에도 어떤 집에는 걱정으로 신경쇠약에 걸린 사람이 살고, 다른 집에는 걱정으로 당뇨에 걸린 사람이 살고 있는 것을 볼 수 있다. 주식시장의 주가가 떨어지면 그의 피와 소변의 당 수치는 올라간다.

프랑스의 저명한 철학자 몽테뉴는 자신의 고향 보르도의 시장에 당선되었을 때 시민들에게 이렇게 말했다. "저는 공공의 임무를 제 두 손으로 감당할 준비가 되어 있습니다. 하지만 제 간과 폐로 그것을 처리하지는 않겠습니다."

내 이웃은 주식시장의 문제를 혈류로 감당함으로써 거의 죽을 지경에 이르고 있다. 걱정이 사람들에게 끼치는 영향에 대해 생각할 때 내 이웃을 볼 필요도 없다. 지금 이 책을 쓰고 있는 바로 이 방만 봐도 걱정 때문에 이른 나이에 죽은 예전 집주인을 떠올릴 수 있으니 말이다.

걱정 때문에 당신은 류머티즘과 관절염에 걸려 휠체어 신세를 지게 될지도 모른다. 관절염 분야에서 세계적으로 유명한 코넬 의과대학의 러셀 L. 세실 박사는 관절염을 초래하는 가장 흔한 네 가지 조건을 다음과 같이 정리했다.

1. 부부 간의 불화
2. 재정적 파산이나 고민
3. 고독과 근심
4. 오랫동안 쌓인 분노

물론 이 네 가지 정서적 상태들이 관절염을 일으키는 모든 원인이라는 말은 아니다. 관절염의 종류에는 여러 가지가 있고 그 원인도 다양하다. 그러나 다시 한 번 말하지만, 러셀 L.세실 박사는 관절염을 유발하는 가장 흔한 조건이 위의 네 가지라고 했다. 일례로 내 친구 중 한 명은 불경기에 큰 어려움을 겪었다. 가스회사에서는 그의 집에 공급되던 가스를 끊어 버렸고 집은 은행에 저당 잡힌 상태였다. 그러자 그의 아내에게 갑자기 심한 통증을 동반한 관절염이 발생했다. 약물치료와 식이요법에도 변함없이 지속되던 그 증세는 그들의 재정 상태가 개선되자 사라져 버렸다.

걱정은 심지어 충치도 유발할 수 있다. 미국치과의사회 연설에서 윌리엄 I. L. 맥고니글 박사는 "걱정, 두려움, 잔소리 등이 유발할 수 있는 나쁜 감정들이 신체의 칼슘 균형을 깨뜨려 치아 부식을 일으킨다."라고 말했다. 맥고니글 박사는 그의 환자 중 한 사람에 대해 말해 주었다. 그 환자는 항상 완벽한 치아 상태를 유지했는데 아내가 갑자기 병을 얻어 입원해 있던 3주 동안 무려 아홉 개의 충치가 생겼다. 모두 걱정 때문에 생긴 것들이었다.

혹시 당신은 심한 갑상선 기능항진증(혈액 속에 갑상선 호르몬이 과도하게 생기는 병)에 걸린 사람을 본 적이 있는가? 그들은 몸을 부들부들 떨고 흔든다. 그런 증세를 가진 이들은 거의 겁에 질려 죽어 가는 사람들처럼 보이고, 또 실제로 그렇기도 하다. 신체 기능을 조절하는 갑상선의 상태가 나빠졌기 때문이다. 그 병에 걸리면 심장 박동이 빨라지고 온몸은 통풍구를 활짝 열어 놓은 화덕처럼 전력을 다해 요란한 반응을 보인다. 만약 수술이나 치료를 통해 억제하지 않으면 그 환자는 화덕의 불꽃처럼 '자신을 소진시키고' 사망에 이르게 된다.

얼마 전, 나는 이 질병을 앓고 있는 친구와 필라델피아에 갔다. 우리는 38년 동안 그 병을 치료해 온 유명 전문의 이스라엘 브람 박사의 진찰을 받기 위해 스프루스가 1633번지에 있는 그의 병원을 찾았다. 그의 병원 대기실 벽에는 다음과 같은 권고 사항이 적힌 커다란 목판이 걸려 있었다. 나는 그곳에서 기다리는 동안 갖고 있던 서류 봉투 뒷면에 그것을 적어 왔다.

긴장 완화와 원기 회복

긴장을 완화하고 원기를 회복하는 가장 큰 힘은
건전한 신앙과, 수면, 음악, 웃음이다.

신을 믿고, 숙면하는 법을 배우고,

좋은 음악을 사랑하고, 삶의 유쾌한 면을 바라보라.

그러면 건강과 행복은 당신의 것이 될 것이다.

그 의사가 내 친구에게 던진 첫 번째 질문은 이것이었다. "어떤 심리적 불안 때문에 지금과 같은 이상 증세가 생긴 것입니까?" 그는 내 친구가 걱정하는 것을 멈추지 않으면 심장 질환이나 위궤양, 또는 당뇨병 같은 다른 합병증이 생길 수도 있다고 경고했다. 그리고 그 저명한 의사는 말했다. "이 질병들은 모두 사촌지간, 그중에서도 친사촌지간이라고 할 수 있습니다." 맞다. 그것들은 친사촌지간이다. 모두 걱정으로 인해 생기는 질병들이기 때문이다.

내가 여배우 멀 오버론Merle Oberon과 인터뷰할 당시 그녀는 영화배우인 자신의 최대 자산, 즉 아름다운 외모를 망가뜨리는 것이 걱정임을 알기에 걱정하지 않으려고 노력한다고 말했다.

"처음 영화계에 진출할 당시에는 불안하고 무서웠어요. 저는 그때 막 인도에서 왔기에 런던에 아는 사람이라고는 한 명도 없었죠. 몇 명의 영화 제작자를 만나기도 했지만 저를 배우로 뽑으려는 사람은 아무도 없었습니다. 게다가 얼마 가지고 있지 않았던 돈도 떨어져가기 시작했어요. 2주 동안을 크래커와 물만으로 버텼습니다. 이제 문제는 걱정만이 아니었습니다. 배가 고팠으니까요. 저는 저 자신에게 이렇게 말했습니다. '아마 너는 바보인지도 몰라. 절대 영화에 출연할 수 없을지도 모르고. 생각해 봐. 너는 연기를 한 번도 해 본 적이 없잖아. 네가 내세울 게 조금 예쁜 얼굴 말고 또 뭐가 있니?'

저는 거울로 갔습니다. 그리고 거울에 비친 제 모습을 보자 걱정이 제 얼굴에 무슨 짓을 저질렀는지 알게 되었죠. 주름이 생긴 겁니다. 수심에 가득 찬 표정도 보였죠. 그래서 저 자신에게 말했습니다. '당장 그만두자! 걱정만 하고 있을 수는 없어. 네가 내세울 건 얼굴뿐인데 그마저도 걱정이 다 망치겠어!'"

걱정만큼 순식간에 여자를 나이 들고 심술궂은 것처럼 보이게 만들며 외모를 망가뜨리는 것도 없다. 걱정은 표정을 굳게 한다. 이를 꽉 문 것 같은 표정과 주름을 만든다. 걱정을 하면 얼굴에 찌푸린 인상이 생긴 후 사라지지 않는다. 머리카락이 하얘지고 어떤 경우에는 탈모까지 일으키기도 한다. 또한 걱정은 얼굴 피부를 망가뜨리고, 갖가지 피부 발진이나 뾰루지, 여드름이 생기게도 한다.

심장발작은 오늘날 미국에서 치사율이 가장 높은 질병이다. 제2차 세계대전이 벌어지는 동안 전투에서 사망한 사람은 거의 30만 명에 달한다. 하지만 같은 기간 동안 심장 발작으로 죽은 사람은 200만 명이나 되고, 그중 절반인 100만 명의 사람들은 걱정 혹은 극도의 긴장 상태에서 비롯된 심장 발작으로 죽었다. 알렉시스 캐럴 박사가 "걱정에 대처하는 법을 모르는 사업가는 요절한다."라는 말을 하게 된 가장 큰 이유 중 하나가 바로 심장 발작이다.

남부 여러 주에 사는 흑인이나 중국인 중에는 이렇게 걱정으로 인한 심장 발작을 앓는 이가 거의 없다. 그들은 매사를 차분하게 받아들이기 때문이다. 심장마비로 인한 사망자 중 의사의 수는 농부보다 스무 배나 많다. 의사들은 항상 긴장 속에서 살기 때문에 그와 같은 결과가 나타나는 것이다. 윌리엄 제임스는 말했다. "하느님은 우리의 죄를 용서하실지 몰라도, 신경조직은 절대 용서하는 법이 없다."

믿기지 않는 놀랄 만한 사실이 있다. 매년 미국에서 자살한 사람의 수는 가장 흔한 전염성 질병 다섯 가지로 인해 사망한 사람의 수보다 많다는 것이다. 왜 그럴까? 그 대답의 대부분은 '걱정'이다.

옛날 중국에서는 잔인한 군주가 포로들을 고문할 때, 손발을 묶은 포로를 물방울이 끊임없이 뚝, 뚝, 뚝 떨어지는 물주머니 아래에 있게 했다. 머리 위로 끊임없이 떨어지는 그 물방울 소리는 결국 망치질 소리처럼 들려 그 포로를 미치게 만들었다. 스페인의 종교재판과 히틀러 치하의 독일 강제수용소에서도 이와 똑같은 고문 방법이 사용되었다. 걱정은 끊임없이 뚝, 뚝, 뚝 떨어지는 물방울과 같다. 끊임없이 뚝, 뚝, 뚝 계속되는 걱정은 인간을 정신이상과 자살로 몰고 간다.

내가 미주리 주 시골 아이였을 때 들었던, 세계적인 부흥사 빌리 선데이가 저승의 지옥불에 대해 했던 묘사는 섬뜩했다. 하지만 그는 걱정 많은 사람이 지금 당장 겪을 육체적 고통의 지옥불에 대해서는 한마디도 하지 않았다. 예를 들어 당신이 고질적으로 걱정하는 사람이라면, 언젠가는 인간이 참을 수 없는 가장 심한 고통 중 하나를 겪게 될지도 모른다. 그것은 바로 협심증이다.

만약 그 병에 걸리면 당신은 극심한 고통으로 비명을 지를 것이다. 당신의 비명 소리에 비하면 단테 《신곡》의 '지옥 편'에 나오는 소리는 '장난감 나라의 모험'에서 나오는 우스운 비명 소리처럼 들릴지도 모른다. 그러면 당신은 자신에게 이렇게 말하게 된다. "오, 하느님, 오, 하느님, 저를 이 병에서 낫게만 해 주신다면 이제 다시는 어떤 일에 대해서도 절대로 걱정하지 않겠습니다." 내 말이 허풍이라고 생각된다면 가까운 병원에 있는 의사에게 한번 물어보라.

당신은 인생을 사랑하는가? 건강하게 오래 살고 싶은가? 어떻게 하면 그렇게 살 수 있는지 알려주겠다. 알렉시스 캐럴 박사의 말을 다시 인용하자면, "정신없이 돌아가는 현대 도시 한복판에서 자신의 내면적 자아의 평온을 유지하는 이는 신경성 질환으로부터 안전하다." 당신은 정신없이 돌아가는 현대의 도시 한복판에서 내면적 자아의 평온을 유지할 수 있는가? 당신이 보통 사람이라면 '그렇다', '당연히 그럴 수 있다'고 대답할 것이다. 우리 중 대부분은 우리가 실감하는 것보다 더 강하다. 우리에게는 지금까지 아직 한 번도 사용해 보지 않은 내적 능력이 있다. 헨리 데이비드 소로Henry David Thoreau의 불후의 명작《월든Walden》에는 다음과 같은 구절이 있다.

사람에게 있어 의식적인 노력으로 자신의 삶을 고양시키려는 능력이 확실히 존재한다는 사실보다 더 위안이 되는 것은 없음을 나는 알고 있다. 만약 누군가가 자신이 꿈꿔 온 방향으로 자신 있게 나아가고, 그리고 자신이 상상한 삶을 살고자 노력한다면 그는 보통의 경우보다 빨리 성공을 거둘 것이다.

이 책을 읽고 있는 수많은 독자들은 분명 아이다호 주 코들레인 시 박스 892번지에 사는 올가 K. 자비만큼 놀라운 의지력과 내적 능력을 갖고 있을 것이다. 그녀는 가장 비극적인 상황에서도 걱정을 몰아낼 수 있다는 것을 알았다. 당신과 나도 이 책에서 다뤄지는 아주 오래된 진리들을 적용하기만 한다면 그럴 수 있다고 굳게 믿는다. 올가 K. 자비가 내게 편지로 들려 준 자신의 이야기는 이렇다.

"8년 6개월 전, 저는 천천히 그리고 고통스러운 죽음을 맞게 될 시한부 인생을 선고받았습니다. 암에 걸렸거든요. 이 나라에서 의술이 가장 뛰어나다는 메이요 형제가 그런 진단을 내렸습니다. 저는 막다른 골목에 몰려 망연자실해 있었습니다. 저는 아직 젊었습니다. 절대로 죽고 싶지 않았어요! 자포자기한 심정으로 저는 켈로그에 있는 제 주치의에게 전화를 걸어 제 마음속의 절망감을 털어 놓았습니다. 그는 제 말이 다 끝나기도 전에 저를 꾸짖더군요. '어떻게 된 거예요, 올가. 싸워 이겨 낼 마음은 없는 겁니까? 그렇게 계속 울고만 있으면 당연히 죽습니다. 그래요, 최악의 상황이 맞아요. 그 사실을 인정하세요! 걱정만 하지 말고 그걸 이겨 낼 무언가를 해 보라고요!' 그 즉시 저는 다짐했습니다. 얼마나 엄숙한 다짐이었는지 저는 못이 살을 후벼 파고 등골이 오싹해지는 것 같은 느낌마저 들었습니다. '걱정하지 않겠어! 울지 않을 거야! 육체적 고통을 극복할 정신력만 있다면 나는 기필코 승리할 거야! 죽지 않을 거라고!'

암이 많이 진행되어 그 부위에 라듐을 처방할 수 없을 때는 보통 하루 10분 30초씩, 30일간 방사선 치료를 받습니다. 저는 하루 14분 30초씩, 49일을 받았습니다. 몸이 너무 야위어서 풀 한 포기 없는 산허리의 바위처럼 뼈만 앙상해지고 발이 납덩이처럼 딱딱하게 굳었지만 저는 걱정하지 않았습니다! 단 한 번도 울지 않았지요! 저는 웃었어요! 정말로, 억지로라도 애써서 웃었습니다!

저는 그저 웃는 것만으로 암을 치료할 수 있다고 생각할 만큼 바보스럽지는 않습니다. 하지만 즐거운 마음가짐은 몸이 질병과 싸워 이기는

데 도움이 된다고 믿습니다. 아무튼 저는 암을 이겨낸 기적과도 같은 일을 경험했습니다. 그리고 지금 저는 제 인생에서 그 어느 때보다도 건강합니다. 저는 제 주치의가 제게 했던 도전적이고 전투적인 말에 감사할 따름입니다.

'사실을 직시하라. 걱정만 하지 말고 그것을 이겨 낼 무언가를 해 보라!'"

나는 알렉시스 캐럴 박사가 했던 말을 다시 언급하며 이번 장을 마무리하고자 한다. '걱정에 대처하는 법을 모르는 사업가는 요절한다.'

이슬람교의 창시자 마호메트의 열렬한 추종자들은 코란에 나오는 구절을 가슴에 문신으로 새겨 놓곤 한다. 이 책을 읽는 모든 독자들이 알렉시스 캐럴 박사의 이 말을 문신처럼 가슴에 새겨 두기 바란다. '걱정에 대처하는 법을 모르는 사업가는 요절한다.'

혹 캐럴 박사가 당신 이야기를 했던 것일까?

그럴지도 모른다.

| 원칙 3 |

걱정에 대처하는 법을 모르는 사업가는 요절한다.
Businessmen who do not know how to fight worry die young.

걱정에 대해 알아야 하는 기본적 사실들

1. 걱정을 피하고 싶다면 윌리엄 오슬러 경이 말한 것처럼 하라. '오늘을 충실히' 살라. 미래의 일로 조마조마하지 마라. 잠들기 전까지의 그날 하루만 살라.

2. 큰 걱정이 당신을 쫓아와 궁지에 몰아넣을 때는 윌리스 H. 캐리어의 마법의 공식을 사용해 보라.

   • 1단계: 자신에게 이렇게 물어보라. '내가 이 문제를 해결하지 못할 때 생길 수 있는 최악의 상황은 어떤 것인가?'

   • 2단계: 필요하다면 최악의 상황을 받아들일 마음의 준비를 하라.

   • 3단계: 받아들이겠다고 마음먹은 최악의 상황을 개선하기 위해 침착하게 노력하라.

3. 걱정을 하게 될 경우 얼마나 큰 건강상의 대가를 치르게 될지를 기억하라. '걱정에 대처하는 법을 모르는 사업가는 요절한다.'

DALE CARNEGIE

HOW TO STOP WORRYING AND START LIVING

1.

걱정을 분석하고
해결하는 방법

내게는 여섯 명의 정직한 하인이 있다네.
(내가 알고 있는 것은 모두 그들이 가르쳐 준 것이라네.)
그들의 이름은 "누가, 무엇을, 왜, 언제,
어디서, 어떻게, 어디서"라네.

– 러드야드 키플링Rudyard Kipling

우리는 제1장의 두 번째 꼭지에서 윌리스 H. 캐리어의 비법을 살펴보았다. 그런데 이 비법이 모든 걱정거리를 해결해 줄 수 있을까? 물론 그렇지는 않다. 그렇다면 어떻게 해야 할까? 우리는 다음과 같이 문제를 분석하는 3단계를 익혀서 다양한 종류의 걱정을 다루는 법을 배워야 한다.

1. 사실을 확인한다.

2. 사실을 분석한다.

3. 결론을 내리고 그것에 따라 행동한다.

너무 빤한 이야기인가? 그렇다. 이 내용은 아리스토텔레스Aristoteles
가 가르치고 사용한 것이다. 우리를 괴롭히고 우리의 낮과 밤을 지옥처
럼 만든 문제들을 해결하고자 한다면 당신과 나 역시 이 방법을 사용해
야 한다.

첫 번째 원칙은 '사실을 확인한다.'이다. 사실을 확인하는 것이 왜 중
요할까? 사실을 정확히 알지 못하면 우리에게 닥친 문제를 지혜롭게 해
결하려는 시도조차 할 수 없기 때문이다. 사실을 알지 못한 상태에서
우리가 할 수 있는 일이라고는 혼란 속에서 조바심을 내는 것뿐이다.
내 생각이냐고? 아니다. 22년 동안 컬럼비아 단과대학과 종합대학의 학
장을 지낸 고故 허버트 E. 호크스Herbert E. Hawkes의 생각이다. 20만 명
의 학생들이 고민을 해결할 수 있도록 도와주었던 그는 다음과 같이 말
했다.

"걱정의 가장 큰 원인은 혼란입니다. 이 세상 걱정의 절반은 결정의
기반이 되는 근거를 충분히 알지 못한 채 결정을 내리려는 사람들이 만
든 것입니다. 예를 들어, 제게 다음 주 화요일 세 시 정각에 맞닥뜨리게
될 문제가 있다면 저는 다음 주 화요일이 올 때까지 결정을 내릴 시도조
차 하지 않습니다. 그 시간 동안 저는 그 문제에 관계된 사실들을 확인
하는 데 집중할 뿐 걱정하거나 괴로워하지 않습니다. 잠을 설치는 일도
없고요. 오직 사실들을 확인하는 데 집중합니다. 사실들에 대한 확인이

제대로 이뤄진 상태에서 화요일이 다가올 즈음이 되면 문제는 대개 저절로 해결됩니다!"

나는 호크스 학장에게 그것이 걱정을 완전히 떨쳐 버렸음을 의미하는 것인지 물어보았고, 그는 이렇게 대답했다.

"그렇습니다. 저는 솔직히 지금 제 인생은 전혀 걱정이 없는 삶이라고 말할 수 있습니다. 공정하고 객관적인 눈으로 사실들을 확인하는 데 시간을 집중한다면 걱정들은 대개 이해라는 빛을 받아 증발해 버릴 것입니다." 다시 적어 보겠다. "공정하고 객관적인 눈으로 사실들을 확인하는 데 시간을 집중한다면 걱정들은 대개 이해라는 빛을 받아 증발해 버릴 것입니다."

그러나 우리들 대부분은 어떻게 하는가? 우리가 사실에 신경을 쓴다고 가정해 보자. 토머스 에디슨Thomas Edison은 "생각하는 수고를 피할 수만 있다면 인간은 어떤 수단이라도 사용할 것이다."라고 진지하게 말했지만 우리는 조금이라도 근심하는 사실들이 있으면 사냥개처럼 다른 것들은 모두 무시하고 우리가 이미 생각한 것을 지지하는 사실들만 뒤쫓는다. 우리는 오로지 우리의 행위를 정당화할 사실들만을 원한다. 우리의 희망 사항에 잘 들어맞으면서 우리가 이미 갖고 있는 편견을 정당화시키는 사실들 말이다.

프랑스의 소설가이자 평론가인 앙드레 모루와Andr Maurois의 표현대로 "우리의 개인적 욕망에 일치하는 것은 모두 진실처럼 보인다. 그렇지 않은 모든 것은 우리를 화나게 한다."

이 말을 듣고도 우리가 가진 문제들에 대한 해답을 얻는 일을 무척 어려워하는 것이 놀랄 만한 일로 여겨지는가? 가령 2 더하기 2가 5라고 믿으면서 초등학교 2학년생들의 수학 문제를 풀려고 하면 이와 똑같은 문제가 생기지 않겠는가? 그러나 이 세상에는 2 더하기 2가 5라고, 아니 때로는 500이라고 우기면서 자기 자신과 다른 사람들의 인생을 고통스럽게 만드는 사람들이 너무나 많다.

그러면 우리는 어떻게 해야 할까? 우리는 감정을 사고로부터 분리시켜야 한다. 호크스 학장의 표현대로 '공정하고 객관적인' 방법으로 사실들을 확인해야 하는 것이다.

하지만 걱정을 하고 있을 때라면 이런 식으로 생각하는 것이 쉽지 않다. 걱정을 할 때면 감정이 주도권을 쥐기 때문이다. 하지만 내게 처한 문제들로부터 한 발짝 물러나 사실들을 명확하고 객관적으로 바라보는 데 도움이 될 두 가지 아이디어를 소개하겠다.

1. 사실을 확인하고자 노력할 때, 나는 나 자신이 아닌 다른 누군가를 위해 정보를 수집하고 있는 척 행동한다. 이렇게 하면 근거에 대해 냉정하고 공정한 시각을 갖고 감정을 배제하는 데도 도움이 된다.
2. 걱정되는 문제와 관련된 사실들을 모으는 동안 나는 나와 반대되는 입장을 변론하는 변호사처럼 행동한다. 다시 말해, 내게 불리한 모든 사실들에 대해 이해하려고 노력한다. 나의 바람을 손상시키는 사실들, 맞닥뜨리고 싶지 않은 사실들 말이다.

그런 다음 나의 입장과 반대의 입장 모두를 글로 적어 본다. 그러면 진실은 대개 이 두 극단적 입장 사이의 어딘가에 있다는 것을 알게 된다.

내가 말하려고 하는 요점은 이것이다. 당신이든 나든, 아인슈타인이든 미국연방대법관이든 간에 우선 사실을 확인하지 않고도 어떤 문제에 대해 현명한 결정을 내릴 정도로 뛰어난 사람은 절대로 없다. 토머스 에디슨은 이런 사실을 알고 있었다. 세상을 뜨기 전까지 그가 자신이 겪었던 문제와 관련된 사실들을 기록한 공책은 무려 2,500권에 달했다.

그러므로 문제를 해결하기 위한 제1원칙은 이것이다. '사실을 확인하라.'

호크스 총장이 했던 것처럼 먼저 공정한 방식으로 모든 사실들을 수집할 때까지는 우리에게 닥친 문제를 해결하려는 시도조차 하지 마라.

그러나 이 세상의 모든 사실들을 확인하는 것은 우리가 그것들을 분석하고 해석하기 전까지는 어떤 도움도 되지 않는다. 나는 사실들을 글로 적은 후 그것을 분석하는 것이 훨씬 쉽다는 것을 알게 되었다. 사실들을 종이에 기록하고 문제를 명확하게 진술하는 것만으로도 현명한 결정을 내리는 데 큰 도움이 된다. 미국의 과학자이자 발명가인 찰스 케터링Charles Kettering의 말대로 "명확하게 진술된 문제는 반은 해결된 것이나 마찬가지다."

이 모든 것들이 실제로 어떤 효력을 나타내는지 보여 주겠다. 중국 속담에 '백문이 불여일견'이라는 것이 있다. 그러니 우리가 말하고 있는 것을 실제 행동에 옮긴 한 사람의 그림을 내가 당신에게 보여 준다고 생각하자.

지금 예로 들려는 것은 나와 수년간 알고 지낸 갈렌 리치필드의 이야기다. 미국 동부 지역에서 가장 성공한 사업가 중 한 명인 그는 일본이 상하이를 침략했던 1942년에 중국에 있었다. 다음은 그가 우리 집을 방문했을 때 들려 준 이야기다.

진주만에 폭탄을 투하한 직후 일본인들은 벌떼처럼 상하이로 몰려들었습니다. 저는 아시아생명보험 상하이 지사에서 지점장을 맡고 있었죠. 그들은 우리 회사에 '군 청산인'을 보냈는데 그는 실제로 해군 장성이었습니다. 그는 제게 우리 회사의 자산을 청산하는 데 협조하라는 명령을 내렸습니다. 선택의 여지가 없었죠. 협조 아니면 다른 어떤 것을 선택해야 했는데, 그 다른 어떤 것이란 의심의 여지없이 죽음을 의미했습니다.

저는 달리 대안이 없었기 때문에 앞서 말한 그 일을 하는 척했습니다. 하지만 75만 달러 상당의 유가증권 한 벌은 그 해군 장성에게 준 리스트에 포함시키지 않고 빼돌렸습니다. 그것은 우리 회사의 홍콩 지사의 것이지 제가 있던 상하이 지사의 자산과는 아무런 관계가 없는 것이었기 때문입니다. 그래도 혹시 일본인들이 제가 한 일을 눈치채서 저를 끓는 물에 넣어 버리지 않을까 두려워지긴 했습니다. 아니나 다를까 결국 그들은 그 사실을 알아채고 말았죠.

그들이 그 사실을 발견했을 때 저는 사무실에 없었고 저의 회계 담당자만 있었습니다. 그가 말하길 그 일본군 장성은 대단히 분노하여 발을 쿵쿵 구르고 욕설을 퍼부으며 저를 도둑놈이니, 반역자니 했다고 합니다! 제가 감히 일본군에 반항을 한 것입니다! 저는 그것이 무엇을 의미하는지 알고 있었죠. 저는 이제 브리지하우스에 처넣어질 것이 분명했습니다!

브리지하우스! 일본 비밀경찰의 고문실! 제가 아는 사람들 중에는 그곳에 끌려가느니 차라리 죽겠다며 자살을 한 친구들이 있었고, 그곳에서 열흘간이나 심문과 고문을 받다가 죽은 친구들도 있었습니다.

그런데 이제 제가 그 브리지하우스에 끌려가게 될 처지에 놓인 것입니다!

그래서 제가 어떻게 했냐고요? 그 소식을 들은 건 일요일 오후였습니다. 저는 두려움에 벌벌 떨어야만 했을지도 모릅니다. 실제로 제 나름대로의 문제 해결 방식이 없었더라면 틀림없이 그랬을 겁니다. 여러 해 동안 저는 걱정스러운 일이 생기면 타자기 앞에 앉아 다음과 같은 두 가지 질문과 그에 대한 대답을 타이핑했습니다.

1. 지금 걱정하는 것은 무엇인가?
2. 그것에 관해 내가 할 수 있는 일은 무엇인가?

전에는 이 두 가지 질문을 쓰지 않은 상태에서 답을 하려고 했습니다. 하지만 몇 년 전부터는 그러지 않았습니다. 질문과 대답을 작성해 놓는 일이 제 생각을 명확하게 해 준다는 것을 알았기 때문입니다. 그래서 저는 그 일요일 오후에 당장 상하이 YMCA에 있는 제 방으로 가서 타자기를 꺼냈습니다. 그리고 이렇게 썼습니다.

1. 지금 걱정하는 것은 무엇인가?
   - 내일 아침에 브리지하우스로 끌려갈지 모른다는 사실을 걱정하고 있다.
2. 그것에 관해 내가 할 수 있는 일은 무엇인가?

저는 몇 시간 동안 자리에 앉아 제가 취할 수 있는 네 가지 대응 방법, 그리고 각각의 방법이 가져올 수 있는 가능한 결과를 적어 보았습니다.

1. 그 일본 장성에게 설명한다. 하지만 그는 영어를 못한다. 통역관을 통해서 그에게 설명하려 한다면 다시 그를 자극할 수도 있다. 그러면 그는 잔인한 사람이니 나를 죽일 수도 있고 귀찮게 그런 이야기를 할 바엔 차라리 그냥 브리지하우스에 처넣어 버릴 수도 있다.
2. 도망친다. 그건 불가능하다. 그들은 항상 나를 감시한다. YMCA에 있는 내 방을 드나들 때도 확인을 받아야 한다. 만약 탈출을 감행한다면 생포되어 총살당할 것이다.
3. 이 방에만 머물며 사무실 근처에는 얼씬도 하지 않는다. 그렇게 하면 일본 장성이 나를 의심해서 군인들을 보내 내게 변명할 기회도 주지 않고 브리지하우스에 집어넣을 수도 있다.
4. 월요일 아침 평소처럼 사무실로 출근한다. 이 경우에는 그 일본 장성이 너무 바빠 내가 한 일을 잊어버릴 수도 있다. 생각이 난다 해도 어느 정도 화가 가라앉아 나를 괴롭히지 않을지도 모른다. 만약 그렇게 된다면 더할 나위 없이 좋다. 설사 나를 괴롭힌다 해도 내게는 설명할 수 있는 기회가 있다. 그러므로 월요일 아침에 평소처럼 사무실로 출근해 아무 일도 없다는 듯 행동하면 브리지하우스를 피할 수 있는 두 가지 가능성이 생긴다.

이 모든 것을 생각해 내고 네 번째 계획에 따라 월요일 아침에 평소처럼 사무실로 출근하기로 결심하는 순간 저는 헤아릴 수 없는 해방감을 느꼈습니다.

다음 날 아침 제가 사무실로 들어갔을 때 그 일본 장성은 입에 담배를 물고 앉아 있었습니다. 그는 언제나 그랬듯 저를 노려보았지만 아무 말도 하지 않았습니다. 6주 뒤, 고맙게도 그는 도쿄로 돌아갔고 제 걱정은 끝났습니다.

앞서 말씀 드렸듯이 일요일 오후에 타자기 앞에 앉아 제가 취할 수 있는 여러 단계들을 작성하고 각각의 단계마다 발생할 수 있는 결과를 정리한 뒤 차분히 결정을 내린 것이 제 목숨을 구했다고 할 수 있습니다. 만약 제가 그렇게 하지 않았다면 저는 갈팡질팡하고 망설이다가 충동적으로 잘못된 행동을 했을지도 모릅니다. 그리고 만약 제가 처한 문제에 대해 생각해 보지 않고 결정을 내렸다면 일요일 오후 내내 걱정만 하느라 미쳐 버렸을 수도 있습니다. 그날 밤에 잠도 못 잤을 것이고 월요일 아침에 피곤하고 근심에 찬 얼굴로 사무실에 갔겠죠. 그러면 그것만으로도 그 일본 장성의 의심을 사서 그가 어떤 조치를 취했을 것이 분명합니다.

결정을 내리는 것의 엄청난 가치는 몇 번의 경험을 통해 증명되었습니다. 인간을 신경쇠약으로 몰아 삶을 고달프게 만드는 것은 고정된 목표에 다가서지 못하고 다람쥐 쳇바퀴 돌듯 미친 듯이 돌기만 하다가 멈추지 못하기 때문입니다. 명확하고 확실한 결정을 내리면 그것만으로도 걱정의 50퍼센트는 사라집니다. 그리고 그 결정을 실행에 옮기기 시작하기만 하면 다시 40퍼센트의 걱정도 사라집니다. 결국 다음과 같은 4단계의 조치를 취하기만 하면 걱정의 90퍼센트는 사라지는 것이죠.

1. 내가 걱정하고 있는 것을 정확하게 적는다.

2. 그것에 대해 내가 할 수 있는 것들을 적는다.

3. 어떻게 할지 결정한다.

4. 결정한 것을 즉시 실행에 옮긴다.

갈렌 리치필드는 현재 뉴욕 존 111번 가에 있는 스타 파크 앤드 프리먼Starr, Park and Freeman 사社의 극동지역 담당 이사로 있으며 대형 보험과 금융 관련 업무를 맡고 있다.

뿐만 아니라 그는 오늘날 아시아에서 활동하는 가장 영향력 있는 미국인 사업가 중 한 명이다. 그가 내게 고백하길, 그가 이렇게 성공하기까지는 걱정을 분석하고 그것에 정면으로 대응하는 방법이 큰 기여를 했다고 한다.

그의 방법이 그렇게 뛰어난 이유는 무엇일까? 그것은 효율적이고 구체적이며 문제의 핵심에 곧장 접근하기 때문이다. 게다가 세 번째 원칙이자 필수적인 원칙으로 '해결하기 위해 행동하라'라는 원칙을 갖고 있다는 점에서 뛰어나다. 행동하지 않으면 모든 조사나 분석은 밑 빠진 독에물 붓는 격이 되고, 아무런 결실도 거두지 못하는 정력 낭비에 불과하다.

윌리엄 제임스는 이렇게 말했다. "결정이 내려지고 실행할 일만 남았다면 결과에 대한 모든 책임과 관심은 완전히 잊어버려라."(여기에서 윌리엄 제임스는 명백하게 '관심'이라는 말을 '걱정'이라는 말과 동의어로 사용했다.) 그의 말인즉슨, 당신이 사실들을 토대로 신중한 결정을 내렸으면 행동으로 옮기라는 뜻이다. 다시 생각하기 위해 멈춰 서지 마라. 또한 머뭇거리거나 걱정하거나 결정의 절차를 다시 밟기 시작해도 안 된다. 자기 자신에 대한 믿음을 잃어서는 안 된다. 그렇게 하면 다른 의심들이 생기기 시작한다. 자꾸만 뒤를 돌아보려 해선 안 된다.

나는 언젠가 오클라호마에서 가장 유명한 석유사업자 중 한 명인 웨이트 필립스에게 어떻게 그의 결정을 행동으로 옮기는지 물어본 적이 있다. 그는 이렇게 대답했다. "우리에게 닥친 문제에 대해 지나치게 생각하면 혼란과 걱정이 생기게 됩니다. 조사나 생각을 더 이상 계속하면 해가 되는 순간이 분명 있습니다. 결정을 내린 다음 뒤돌아보지 말고 행동해야 하는 순간이 있습니다."

지금 당장 당신이 가진 걱정을 해결하기 위해 갈렌 리치필드의 기술을 사용해 보는 것은 어떻겠는가? 아래 공란에 여러분이 생각하는 답을 적어 보기 바란다.

질문 1. 내가 걱정하는 것은 무엇인가?

_____

질문 2. 내가 할 수 있는 일은 무엇인가?

_____

질문 3. 나는 앞으로 이렇게 하겠다.

_____

질문 4. 언제부터 시작할 것인가?

_____

2.

사업상의 걱정을
절반으로 줄이는 방법

만약 당신이 사업가라면 아마도 지금 이렇게 생각할지 모르겠다. '이 장의 제목은 좀 웃기는군. 나는 사업을 시작한 지 19년째 된다고. 다른 사람들이 알고 있는 정도는 알고 있단 말이지. 그런데 사업상의 걱정을 절반으로 줄이는 방법을 내게 설명해 주겠다니, 정말 어처구니가 없네!'

맞는 말이다. 나도 몇 년 전에 이런 제목을 봤다면 그와 똑같이 생각했을 것이다. 이 제목은 많은 것을 약속하고 있지만 약속만큼 값싼 것도 없으니 무슨 약속인들 못할까.

솔직하게 말해 보자. 어쩌면 나는 당신의 사업상 걱정을 반으로 줄여 주지 못할지도 모른다. 최근의 분석 결과 아무도 그렇게 할 수는 없다고 밝혀졌다. 당신 자신만 빼고. 그러나 내가 할 수 있는 일이 있긴 하다. 다른 사람들이 어떻게 걱정들을 줄였는지를 당신에게 소개하고, 나머지는 당신에게 맡기는 것이다.

당신은 이 책의 45페이지에서 인용한, 세계적으로 유명한 알렉시스 캐럴 박사의 말을 기억할 것이다. '걱정에 대처하는 법을 모르는 사업가는 요절한다.'

걱정이 이렇게 심각한 문제이니 내가 사업상 걱정들의 10퍼센트만 줄여 줘도 당신은 만족스러워하지 않을까? 그렇다고? 좋다! 그러면 한 경영 간부가 걱정의 50퍼센트가 아닌, 전에 경영상의 문제들을 해결하기 위해 쉬지 않고 회의에 쏟아부었던 시간의 75퍼센트를 줄인 방법에 대해 소개하겠다.

게다가 나는 '김 모 씨'나 '아무개' 또는 '오하이오 주에 사는 내가 아는 누구'의 이야기처럼 당신이 확인할 수 없는 이야기는 하지 않으려고 한다. 이것은 리언 심스킨이라는 실존 인물에 관한 실제 이야기다. 그는 뉴욕 주 뉴욕 가 20번지, 록펠러센터에 있는 미국 제일의 출판사 '사이먼 앤드 슈스터Simon and Schuster'의 공동경영자 겸 총괄책임자다.

리언 심스킨은 그의 경험에 대해 다음과 같이 말했다.

15년 동안 저는 일하는 시간의 거의 절반을 문제에 대해 의견을 나누며 회의하는 데 소비했습니다. 이렇게 해야 할까, 저렇게 해야 할까? 아무것도 하지 말아야 하나? 우리는 신경이 곤두선 상태로 의자에 앉아 머리를 쥐어짰고 회의실 안을 서성거리기도 했습니다. 논쟁과 결론이 나지 않는 이야기들을 반복했습니다. 밤이 되면 저는 완전히 녹초가 되곤 했어요. 저는 남은 인생 동안에도 이런 식으로 계속

일해야 할 것 같다는 생각이 들었습니다. 저는 15년 동안 그렇게 해 왔고 그보다 더 나은 방법은 생각해내지 못했으니까요. 만약 누군가가 제게 근심 가득한 회의에 소비했던 시간과 그로 인한 심적 긴장감의 4분의 3을 줄일 수 있다고 말했다면 저는 그 사람을 비현실적이고 분별없는, 탁상공론이나 하는 낙천주의자로 생각했을 겁니다. 그러나 저는 그 말 그대로 할 수 있는 방법을 생각해 냈습니다. 그 방법을 8년 동안 사용하면서 일에서의 능률과 건강, 행복에도 놀라운 일이 일어났고요. 마치 마술이나 부리는 것처럼 들릴 수도 있지만 모든 마술이 그렇듯 어떻게 그 방법이 사용되었는지 알게 되면 매우 단순하다는 것을 알 수 있습니다. 그 비밀은 다음과 같습니다.

첫째, 저는 15년 동안 회의에서 진행해 왔던 절차를 당장에 그만두었습니다. 불안해하는 참석자들로부터 뭐가 잘못되었는지 세부사항 하나하나를 듣는 것으로 시작해 '무엇을 해야 할까요?'라고 묻는 것으로 끝나는 그 절차 말입니다. 둘째, 저는 새로운 규칙을 만들었습니다. 제 앞에서 문제점들에 대해 발표하고자 하는 사람은 모두 다음과 같은 네 가지 질문에 대한 답을 준비하여 기록하여 제출하도록 했습니다.

질문 1 – 무엇이 문제인가?
(그전에는 아무도 실제 문제가 무엇인지 구체적으로 알지 못한 채 걱정스러운 회의를 시작해 한두 시간을 허비하곤 했습니다. 그리고 우리의 문제가 무엇인지 정확하게 적어 놓으려 하지도 않고 토론하는 데만 열을 올리곤 했습니다.)
질문 2 – 문제의 원인은 무엇인가?

(예전의 업무 방식에 대해 다시 돌이켜 보니, 문제의 근원이 되는 상황을 명확히 확인하려 하지도 않고 걱정스러운 회의를 하며 몇 시간을 허비했다는 생각에 소름이 끼칠 정도입니다.)

질문 3 - 문제 해결을 위해 가능한 모든 방법은 무엇인가?

(이전의 회의에서는 한 사람이 한 가지 해결책을 제시하면 다른 사람들은 그의 의견에 대해 반박하려고만 했죠. 차분했던 분위기는 자주 격화되었습니다. 우리는 종종 주제에서 완전히 벗어난 회의를 하기도 했는데, 회의가 끝날 무렵에 보면 문제를 공략하기 위해 우리가 할 수 있는 다양한 방법들을 적어 둔 사람은 아무도 없었습니다.)

질문 4 - 문제 해결을 위한 제안은 무엇인가?

(예전 회의에 참석했던 이들은 가능한 해결책에 대해 단 한 번이라도 충분히 생각해 보거나 '제가 제안하는 해결책은 이것입니다.'라고 기록해 보지도 않은 채 몇 시간 동안이나 상황에 대해 고민만 하고 뱅뱅 도는 생각만 하다가 오는 사람들이었습니다.)

이제 문제들을 가지고 저를 찾아오는 사람들은 거의 없습니다. 왜냐고요? 앞서 말한 네 가지 질문에 답을 하기 위해서는 모든 사실들을 확인해야 할 뿐 아니라 그 문제들에 대해 깊이 생각해 봐야 한다는 것을 그들도 알게 되었기 때문입니다. 그렇게 하니 네 번 중의 세 번 정도는 저와 의논할 필요가 없어졌습니다. 왜냐면 마치 토스터에서 식빵이 튀어나오듯 적절한 해결책이 저절로 떠오르기 때문입니다. 심지어 논의가 필요한 경우에도 질서 있게, 논리적으로 진행되어 합리적인 결론에 도달하기 때문에 회의에 들어가는 시간도 이전보다 3

분의 1 정도로 줄였습니다. 이제 사이먼 앤드 슈스터에서는 문제점에 대해 걱정하고 대화하는 시간이 엄청나게 줄어들었습니다. 반면 문제 해결을 위한 행동의 시간은 훨씬 많아졌지요.

미국 최고의 보험 판매원들 중 한 명인 내 친구 프랭크 베트거Frank Bettger는 이와 비슷한 방법으로 사업상의 걱정을 줄였을 뿐 아니라 소득도 거의 두 배로 늘었다고 말했다.

몇 년 전 처음으로 보험 판매를 시작했을 때 나는 내 일에 대한 무한한 열정과 애정으로 가득했다네. 그러다 문제가 생겼지. 나는 너무도 낙담한 나머지 일에 혐오를 느끼고 그만둘까도 생각했지 뭔가. 만약 어느 토요일 아침에, 내가 걱정하는 진짜 이유가 뭔지 살펴보자는 생각이 떠오르지 않았다면 나는 아마 일을 그만뒀을지도 모르네.

1. 나는 먼저 스스로 이렇게 물었어. '도대체 뭐가 문제인가?' 문제는 내가 방문하는 고객들의 수는 엄청나게 많지만 수입은 그만큼 많지 않다는 것이더군. 나는 고객이 될 것 같은 사람과 판매 계약을 맺는 순간까지는 내가 꽤나 잘하는 사람인 줄 알았어. 그렇지만 막상 계약하려고 하면 고객들은 '음, 좀 더 생각해 볼게요, 베트거 씨. 나중에 다시 들러 주세요.'라고 말하곤 했지. 그렇게 반복되는 방문에 시간을 허비하는 것이 나를 의기소침해지게 하고 있었다네.
2. 나는 또 스스로 이렇게 물었어. '가능한 해결책은 무엇인가?' 하지만 그 질문에 대답하기 위해서는 사실들을 검토해 볼 필요가 있었

지. 지난 12개월간의 실적을 기록해 둔 수첩을 꺼내 숫자들을 면밀히 살펴본 결과 깜짝 놀랄 만한 사실 하나를 발견했다네! 글씨들이 적힌 바로 그 수첩에는 내가 판매한 보험의 70퍼센트가 첫 번째 방문 시 성사되었다는 사실이 나타나 있었어! 23퍼센트는 두 번째 방문 시 계약되었고 말일세! 그리고 나를 녹초로 만들고 내 시간을 빼앗은 세 번째, 네 번째, 다섯 번째 등의 방문을 통해 체결된 계약은 고작 7퍼센트에 불과했다네. 다시 말해 나는 일하는 시간의 절반을 내 판매 실적의 겨우 7퍼센트밖에 되지 않는 것에 허비하고 있었던 것이지!

3. '해답은 무엇인가?' 그것은 분명했어. 나는 두 번째 면담을 넘어가는 모든 방문은 즉시 생략하고 나머지 시간은 새로운 고객들을 확보하는 데 투자했지. 그 결과는 믿을 수 없을 만큼 놀라웠어. 짧은 기간이었지만 한 번의 방문으로 생기는 현금 가치는 2.8달러에서 4.27달러로 높아졌다네.

앞서 말했듯 프랭크 베트거는 미국에서 가장 유명한 생명보험 판매인 중 한 명이다. 그는 필라델피아 주의 피델리티 뮤추얼 사에서 매년 수백만 달러 상당의 보험 계약을 성사시키고 있다. 하지만 그에게도 위기의 순간이 있었다. 실패를 인정하고 포기하려고 했던 순간에 그는 문제를 분석함으로써 성공의 길에 들어설 수 있었다.

당신은 아래와 같은 질문들을 사업상의 문제들에 적용해 볼 수 있겠는가? 다시 한 번 내 도전에 대해 말하자면 다음의 질문들은 당신의 격정을 반으로 줄일 수 있다. 그 질문들을 다시 적어 보겠다.

1. 무엇이 문제인가?

2. 문제의 원인은 무엇인가?

3. 문제 해결을 위해 가능한 모든 방법은 무엇인가?

4. 문제 해결을 위한 제안은 무엇인가?

┤ 2부 │ 요약정리 ├

걱정을 분석하는 기본 테크닉

1. 사실을 확인하라. 컬럼비아 대학교 호크스 학장의 이야기를 기억하라. "이 세상 걱정의 절반은 결정의 기반이 되는 근거를 충분히 알지 못한 채 결정을 내리려는 사람들이 만든 것이다."

2. 결정은 사실을 신중하게 확인한 뒤 내려라.

3. 신중하게 결정을 내린 후에는 행동하라! 결정을 행동으로 옮기기 위해 열심히 노력하라. 결과에 대한 모든 불안은 떨쳐 버려라.

4. 당신 혹은 당신의 동료가 어떤 문제에 대해 걱정하게 된다면 아래의 질문과 그에 따르는 답을 적어 보라.

   1) 무엇이 문제인가?

   2) 문제의 원인은 무엇인가?

   3) 문제 해결을 위해 가능한 모든 방법은 무엇인가?

   4) 문제 해결을 위한 제안은 무엇인가?

DALE CARNEGIE

HOW TO STOP WORRYING AND START LIVING

1.

마음속에서
걱정을 몰아내는 방법

   나는 매리언 J. 더글러스가 내 강의를 들으러 왔던 몇 년 전의 그날 밤을 절대 잊지 못할 것이다. 나는 그의 실명을 쓰지 않았다. 그가 개인적인 이유로 신분을 밝히지 말아 달라고 부탁했기 때문이다. 하지만 여기에 소개될 그의 이야기는 그가 전에 내 수업에서 말했던 실제 이야기다. 그는 한 번도 아니고 두 번이나 자신의 가정에 불어닥친 비극에 대해 들려주었다. 첫 번째 비극은 그가 너무나도 사랑하던 다섯 살짜리 딸을 잃은 것이었다. 그와 그의 아내는 첫 번째 상실로 인한 슬픔을 감당할 수 없을 것만 같았다. 하지만 그는 "열 달 뒤 하느님은 저희들에게 또 다른 딸을 선물하셨습니다. 하지만 그 아이도 5일 만에 하늘나라로 가고 말았지요."라고 말했다.

두 딸의 잇따른 죽음은 견디기 힘든 아픔이었다. "저는 받아들일 수 없었어요." 그는 말했다. "저는 잠을 잘 수도, 음식을 먹을 수도, 편한 마음을 가질 수도, 휴식을 취할 수도 없었습니다. 신경은 극도로 불안한 상태였고 자신감도 사라졌습니다." 그는 결국 의사를 찾아갔다. 어떤 의사는 수면제를 처방해 주었고 어떤 의사는 여행을 권했다. 둘 다 시도해 봤지만 별 효과가 없었다. 그는 말했다. "제 몸은 마치 바이스(기계공작에서 공작물을 끼워 고정하는 기구)에 끼워져 있고, 바이스가 제 몸을 계속 조여 오는 것 같았죠." 비통함으로 인한 긴장 상태. 만약 당신이 큰 슬픔 때문에 마비 증세를 겪어 본 적이 있다면 그의 말이 의미하는 바를 잘 알 것이다.

　하지만 너무나 감사하게도 제게는 네 살 난 아들이 남아 있었습니다. 아들이 제 문제에 대한 해답을 주더군요. 멍하니 슬픔에 잠겨 있던 어느 오후, 아들이 제게 물었습니다. '아빠, 배 만들어 주세요.' 저는 배나 만들고 있을 기분이 아니었습니다. 사실 아무것도 하고 싶지 않았지요. 그러나 아들은 끈질기게 졸라대더군요. 저는 두 손을 들 수밖에 없었습니다.

　장난감 배를 만드는 데 거의 세 시간이 흘렀습니다. 배를 다 만들 때쯤 되자 저는 배를 만들며 보낸 그 세 시간이 몇 개월 만에 처음으로 정신적인 편안함과 평화를 느낀 시간이었음을 깨달았습니다! 그 깨달음 덕분에 저는 무기력한 상태에서 벗어나 조금씩이나마 생각을 할 수 있게 되었습니다. 몇 개월 만에 처음으로 진짜 생각을 하게 된 것입니다. 저는 구상과 생각이 필요한 무언가를 하느라 바쁘면 걱정을 하기 어렵다는 것을 알게 됐습니다. 제 경우에는 장난감 배를 만드는 일이 걱정을 떨칠 수 있게 해 주었죠. 그래서 저는 바쁘게 생활하기로 마음먹었습니다.

그다음 날 밤, 저는 이 방 저 방을 다니며 손질이 필요한 것들을 찾아 목록을 만들었습니다. 책장, 계단, 방풍창, 창문 차양, 문손잡이, 자물쇠, 새는 수도꼭지 등 수리가 필요한 물품들이 꽤나 많았습니다. 손질해야 할 물건들을 2주에 걸쳐 목록으로 정리해 보니 무려 242개나 되더군요.

지난 2년 동안 저는 그것들의 대부분을 수리했습니다. 또한 제게 자극을 줄 수 있는 활동들로 삶을 가득 채웠지요. 1주일 중 이틀 밤은 성인 대상 강좌에 참석하기 위해 뉴욕에 옵니다. 제가 살고 있는 지역의 시민 활동도 열심히 하고 현재는 교육위원회의 회장도 맡고 있습니다. 참석하고 있는 모임은 수십 개나 되고 적십자사의 모금활동이나 다른 활동들도 돕고 있는 등 저는 지금 너무나 바빠서 걱정할 틈이 없습니다.

걱정할 틈이 없다! 그것이 바로 전쟁이 한창일 때에 하루 열여덟 시간을 일했던 윈스턴 처칠Winston Churchill이 한 말이다. 누군가가 엄청난 책임감 때문에 걱정되지 않느냐고 물었을 때 그는 이렇게 답했다. "나는 너무나 바쁩니다. 걱정할 틈이 없죠."

찰스 캐터링도 자동차의 자동시동기 개발을 시작할 당시 이와 비슷한 난관을 겪었다. 캐터링은 최근에 퇴직하기 전까지 세계적으로 유명한 GM사의 부사장 겸 GM연구소를 맡았다. 하지만 예전의 그는 너무 가난해서 창고의 위층을 연구실로 사용해야만 했다. 식료품을 사기 위해서는 아내가 피아노 레슨으로 번 1,500달러를 사용해야 했고, 나중에는 자신의 생명보험을 담보로 500달러를 빌려야 했을 정도였다. 나는 그의 아내에게 당시에 걱정이 되지는 않았냐고 물어보았는데, 그녀는 이렇게 대답했다. "물론이죠. 걱정이 심한 나머지 잠도 오지 않았어요. 하지만 남편은 달랐죠. 그이는 작업에 너무 몰두해서 걱정할 시간이 없었어요."

위대한 과학자 루이 파스퇴르Louis Pasteur는 "평화는 도서관과 연구실에서 찾을 수 있는 것"이라는 말을 남겼다. 평화는 왜 그런 곳에 있을까? 도서관이나 연구실에 있는 사람들은 대개 너무도 일에 몰두한 나머지 자신에 대해서는 걱정할 틈이 없기 때문이다. 연구원들은 신경쇠약에 걸리는 일이 거의 없다. 그들에게는 그런 사치를 즐길 여유가 없는 것이다.

바쁜 상태를 유지하는 것처럼 단순한 일은 어떻게 걱정을 몰아내는 데 도움을 주는 것일까? 심리학이 밝혀 낸 가장 기본적인 법칙들 중 한 가지에 그 답이 있다. 즉, 아무리 똑똑한 사람이라 해도 한 번에 한 가지 이상을 생각하는 것은 절대로 불가능하다는 것이다. 별로 믿기지 않는가? 좋다. 그러면 한 가지 실험을 해 보자.

지금 당장 등을 기댄 뒤 눈을 감고 자유의 여신상을, 그리고 내일 아침에 무엇을 할지를 동시에 생각한다고 가정해 보자. 실제로 한 번 해 보길 바란다. 당신은 두 가지를 각각 순서대로 생각할 수는 있지만 동시에 생각하기란 불가능하다는 것을 알게 되었을 것이다. 그렇지 않은가? 그렇다. 감정의 영역에서도 이것은 마찬가지다. 흥미로운 어떤 일을 활기차고 열정적으로 함과 동시에 걱정으로 인해 처지는 것은 동시에 이루어지지 않는다. 한 종류의 감정이 다른 감정들을 몰아내기 때문이다. 그리고 이 간단한 발견은 육군의 정신의학 군의관들로 하여금 전쟁 기간 동안 기적이나 다름없는 일들을 수행해 낼 수 있게 했다.

전쟁에서의 끔찍한 경험으로 인해 심한 불안감을 느낀 나머지 후방으로 이송된 일명 '노이로제 병사'들에게 군의관들은 '매우 바빠지라'는 처방을 내렸다. 그러한 정신적 충격을 받은 병사들은 깨어 있는 시간을 활동으로 가득 채웠는데, 대개는 낚시, 사냥, 공놀이, 야구, 골프, 사진 찍기, 정원 손질, 춤추기 등과 같은 야외 활동들이었다. 그들은 자신이 겪은 끔찍한 경험에 대해 생각할 틈을 가질 수 없었다.

'작업 요법'은 정신의학에서 활동이 마치 약처럼 처방될 때 사용되는 용어다. 그것은 새로운 치료법이 아니다. 예수가 탄생하기 500년 전에도 고대 그리스 의사들은 이 방법을 권장했다!

벤저민 프랭클린Benjamin Franklin이 활동하던 시대에 퀘이커 교도들은 이미 필라델피아에서 이 방법을 사용하고 있었다. 1774년에 퀘이커 교도들의 요양소를 방문했던 한 사람은 정신질환을 가진 환자들이 바쁘게 아마(亞麻) 방적 작업을 하는 것을 보고 큰 충격을 받았다. 한 퀘이커 교도로부터 '간단한 작업을 하면 실제로 환자들의 상태가 개선됨을 알게 되었다'는 설명을 듣기 전까지 그는 불쌍한 사람들이 착취당하고 있다고 생각했던 것이다. 방적 작업은 신경과민 증세를 완화시키는 효과가 있었다.

어떤 정신의학자든 바쁜 상태를 유지하는 것은 신경 관련 질환에 가장 좋은 치료제라고 말할 것이다. 미국의 시인 헨리 워즈워스 롱펠로Henry Wadsworth Longfellow는 젊은 아내와 사별한 뒤 그 사실을 스스로 터득했다. 그의 아내는 어느 날 촛불에 봉합용 밀랍을 녹이던 중 옷에 불이 붙었다. 롱펠로는 아내의 비명 소리를 듣고 달려갔지만 그녀는 그 불로 인해 사망해 버렸다. 한동안 그는 그 끔찍한 경험의 기억으로 인해 거의 미칠 지경에 이르렀다.

하지만 다행히도 그에게는 그의 보살핌을 필요로 하는 세 아이들이 있었다. 롱펠로는 슬픔을 무릅쓰고 아이들의 부모 역할을 해냈다. 아이들에게 이야기를 들려주고, 아이들과 함께 산책과 놀이를 하며 생겨난 끈끈한 사랑을 '아이들의 시간The Children's Hour'이라는 시를 지어 영원히 기념했다. 또한 그는 단테의 작품들을 번역하기도 했다. 이 모든 일들이 한데 결합하여 그를 분주하게 만들었고, 그것에 너무 바쁜 나머지 그는 자신에 대한 생각은 말끔히 잊어버리고 마음의 평화를 되찾았다. 영국의 시인 알프레드 테니슨Alfred Tennysson은 그의 가장 친한 친구 아서 헤일럼Arthur Hallam이 죽었을 때 다음과 같이 단언했다. "절망의 늪에 빠지지 않으려면 행동에 몰두해야 한다."

힘들게 일할 때나 하루 일과를 하는 중에 '행동에 몰두하기'란 대부분의 사람들에게 어렵지 않은 일이다. 그러나 일을 마치고 난 뒤의 시간, 바로 이때가 위험하다. 여가 활동을 즐기며 가장 행복한 시간이 되어야 할 그때 걱정으로 인한 우울함이 밀려오기 때문이다. 내가 지금 잘 살고 있는 것인지, 판에 박힌 삶을 사는 것은 아닌지, 오늘 직장 상사가 한 말에 어떤 '의도'가 있는 것은 아닌지, 혹은 대머리가 되는 것은 아닌지 등을 고민하기 시작하는 것이 바로 이 시간이다.

한가할 때 우리의 마음은 진공 상태에 가까워지는 경향이 있다. 물리학을 전공하는 모든 학생들은 '자연은 진공 상태를 싫어한다.'는 사실을 알고 있다. 당신과 내가 한 번쯤은 봤음직한 것들 중 진공 상태에 가장 가까운 것은 백열전구의 내부쯤 될 것이다. 전구를 깨뜨려 보라. 그러면 자연은 이론적으로 비어 있는 공간을 채우기 위해 공기를 밀어 넣을 것이다.

자연은 공허한 마음을 채우기 위해 밀려들기도 한다. 무엇으로 채울까? 대개는 감정이다. 왜 그럴까? 걱정, 두려움, 증오, 질투, 시기 등의 감정은 원시의 활기와 정글의 역동적 에너지에 의해 움직이기 때문이다. 이러한 감정들은 너무 격정적이기 때문에 우리의 마음속에서 평화롭고 행복한 생각과 감정을 몰아내는 경향이 있다.

컬럼비아 사범대학의 교육학 교수인 제임스 L. 머셀James L. Mursell은 이 점을 아주 잘 표현했다. "걱정은 당신이 행동하고 있을 때가 아니라 일과가 끝난 시간에 당신을 괴롭히는 경향이 있다. 머릿속이 온갖 생각들로 어지러워지면 각종 터무니없는 가능성들이 떠오르고 작은 실수 하나도 커 보이게 된다. 그때의 당신의 마음은 부하負荷가 걸리지 않은 채 작동하는 모터와 같아서, 모터 속의 부품을 과열시켜 태워 버리거나 산산조각 나게 만들 수 있다. 걱정에 대한 해결책은 건설적인 어떤 행위에 완전히 몰입하는 것이다."

이 사실을 깨닫고 실천하기 위해 당신이 대학 교수가 될 필요는 없다. 세계대전이 한창이던 때 나는 시카고 출신의 한 가정주부를 만났다. 그녀는 자신이 어떻게 해서 '걱정에 대한 해결책은 건설적인 어떤 행위에 완전히 몰입하는 것'이란 사실을 스스로 터득하게 되었는지를 말해 주었다. 나는 뉴욕에서 미주리 주의 내 고향집으로 가기 위해 탔던 기차의 식당 칸에서 그녀와 그녀의 남편을 만났다(구체적인 사실들이 이야기의 신뢰도를 높이기 때문에 나는 이름이나 주소 없이 사례를 드는 것을 좋아하지 않는데, 안타깝게도 그 부부의 이름은 미처 알아 두지 못했다).

이 부부의 아들은 일본이 진주만을 기습 공격한 다음 날 군에 입대했고, 그녀는 하나밖에 없는 아들 걱정에 건강을 거의 망칠 뻔했다. 내 아들은 어디에 있을까? 안전하게 잘 있을까? 전투 중일까? 다치지는 않았을까? 죽었을까?

내가 그녀에게 어떻게 걱정을 극복했는지 묻자 그녀는 이렇게 답했다. "일을 시작했어요." 그녀는 제일 먼저 가정부를 내보내고 모든 집안일을 혼자 도맡아 하면서 바쁘게 지냈다고 말했다. 하지만 그것도 큰 도움은 되지 않았다. 그녀가 말하길 "문제는 집안일들은 마음을 쓰지 않고도 기계적으로 할 수 있다는 것이었어요. 그러니 아들에 대한 걱정은 떠나질 않았죠. 침구 정리를 하고 설거지를 하면서 저는 정신적으로나 육체적으로 하루 종일 저를 바쁘게 할 수 있는 어떤 새로운 종류의 일이 필요하다는 것을 깨달았고, 그래서 백화점에서 판매사원으로 일하기 시작했어요.

그게 효과가 있더군요. 얼마 지나지 않아 정신을 차려 보니 저는 무척이나 바쁘게 지내고 있었어요. 손님들은 제 주위에 벌떼처럼 몰려들어 가격, 사이즈, 색상 등을 물어봤죠. 당장 해야 할 일 말고는 어떤 것도 생각할 겨를이 없었어요. 그리고 밤이 되면 아픈 다리를 풀어주는 것 말고는 다른 걸 떠올릴 수 없었습니다. 저녁을 먹자마자 침대에 누워 정신 없이 잠들곤 했어요. 걱정할 시간뿐 아니라 기력도 없었습니다."

그녀는《불쾌한 기억을 잊는 기술The Ard of Forgetting》이라는 책에서 존 쿠퍼 포이스John Cowper Powys가 의미한 바, 즉 '해야 할 일에 몰두

할 동안에는 어떤 안락한 안정감 또는 깊은 마음의 평화, 일종의 편안한 무감각 상태가 인간이라는 동물의 신경을 안정시켜 준다.'는 사실을 스스로 깨우친 것이다. 얼마나 고마운 일인가!

세계에서 가장 유명한 여성 탐험가인 오사 존슨Osa Johnson은 최근에 걱정과 슬픔으로부터 자신이 어떻게 해방되었는지 내게 말해 주었다. 당신이 그녀의 인생 이야기를 책으로 읽어 봤을지 모르겠다. 그 책의 제목은 '나는 모험과 결혼했다I Married Adventure'이다. 만약 모험과 결혼한 여자가 있다면 오사 존슨이 바로 그녀다. 오사는 16살에 마틴 존슨이라는 사람과 결혼하여 캔자스 주의 차누테를 떠나 보르네오 섬의 거친 정글로 거주지를 옮겼다. 25년 동안 이 캔자스 출신 부부는 세계 각지를 돌아다니며 아시아와 아프리카의 사라져 가는 야생 동물에 대한 영화를 찍었다. 몇 년 전 미국으로 돌아온 그들은 자신들이 찍은 유명한 영상들을 보여 주며 순회강연을 했다. 어느 날 그들은 덴버를 출발하여 태평양 연안 지방으로 향하는 비행기에 올랐는데, 비행기가 산에 추락하면서 그녀의 남편 마틴 존슨은 그 자리에서 사망했다. 의사들은 오사 역시 평생 침대 신세를 져야 할 것이라고 말했다. 그러나 그것은 그녀가 어떤 사람인지 모르고 한 소리였다. 3개월 뒤 그녀는 휠체어에 앉아서 많은 사람들 앞에서 강연을 했다. 분명히 말하면 그녀가 그 시즌에 사람들 앞에서 강연한 것은 무려 100회 이상이었다. 그것도 휠체어에 앉은 채로 말이다. 내가 그녀에게 왜 그렇게 무리해서 강연을 하는지 물었을 때 그녀는 답했다. "슬퍼하거나 걱정할 시간을 없애야 했으니까요."

오사 존슨은 테니슨이 약 한 세기 전에 노래했던 "절망의 늪에 빠지지 않으려면 행동에 몰두해야 한다."라는 것과 똑같은 진리를 발견한 것

094

이다.

버드 제독은 다섯 달 동안 혼자 고립되어 있을 때 이와 같은 진리를 발견했다. 그는 남극을 덮은 거대한 빙하의 만년설 속의 오두막에서 글자 그대로 묻혀 살았다. 남극의 만년설은 자연의 가장 오래된 비밀을 간직하고 있으며 미국과 유럽 땅을 합친 것보다 더 큰 미지의 대륙을 덮고 있다. 그런 곳에서 그는 다섯 달을 혼자 지낸 것이다. 160킬로미터 이내에 살아 있는 생물이라고는 아무것도 존재하지 않았다. 너무나 혹독한 추위 탓에 그가 숨을 내쉬면 그의 귀를 스치는 바람이 그것을 얼려서 결정結晶화 시키는 소리가 들리는 것 같았다. 그가 쓴 책《얼론Alone》에는 막막하고 영혼을 깨부술 듯한 암흑 속에서 그가 보낸 다섯 달 이 기록되어 있다. 낮에도 밤처럼 어두웠던 그곳에서 그는 정신을 온전히 지키기 위해 바쁘게 활동해야만 했다. 그는 이렇게 말하고 있다.

"밤이 되면 랜턴을 끄기 전까지 내일 할 일을 계획하는 습관을 들였다. 말하자면 스스로에게 해야 할 일을 할당한 것이다. 탈출을 위한 터널에 한 시간, 눈을 평탄하게 하는 데 삼십 분, 연료통 정리에 한 시간, 식량 터널 벽에 선반을 만드는 데 한 시간, 부서진 썰매 수리에 두 시간 하는 식으로 시간을 나누는 방법은 아주 효과적이었다. 그렇게 함으로써 나는 엄청난 자제력을 가질 수 있습니다." 그리고 그는 이렇게 덧붙였다. "그렇게 하지 않았거나 혹은 그와 비슷한 일이라도 하지 않았다면 나는 목적 없는 나날들을 보냈을 것이고, 목적 없는 나날들은 그런 날들이 언제나 그렇듯, 아무 의미 없는 하루하루가 되었을 것이다." 마지막 말을 다시 적어 보겠다. '목적 없는 나날들은 그런 날들이 언제나 그렇듯, 아무 의미 없는 하루하루가 되었을 것이다.'

만약 당신과 내게 걱정거리가 있다면 우리는 '일'이라는 오래된 방법을 약처럼 사용할 수 있다는 것을 기억하자. 이런 말을 한 사람은 다름 아닌 하버드 대학 임상의학 교수였던 최고의 권위자 고故 리처드 C. 캐버트Richard C. Cabot 박사다. 그는 자신의 책《사람은 무엇으로 사는가 What Men Live By》에서 다음과 같이 말한다.

> 의사로서 나는 과도한 의심, 주저, 동요, 두려움으로 인한 정신적 마비 증세를 겪는 많은 사람들이 일을 통해서 치유되는 경우를 볼 때 기쁨을 느꼈다. …… 일을 통해 얻게 되는 용기는 에머슨이 그토록 강조한 자기 신뢰와 같다.

만약 당신과 내가 바쁘게 활동하지 않는다면, 만약 우리가 빈둥거리기만 하고 이런저런 생각만 한다면 우리는 찰스 다윈Charles Darwin이 '위버 기버Wibber Gibber'라고 말하던 것을 수도 없이 만들어 냈을 것이다. '위버 기버'란 옛날이야기에 나오는 그렘린, 즉 우리의 실행력과 의지력을 공허하게 하고 쓸모없게 만드는 작은 악마다.

나는 애태우고 안달할 시간이 없을 정도로 바쁘게 활동함으로써 '위버 기버'를 이겨 낸 뉴욕 출신의 사업가를 알고 있다. 그의 이름은 트렘퍼 롱맨이고 사무실은 월가 40번지에 있다. 그는 내가 진행하는 성인 교육 강좌의 수강생 중 한 명이었다. 걱정을 극복해 낸 그의 이야기는 너무나 흥미롭고 인상적이어서 나는 수업이 끝난 뒤 그에게 저녁식사를 함께하자고 청했다. 우리는 레스토랑에 앉아 밤이 깊도록 그의 경험에 대해 얘기를 나눴다. 그가 내게 들려 준 이야기는 이렇다.

데일 카네기 자기관리론

18년 전, 저는 걱정이 너무 심해 불면증에 시달렸습니다. 신경은 곤두서 있었고, 짜증이 잦았으며 항상 불안했어요. 신경쇠약에 걸릴 것 같았습니다.

제가 걱정하는 데는 이유가 있었죠. 저는 뉴욕 웨스트 브로드웨이 418번지에 있는 크라운 청과음료회사의 회계 담당자였습니다. 우리 회사는 1갤런 크기의 통에 포장된 딸기에 50만 달러를 투자한 상태였습니다. 20년 동안 우리 회사는 그렇게 포장된 딸기를 아이스크림 제조사에 판매하고 있었습니다. 그러다 갑자기 우리 회사의 판매가 멈춰 버렸습니다. 내셔널 데어리나 보든스 같은 대형 아이스크림 회사들이 제품 생산을 급격히 늘리면서, 비용과 시간을 줄이기 위해 배럴 단위로 포장된 딸기를 구매했기 때문입니다.

우리에게는 이제 팔지 못한 50만 달러어치의 딸기가 남아 있었을 뿐 아니라 향후 12개월 동안 100만 달러어치의 딸기 구매 계약까지 체결까지 해 놓은 상태였습니다. 회사는 이미 은행으로부터 35만 달러를 대출받았기 때문에 그 돈을 갚거나 기한을 연장할 수도 없었습니다. 그런 상황이었으니 제가 걱정하는 것은 당연한 일이었죠.

저는 캘리포니아 주 왓슨빌에 있는 회사 공장으로 달려가 상황이 바뀌었고, 이대로 가다가는 곧 파산할 것이라고 사장님을 설득하려 했지만 그는 믿지 않았습니다. 그는 모든 잘못을 뉴욕에 있는 사무실 탓으로 돌렸습니다. 판매 능력이 부족했기 때문이라고 말입니다.

며칠의 간청 끝에 마침내 저는 사장님을 설득하는 데 성공했습니다. 더 이상의 딸기 포장은 하지 않도록 멈추고, 샌프란시스코에 있는 시장에 가공하지 않은 딸기를 납품하기로 했습니다. 그렇게 함으로써 우리의 문제는 어느 정도 해결되었습니다. 그쯤 되면 저도 걱정을 멈출 수도 있었는데 그러지 못했습니다. 걱정은 일종의 습관인데, 그 습관이 제게 생겨 버린 것입니다.

뉴욕으로 돌아온 뒤 저는 이태리에서 사 오는 체리, 하와이에서 사오는 파인애플 등 모든 일에 대해 걱정하기 시작했습니다. 신경은 날카로워졌고 짜증이 났으며 잠도 잘 수 없었습니다. 그리고 제가 앞서말했듯 금방이라도 신경쇠약에 걸릴 것 같았습니다.

자포자기한 심정으로 저는 불면증을 치료하고 걱정을 멈추게 하는 생활 방식을 선택하게 되었습니다. 바로 일을 하는 것이었죠. 저는 제 모든 능력을 필요로 하는 문제들로 인해 바빴기 때문에 걱정할 시간이 없었습니다. 원래는 하루 7시간 정도 일했지만, 지금은 하루에 15~16시간 정도를 일합니다. 매일 아침 8시에 출근해서 거의 자정이 될 때까지 사무실에서 지내지요. 저는 새로운 임무와 책임도 맡았습니다. 한밤중이 다 되어 집에 돌아와 침대에 누울 때면 너무도 지친나머지 순식간에 곯아떨어질 정도였습니다.

저는 그런 식으로 석 달 정도를 지냈습니다. 그러자 걱정하는 습관이 사라졌고 평범한 일상으로도 다시 돌아왔습니다. 이것은 18년 전의 일이지만 저는 그 후로 단 한 번도 불면증이나 걱정 때문에 괴로워한 적이 없습니다.

조지 버나드 쇼George Bernard Shaw가 옳았다. 그는 이 모든 것을 다음과 같은 말로 요약했다. "불행해지는 비결은 당신이 행복한가 아닌가로 고심할 여유를 가지는 것이다." 그러니 그런 문제로 고심하지 말자!

팔을 걷어붙이고 일을 하자! 당신의 피는 온몸을 돌고 정신은 맑아질 것이다. 그러면 곧 당신의 몸속에 용솟음치는 적극적인 활력이 마음속에서 걱정을 몰아낼 것이다. 일하라. 일을 통해 바쁜 상태를 유지하라. 그것이 지구상에서 가장 저렴하면서도 가장 효과 좋은 약이다.

걱정하는 습관을 버리기 위한,

| 방법 1 |

바쁘게 움직여라. 걱정하는 사람이 절망의 늪에 빠지지 않으려면 행동에 몰두해야 한다.

Keep busy. The worried person must lose himself in action, lest he wither in despair.

2.

딱정벌레 때문에
쓰러지지 말라

내가 죽을 때까지 잊지 못할 극적인 이야기 하나가 있다. 뉴저지 주 메이플우드 하이랜드 14번 가에 사는 로버트 무어Robert Moore가 들려 준 이야기다.

1945년 3월, 저는 제 인생 최대의 교훈을 얻었습니다. 인도차이나의 해안, 수심 80미터 아래에서 얻은 교훈이죠. 저는 잠수함 바야 S.S.318호에 탑승한 88명의 선원 중 한 명이었습니다. 소형 일본군 호위함 한 척이 우리 항로로 다가오는 것이 레이더에 잡혔습니다. 날이 밝아 오는 중이었기에 우리는 공격을 위해 물 밑으로 내려갔습니다. 저는 잠망경을 통해 일본군 호위구축함과 유조선, 기뢰부설함을 발견했습니다. 우리는 호위구축함을 향해 세 발의 어뢰를 발사했지만 빗나갔습니다. 각각의 어뢰에 장착된 장치가 잘못된 것 같았습니다. 호위구축함은 공격당했다는 사실을 알아채지 못하고 항해를 계속했습니다. 우리는 마지막 배인 기뢰부설함을 공격할 준비를 하고 있었는데 그 배가 갑자기 방향을 틀어 우리 쪽을 향해 다가왔습니다. 일본군 정찰기가 해저 18미터에 있던 우리 잠수함을 발견하고 우리 위치를 일본군 기뢰부설함에 무전으로 알려 준 것입니다. 우리는 발각되는 것을 피하기 위해 45미터 깊이까지 내려갔고 수중 폭뢰에 대비할 준비를 했습니다. 해치에는 추가로 잠금장치를 하고 우리 잠수함에서 어떤 소리도 새어 나가지 않도록 송풍기, 냉각장치 그리고 모든 전기 장비의 전원을 껐습니다.

3분 뒤 엄청난 혼란이 일어났습니다. 잠수함 주변에서는 여섯 개의 수중 폭뢰가 폭발했고, 우리는 80미터나 되는 바닥까지 가라앉고 말았습니다. 우리는 모두 겁에 질렸습니다. 수심 300미터에서 공격당하는 것은 위험한 정도이고 150미터 이내에서 당하는 것은 거의 치명적이라고 할 수 있습니다. 그런데 우리는 150미터의 절반이 조금 넘는 깊이에서 공격당한 것입니다. 안전에 관해 말하자면 간신히 무릎 높이의 깊이였습니다. 그 일본 기뢰부설함은 15시간 동안 수중 폭뢰를 퍼부어 댔습니다. 만약 폭뢰가 반경 5미터 이내에서 터지면 그 충격으로 잠수함엔 구멍이 뚫립니다. 일본군의 폭뢰는 15미터 부근에서 수차례 터졌습니다. 우리는 '안전을 유지하라'는 명령을 받았기 때문에 각자의 침상에 조용히 앉아 침묵을 지켰습니다. 저는 너무 무서워서 숨도 제대로 못 쉴 지경이었습니다. '이제 나는 죽었다.' 저는 속으로 계속 이렇게 말했습니다. '죽을 거야. 이젠 죽을 거라고!' 선풍기와 냉각장치를 꺼 놓았기 때문에 잠수함 내부 온도는 37도를 넘었지만 공포로 인해 한기를 느낀 저는 스웨터는 물론 털로 안감을 댄 재킷까지 입었는데도 추위로 계속 몸을 떨었습니다. 이는 딱딱거리며 부딪혔고 식은땀도 나기 시작했습니다. 공격은 15시간 동안 계속되었습니다. 그러다 갑자기 멈췄습니다. 일본 기뢰부설함이 수중 폭뢰를 다 소진하고 가 버린 것이 분명했습니다.

공격을 받았던 15시간은 마치 1,500만 년처럼 느껴졌습니다. 지금까지의 제 인생이 주마등처럼 스쳐 지나갔습니다. 제가 잘못했던 일들과 어리석게 걱정하던 모든 사소한 일들이 떠올랐습니다. 해군에 입대하기 전에 저는 은행원이었습니다. 그때 저는 긴 업무 시간, 얼마 되지 않는 월급, 낮은 승진 가망성을 걱정했죠. 또한 제 집이 없는 것, 새 차를 사지 못한 것, 아내에게 예쁜 옷 한 벌 사 주지 못한 것 때문에 속상해했습니다. 항상 잔소리하고 호통 치는 상사도 얼마나 미워했는지 모릅니다. 밤이 되면 괴로움과 불만을 안고 집에 돌아와 별것 아닌 일로 아내와 말다툼하던 일들이 떠올랐습니다. 자동차 사고로 이마에 생긴 흉터에 대해서도 걱정했습니다.

그때는 이런 걱정들이 크게 느껴졌는데, 수많은 폭뢰들이 저를 저 세상으로 날려 버릴 듯 위협하는 상황이 되니 그런 제 걱정들은 너무나 우스워 보였습니다. 저는 그때 잠수함 안에서, 살아서 물 밖으로 나가기만 한다면 절대로 걱정 따위는 하지 않겠다고 다짐했습니다. 절대로! 절대로! 다시는 걱정하지 않겠다! 저는 그 끔찍했던 15시간 동안, 시러큐스 대학에서 4년 동안 책과 씨름하며 배웠던 것보다 더 많은 삶의 기술을 배울 수 있었습니다.

우리는 흔히 인생에 큰일이 닥치면 용감하게 맞서다가도 사소한 일, '눈엣가시' 같은 일에는 지고 만다. 그 예로 새뮤얼 패피스Samuel Papys 의 《일기Diary》를 보면, 런던에서 해리 베인스 경이 참수당하는 것을 목격했던 일이 기록되어 있다. 해리 경은 단두대에 오르면서 사형 집행인에게 살려 달라고 간청하지 않았다. 다만 자신의 목에 난 종기를 건드리면 아프니 조심해 달라고 부탁했을 뿐이다.

이것은 버드 제독이 남극의 끔찍한 추위와 암흑 같은 밤 속에서 발견했던 사실이기도 하다. 그의 대원들은 큰 문제들보다 '눈엣가시' 같은 일에 더 법석을 떨었다. 수많은 위험과 고난, 그리고 때로 영하 60도까지 떨어지는 혹한을 불평 한마디 없이 견뎠다. "하지만" 버드 소장은 말했다. "룸메이트의 장비가 각자에게 지정된 공간을 침범한다는 생각에 서로 말을 하지 않게 된 경우도 있었고, 음식을 삼키기 전에 꼭 스물여덟 번을 씹고 삼키는 플레처주의자Fletcherist가 식당에 보이면 밥을 못 먹었던 대원도 있었습니다. 극지의 캠프에서 이처럼 사소한 일들은 잘 훈련받은 사람들까지도 정신이상 직전까지 몰고 갈 수 있는 힘을 가지고 있었습니다."

당신은 버드 제독의 말에 이런 생각을 했을지도 모른다. 결혼 생활에서도 '사소한 것들'이 사람들을 정신이상 직전까지 몰고 가고 '이 세상 비탄의 절반'을 일으킨다고 말이다.

적어도 이 분야의 권위자들은 이렇게 이야기하고 있다. 시카고의 조지프 새바스 판사는 4만 건 이상의 이혼 소송을 중재하고 난 뒤 다음과 같이 선언했다. "대다수 이혼의 주요 원인은 사소한 것들입니다." 뉴욕 카운티 검찰청의 검사장 프랭크 S. 호건은 이렇게 말했다. "적어도 절반 이상의 형사 사건은 사소한 일에서 비롯됩니다. 술집에서의 허세, 가정 내의 말다툼, 모욕적인 언사, 헐뜯는 말, 무례한 행동 등과 같이 별것 아닌 것들이 폭행과 살인으로 이어지죠. 우리들 중 잔인성과 사악함을 가진 사람은 극소수에 불과합니다. 이 세상 가슴 아픈 일들의 절반은 우리의 자존심을 건드리거나 모욕하거나 허영심에 충격을 주는 것들로 인해 야기되는 겁니다."

일리노어 루스벨트Eleanor Roosevelt는 결혼한 지 얼마 되지 않았을 때 새로운 요리사의 음식이 입맛에 맞지 않아 '며칠 동안 걱정했다.' 루스벨트 부인은 말한다. "하지만 지금은 그런 일이 있으면 어깨만 한 번 으쓱하고 잊어버릴 거예요." 바로 이것이다. 이런 것이 정서적으로 성숙한 사람의 행동이다. 절대적인 독재자 예카테리나 2세도 요리사가 맛없는 음식을 내 왔을 땐 웃어넘기곤 했다 한다.

한번은 아내와 함께 시카고에 있는 내 친구 집에서 저녁식사를 한 적이 있다. 고기를 썰어 나눠 주다가 친구가 뭔가 잘못했던 모양이다. 나는 그걸 알아채지 못했고, 알았다 하더라도 신경 쓰지 않았을 것이다. 하지만 그것을 본 친구 부인은 우리가 보는 앞에서 친구를 심하게 구박했다. "존, 잘 좀 보고 하라고요! 한 번이라도 제대로 하는 적이 없어!"

그러고 나서 우리에게 말했다. "저이는 항상 저렇게 실수를 한답니다. 잘하려고 노력도 안 해요." 실제로 그가 고기를 잘 썰고 잘 나눠 주려는 노력은 하지 않았을지는 몰라도 20년 동안이나 그런 부인과 함께 살아오고 있다는 것에 대해서는 분명히 공로를 인정한다. 솔직히 말해 그녀의 잔소리를 들으며 북경 오리나 상어 지느러미 요리를 먹을 바에는 차라리 평온한 분위기에서 머스터드소스를 뿌린 핫도그나 두어 개 먹는 게 나을 것 같다.

그 일이 있고 얼마 지나지 않아 아내와 나는 친구 몇 명을 집에 초대했다. 친구들이 도착하기 직전에 아내는 냅킨 중 석 장이 식탁보와 어울리지 않는다는 것을 발견했다.

나중에 아내로부터 들은 이야기는 이렇다. "요리사에게 달려가 알아보니 나머지 석 장의 냅킨은 세탁소에 가 있더라고요. 손님들은 문 앞에 도착해 버렸고 냅킨을 바꿀 시간은 없었죠. 눈물이 왈칵 쏟아질 것 같았어요! 머릿속은 온통 '왜 이런 바보 같은 실수 때문에 저녁시간을 통째로 망쳐야 하는 거야?'하는 생각으로 가득했지요. 그러다가 '아니야, 왜 그래야 되는데?' 싶어졌고, 좋은 시간을 갖자고 마음먹은 뒤 저녁식사 자리로 갔어요. 그리고 실제로 재미있게 보냈고요. 친구들이 저를 신경질적이고 까다로운 사람보다는 서툰 가정주부로 보는 편이 낫겠다 싶었죠. 그리고 이건 어디까지나 제 생각이지만 어쨌든 냅킨이 식탁보와 어울리지 않는다는 건 아무도 알아채지 못했다고요!"

유명한 법률 속담 중에 이런 것이 있다. '법은 사소한 일에 관여하지 않는다.' 걱정하는 사람도 그래야 한다. 마음의 평화를 원한다면 말이다.

대부분의 경우, 사소한 일로 골치 아픈 것을 이겨 내고 싶다면 시각을 바꾸면 된다. 즉, 마음속에 새롭고 유쾌한 관점을 확립하는 것이다.《파리에 가야 했던 사람들They Had to See Paris》및 다수의 책을 쓴 내 친구 호머 크로이Homer Croy는 마음의 관점을 바꾸어 생긴 일의 훌륭한 예를 보여 준다. 뉴욕에 있는 자신의 아파트에서 집필 작업을 하는 동안 그는 라디에이터의 덜컹거리는 소리에 짜증이 났다. 라디에이터 안에서 수증기가 쿵쿵거리는 소리와 지글지글 끓는 소리를 내면 책상에 앉아 있던 그도 짜증으로 부글부글 끓어올랐다.

그는 말했다. "그러다가 친구 몇 명과 캠핑을 떠났어. 나뭇가지들이 지펴 놓은 불 속에서 타는 소리를 듣고 있으니 그 소리가 우리 집 라디에이터에서 나는 소리와 비슷하다는 생각이 들더군. 왜 이 소리는 좋아하고 다른 소리는 싫어해야 하지? 나는 집에 돌아와 생각했어. '나뭇가지들이 불에 타는 소리는 듣기 좋아. 라디에이터에서 나는 소리도 그 소리와 비슷하잖아. 그러니 저 소리에 대해서는 걱정하지 말고 잠이나 자자.' 그러고는 그렇게 했지. 며칠 동안 라디에이터 소리가 좀 거슬리기는 했지만 곧 아무런 신경도 안 쓰이더라고. 사소한 걱정들도 마찬가지야. 우리가 그런 것들에 신경을 쓰고 짜증 내는 이유는 그것들을 너무 과대평가하기 때문이지."

영국의 정치가인 벤저민 디즈레일리Benjamin Disraeli는 다음과 같이 말했다. "사소한 일에 신경 쓰기에는 인생이 너무 짧다." 이 말과 관련해 〈디스 위크 매거진This Week Magazine〉에서 앙드레 모루아Andre Maurois는 이렇게 말했다. "이 말은 내가 수많은 고통의 경험들을 극복하는 데 도움을 주었습니다. 무시하고 잊어버려야 할 사소한 일들로 우리는 마음을 어지럽히곤 합니다. 이 땅에서 살 수 있는 시간은 몇 십 년밖에 되지 않는데도 우리는 우리, 그리고 모든 사람이 곧 잊어버릴 작은 불만들을 생각하면서 다시 얻을 수 없는 소중한 시간들을 허비합니다. 그래선 안 됩니다. 우리는 가치 있는 행동과 감정, 원대한 사고, 진실한 애정과 맡은 일에 대한 꾸준함 등에 인생을 바쳐야 합니다. 사소한 일에 신경 쓰기에는 인생이 너무 짧기 때문입니다."

때로는 러드야드 키플링Rudyard Kipling 같은 저명한 인물도 '사소한 일에 신경 쓰기에는 인생이 너무 짧다'는 사실을 잊을 때가 있다. 그 결과는 어땠을까? 그와 그의 처남은 버몬트 역사상 가장 유명한 법정 싸움을 벌였다. 그 싸움은 너무도 유명해서 '러드야드 키플링 - 버몬트 불화'라는 제목의 책까지 나올 정도였다.

이야기는 이렇게 진행된다. 키플링은 버몬트에 사는 캐롤라인 발레스티어라는 여자와 결혼하여 버몬트 브래틀버로우에 예쁜 집을 지었다. 그는 그곳에 정착해서 여생을 보낼 작정이었다. 그의 처남 비티 발레스티어는 키플링의 가장 친한 친구가 되었고, 두 사람은 함께 일하고 함께 여가를 즐겼다.

그러다가 키플링이 처남으로부터 땅을 사게 됐다. 다만 철마다 때가 되면 처남이 건초를 베어 가도 좋다는 단서가 달려 있었다. 어느 날 키플링이 그 건초용 대지에 꽃밭을 가꿀 계획이 있다는 것을 알게 된 처남은 격분했고 분통을 터뜨렸다. 키플링도 바로 되받아쳤다. 버몬트의 그린 산맥을 감싸는 공기마저 냉랭해질 정도였다.

며칠 뒤 키플링은 자전거를 타고 밖으로 나왔다가 여러 마리의 말이 끄는 마차를 타고 가던 처남과 길에서 마주쳤다. 그런데 갑자기 처남이 마차로 길을 가로지르는 바람에 키플링의 자전거가 넘어지고 말았다. 그러자 '당신 주변의 모든 사람이 이성을 잃고 당신 탓을 할 때도 침착함을 유지할 수 있다면'이라고 말했던 사람이 키플링 본인이었음에도 그는 이성을 잃고 처남을 고소해 버리겠다며 욕설을 퍼부어 댔다! 곧 세상을 떠들썩하게 만든 재판이 열렸다. 대도시의 기자들이 몰려들었고 이 소식은 빠른 속도로 전 세계로 퍼져 나갔다. 화해는 이루어지지 않았다. 이 법정 싸움으로 인해 키플링과 그의 부인은 미국의 고향을 떠나 남은 생을 다른 곳에서 살아야 했다. 이 모든 걱정과 비탄이 하찮은 것 하나 때문에 일어난 것이다. 건초더미 하나 때문에…….

2,400년 전 고대 그리스의 정치가 페리클레스Perikles는 말했다. "그만합시다, 여러분. 우리는 사소한 일에 너무 오래 매달렸습니다." 정말 우리는 그렇게 하고 있다.

해리 에머슨 포스딕Harry Emerson Fosdick 박사가 들려준 이야기 중 가장 재미있는 것 하나를 소개하겠다. 숲의 거인이 이기고 진 싸움들에 관한 이야기다.

콜로라도의 롱스피크 비탈면에는 거대한 나무의 잔해가 있다. 자연학자들은 그 나무의 수명이 400년 정도 되었을 것이라고 말한다. 콜럼버스가 산살바도르에 발을 디뎠을 쯤에 묘목 크기였던 그 나무는 플리머스에 청교도들이 이주했을 당시에는 지금의 절반 정도로 자라 있었다. 긴 생애를 보내는 동안 나무는 열네 번이나 벼락을 맞았고, 400년 동안 셀 수 없는 눈사태와 폭풍이 나무를 흔들고 지나갔다. 그 나무는 그 모든 것들을 견뎌 냈다. 하지만 딱정벌레 떼가 공격해 오자 결국 나무는 쓰러지고 말았다. 딱정벌레들은 나무의 껍질을 먹어 치웠고 나무의 내적 저항력도 딱정벌레들의 작지만 그칠 새 없는 공격에 차츰 파괴되어 갔다. 일생 동안 시들지 않았고 수많은 벼락과 폭풍을 견뎠던 숲의 거대한 나무가 결국에는 인간이 손가락 사이에 놓고 눌러 죽일 수 있을 정도로 작은 딱정벌레에게 무릎을 꿇은 것이다.

우리도 그 숲에 있던 거대한 나무처럼 싸우고 있지는 않을까? 너무도 심한 폭풍과 눈사태와 벼락 등과 같은 인생의 시련들은 어떻게든 이겨 내 보려고 하지만 걱정이라는 조그만 딱정벌레, 너무 작아서 손가락으로 눌러 죽일 수 있는 조그만 딱정벌레가 우리의 마음을 갉아 먹도록 내버려 두고 있는 것은 아닐까?

몇 년 전, 나는 와이오밍 주 고속도로 순찰대장인 찰스 세이프레드 및 그의 친구 몇 명과 함께 와이오밍에 있는 티턴 국립공원을 여행했다. 우리는 공원 내에 있는 존 D. 록펠러의 농장을 방문할 계획이었다. 하지만 내가 타고 있던 차는 엉뚱한 길로 가는 바람에 길을 잃었고, 다른 차들이 그 농장에 도착하고 한 시간이나 지나서야 농장 입구에 닿을 수 있었다. 세이프레드가 농장 출입문 열쇠를 갖고 있었기 때문에 그는 우리가 도착할 때까지 모기가 우글거리는 숲속의 땡볕에서 우리를 기다리고 있었다. 극성 사나운 그 모기들은 성자 같은 사람도 이성을 잃게 만들기에 충분했지만 찰스 세이프레드를 이겨 내진 못했다. 우리를 기다리는 동안 그는 포플러 나뭇가지를 꺾어 피리를 만들었다. 우리가 도착했을 때 그는 모기들에게 욕을 퍼붓고 있었을까? 전혀 그렇지 않았다. 그는 그 피리를 불고 있었다. 나는 사소한 것들에 대해서는 신경 쓰지 않는 법을 아는 사람에 대한 추억의 의미로 아직도 그 피리를 간직하고 있다.

걱정하는 습관이 당신을 무너뜨리기 전에 그것을 버리고 싶다면,

당신이 무시하고 잊어버려야 할 만큼 사소한 일들이 당신을 뒤흔들도록 놔두지 마라. 이 말을 기억하라. "사소한 일에 신경 쓰기에는 인생이 너무 짧다."

Let's not allow ourselves to be upset by small things we should despise and forget. Remember "Life is too short to be little."

3.

온갖 걱정을
떨쳐버리는 비법

어렸을 때 나는 미주리에 있는 농장에서 자랐는데, 하루는 체리 씨를 발라내는 일을 하시던 어머니를 돕다가 울음을 터뜨렸다. 어머니는 물으셨다. "데일, 도대체 뭣 때문에 우는 거니?" 나는 울먹이며 말했다. "산 채로 땅에 묻힐까 봐 무서워요!"

그 당시 나는 걱정이 가득했다. 천둥번개가 치며 비가 올 때는 벼락에 맞아 죽는 것이 아닐까, 집안 형편이 어려울 땐 배부르게 먹지 못하는 것은 아닐까, 죽으면 지옥에 가지 않을까 하는 걱정들로 말이다. 내 귀를 잘라 버리겠다고 겁주던 동네 형인 샘 화이트가 정말로 그렇게 하지는 않을까 무서웠다. 내가 여자아이들에게 인사하면 그 아이들이 나를 비웃을까봐 걱정했고, 나랑 결혼하려는 여자가 없으면 어쩌나 걱정했으며, 결혼식 직후에는 부인에게 무슨 말을 해야 하나 걱정했다. 나는 한적한 시골 교회에서 결혼식을 올리고 지붕을 술로 장식한 마차를 타고 농장으로 돌아오고 싶은데, 농장으로 오는 마차 안에서 대화가 끊기지 않을 수 있을까? 어떡하지? 어떻게 해야 하나? 나는 밭두렁 위를 몇 시간씩이나 서성대면서 이렇게 너무나도 중요하다고 여겼던 문제들에 대해 고민했다.

세월이 흐르면서 나는 내가 걱정했던 일들의 90퍼센트는 실제로 일어나지 않는다는 것을 깨달았다. 예를 들면, 앞서 말했듯 나는 벼락을 맞을 것이 너무 무서웠다. 하지만 국가 안전보장위원회의 통계에 따르면 내가 한 해에 번개에 맞아 죽을 확률은 35만 분의 1밖에 되지 않는다는 것을 이제는 알고 있다.

산 채로 땅에 묻힐까 봐 무서워했던 것은 더 어처구니없다. 시체를 미라로 만들어 보존하는 것이 관습이었던 시대보다 더 이전에도 산 채로 매장되었던 사람은 1억 명 중의 한 명 정도였을 것이다. 그런 것을 가지고 나는 무서워 울기까지 했다.

여덟 명의 사망자 중의 한 명은 암으로 죽는다. 내가 무언가를 걱정하고 싶었다면 벼락에 맞아 죽는다거나 산 채로 매장당해 죽는 것 말고 암에 걸릴 것을 걱정했어야 했다.

물론 지금까지 말한 것은 나의 유년기와 청소년기의 걱정들이었다. 하지만 우리 어른들 대다수가 걱정하는 것들도 그만큼이나 쓸데없는 것들이다. 당신이나 내가 가지고 있는 걱정거리의 90퍼센트는 지금 당장 없앨 수 있다. 평균의 법칙에 따라 우리가 걱정하는 것들에는 현실적인 정당성이 없다는 것을 깨닫고 고민을 멈춘다면 말이다.

112

세계 제일의 보험회사인 런던 로이즈 사(社)는 잘 일어나지 않는 일들을 걱정하는 사람들의 성향을 간파해 수백만 달러를 벌었다. 런던 로이즈는 사람들이 걱정하는 재난들이 결코 일어나지 않는다는 데 내기를 걸지만, 그것을 내기가 아닌 보험이라고 부른다. 사실 그것은 실제로 평균의 법칙을 근거로 한 내기임이 맞다. 이 거대한 보험회사는 200년 동안 계속해서 성장세를 유지하고 있다. 인간 본성이 변하지 않는 한, 이 회사는 앞으로도 5,000년 정도는 더 상승세를 유지할 것이다. 사람들은 계속해서 재난에 대비해 신발과 배와 봉랍(封蠟) 등에 대한 보험을 들 테지만, 평균의 법칙에 의하면 그런 재난은 흔히 생각하는 것만큼 자주 일어나지는 않기 때문이다.

평균의 법칙에 대해 살펴보면 이전에는 알지 못했던 사실들로 깜짝 놀랄 것이다. 예를 들어, 만일 내가 내년부터 5년 동안 게티즈버그 전투처럼 치열한 전투에서 싸워야만 한다는 사실을 알게 되면 나는 몹시 두려울 것이다. 내가 들 수 있는 모든 생명보험에 가입하고, 유언장도 작성하고 세속적인 일들은 모두 정리한 뒤 이렇게 말할 것이다. "전쟁터에서 살아남지 못할 수도 있으니 남은 기간 동안 최대한 열심히 살아야겠다." 그러나 사실 평균의 법칙에 따르면 전쟁 시가 아니더라도 50세에서 55세까지 사는 것은 게티즈버그 전투에서 싸우는 것만큼이나 위험하고 치명적이다. 내가 말하고자 하는 것은 즉, 평상시에 50세에서 55세 사이의 1,000명당 사망자 수는 게티즈버그 전투에서 싸웠던 16만 3,000명의 군인 1,000명 당 사망자 수와 맞먹는다.

나는 이 책의 몇몇 장을 제임스 심슨이 캐나다 로키 산맥의 보우 호수 근처에 갖고 있던 '넘티가 로지'라는 오두막집에서 집필했다. 여름 한철을 그곳에 머무르던 중에 나는 샌프란시스코 주 퍼시픽 가 2298 번지에 사는 허버트 H. 샐린저 부부를 만났다. 살면서 걱정 한 번 안 했을 것 같은 인상을 지닌 샐린저 부인은 침착하고 조용한 성격의 여성이었다. 어느 저녁, 불을 피워 놓은 벽난로 앞에서 나는 그녀에게 걱정 때문에 괴로워해 본 적이 있었는지 물어보았다. 그녀는 이렇게 말했다.

괴로워해 본 적이요? 저는 그것 때문에 거의 인생을 망칠 뻔했어요. 걱정을 극복하는 법을 배우기 전까지 저는 11년 동안이나 제가 만든 지옥에서 살았답니다. 저는 민감하고 성급한 성격 탓에 항상 지독한 긴장 속에서 살았죠. 매주 저는 샌머테이오에 있는 집에서 버스를 타고 샌프란시스코에 있는 상점에 가곤 했어요. 하지만 쇼핑을 하는 동안에도 걱정 때문에 몸서리쳤습니다. 다리미를 다림판에 그냥 올려놓고 나온 것은 아닌지, 집에 불이 난 것은 아닌지, 가정부가 애들을 놔두고 도망가 버리지는 않을지, 애들이 자전거를 타고 나갔다가 교통사고라도 당하는 것은 아닌지 등의 걱정이었죠. 그래서 쇼핑을 하다 말고 식은땀을 흘리며 상점을 뛰쳐나와 집으로 가는 버스를 잡아탔습니다. 이런 상황이었으니 첫 번째 결혼이 실패로 끝난 것은 무리도 아니었죠.

변호사인 두 번째 남편은 어떤 일에도 걱정하지 않는 침착하고 분석적인 사람이에요. 제가 불안해하고 걱정할 때마다 남편은 이렇게 말했어요. '긴장하지 말고 생각해 봅시다. 당신이 정말 걱정하고 있는 게 뭘까? 평균의 법칙을 살펴보고 그 일이 정말로 일어날 만한 일인지 아닌지 알아봅시다.'

그 예로 우리 부부가 뉴멕시코에 있는 앨버커키에서 칼스배드 케이 번스까지 운전을 하고 갔을 때의 일이 생각나네요. 비포장도로를 달리고 있었는데 폭우가 쏟아졌죠. 차는 이리저리 미끄러졌고 어떻게 손을 쓸 수조차 없었어요. 저는 우리가 도로 옆 개천에 처박힐 거라고 확신했지만 남편은 제게 이렇게 말했어요. '지금 아주 천천히 운전하고 있으니 아무 일도 안 일어날 거야. 설사 차가 개천으로 미끄러져도 평균의 법칙으로 따져 봤을 때 우리는 조금도 다치지 않을 거야.' 남편의 이런 침착함과 확신은 저를 안심시켰습니다.

어느 여름 우리 부부는 캐나다 로키 산맥에 있는 투캥 계곡으로 캠핑을 떠났어요. 폭풍이 텐트를 갈기갈기 찢어 버릴 듯했던 어느 밤에 우리는 해발 2,100미터의 높이에서 캠핑을 하고 있었습니다. 텐트는 나무로 된 받침대에 버팀줄로 묶어 놓은 상태였고요. 방수용 외부 텐트는 바람 때문에 흔들리고 떨리면서 날카로운 소리를 냈습니다. 저는 우리 텐트가 곧 바람에 날아갈 것이라 생각했습니다. 너무 무서웠죠. 하지만 남편은 계속 이렇게 말했어요. '이봐, 여보. 우리는 브루스터스 사의 산악 가이드와 함께 여행하고 있잖아. 브루스터스 사람들은 모두 전문가들이라고. 저 사람들은 이 산에서 60년 넘게 텐트를 쳐왔어. 이 텐트도 이 자리에 오랫동안 있었고 말이야. 텐트는 아직 바람에 날려 쓰러지지도 않았고, 평균의 법칙으로 생각해 봐도 오늘밤 이 텐트가 날아갈 일은 없을 거야. 그리고 설령 바람에 날아간다 해도 다른 텐트에서 묵으면 되지 않겠어? 그러니 안심해.' 저는 남편의 말대로 마음을 편히 가라앉힌 채 잘 수 있었습니다.

몇 해 전에는 제가 살고 있던 캘리포니아 지역에 척수성 소아마비가 창궐했어요. 예전 같았으면 저는 신경이 날카로워졌겠지만, 남편은 차분하게 행동하라고 설득했습니다. 우리 가족은 가능한 모든 예방 조치를 취했습니다. 사람이 붐비는 곳이나 학교, 영화관 같은 곳에는 아이들을 데려가지 않았지요. 보건 당국에 알아보니 캘리포니아 역사상 가장 많은 소아마비 환자가 발생했을 때의 환자 수는 주 전체를 통틀어 1,835명밖에 되지 않았습니다. 평상시의 소아마비 환자 수는 200 내지 300명 정도였고요. 그 숫자만 놓고 보면 결코 적은 편이 아니라 안타깝기는 했지만, 그럼에도 평균의 법칙에 따라 가늠해 보면 어떤 한 아이가 그 병에 걸릴 확률은 높지 않다는 생각이 들었습니다.

'평균의 법칙에 의하면 그럴 일은 없을 거야.' 이 한마디는 제 걱정거리들의 90퍼센트를 떨쳐 버렸습니다. 그리고 그 말 덕분에 저는 지난 20년 동안 기대 이상으로 아름답고 평온한 삶을 살 수 있었습니다.

미국 역사상 인디언과의 전투에서 가장 위대한 공을 세웠던 조지 크룩George Crook 장군은 그의 자서전에서 다음과 같은 말을 했다. 인디언들의 '걱정과 불행의 대부분은 현실이 아닌 그들의 상상 때문에 발생한다.'

지난 수십 년을 돌이켜 보면 내 걱정들의 대부분 역시 현실이 아닌 상상에서 비롯되었다는 사실을 알 수 있다. 뉴욕 시 프랭클린 가 204번지에 위치한 제임스 A. 그랜트 디스트리뷰팅 컴퍼니의 소유주인 짐 그랜트는 자신도 그런 경험을 했다고 말했다. 그는 한 번에 화차 10~15대 정도 분량의 플로리다산 오렌지와 자몽을 주문한다. 그는 이런 생각들로 스스로를 괴롭게 했다고 말했다. '열차 사고가 일어나면 어떻게 하지? 과일이 길바닥에 내팽개쳐지면 어떻게 하지? 과일을 실은 기차들이 다리를 건널 때 다리가 무너지면 어떡하나?' 물론 그는 과일들에 대한 보험을 들어 놓았지만 제때 배달을 하지 못해 거래처를 잃을 수도 있다는 것이 두려웠다. 그는 심한 걱정 때문에 위궤양이 생기지는 않았는지 알아보려고 병원을 찾았다. 의사는 신경이 너무 예민한 것만 제외하면 아무 문제없다고 말했다. "그제야 저는 알게 되었습니다." 그는 말했다. "그리고 저 자신에게 질문하기 시작했습니다. '이봐, 짐 그랜트, 너는 1년에 몇 대나 되는 과일 화차들을 취급하지?' 대답은 '대략 2만 5,000대쯤'이었습니다. 저는 또 물었습니다. '그 화차들 중 사고가 났던 것은 몇 대나 됐지?' 대답은 '아마 다섯 대 정도'였습니다. 그러고 나서 스스로에게 이렇게 말했습니다. '2만 5,000대 중에서 겨우 다섯 대라고? 그게 뭘 의미하는지 알겠어? 5,000분의 1 확률이라고! 다시 말해 경험에 기초한 평균의 법칙으로 봤을 때, 트럭에 사고가 날 확률은 5,000분의 1이란 말이야. 그런데 뭐가 걱정이야?' 이어서 저는 '하긴 다리가 무너질 수도 있겠지. 그런데 그런 사고로 실제로 잃은 트럭은 몇 대였지?'라고 다시 물었고, 대답은 '한 대도 없었다.'였습니다. 그래서 나 자신에게 이렇게 말했습니다. '아직 한 번도 무너진 적이 없는 다리와 5,000분의 1의 확률로 일어날 열차 사고 때문에 걱정하면서 위궤양에 걸릴 만큼 자네가 바보는 아니지 않나!'"

짐 그랜트는 내게 이렇게 말했다. "그런 식으로 생각하니 저 자신이 어리석어 보이더군요. 저는 당장 그 자리에서 제 걱정거리를 평균의 법칙에 맡기자고 다짐했습니다. 그리고 그 이후로 '위궤양' 걱정은 한 번도 하지 않았습니다!"

알 스미스Al Smith가 뉴욕 주지사였을 때, 나는 그가 정적들의 공격에 대해 몇 번이고 '기록을 살펴보자'고 대답하는 것을 들었다. 그러고 나서 그는 사실들을 제시했다. 나중에 당신과 내게 걱정할 일이 생기면 현명한 알 스미스로부터 힌트를 얻어 보자. 기록을 살펴보고 무슨 근거가 있는지 본 다음, 만약에 근거가 있다면 무엇인지를 살펴보자. 프레드릭 J. 말스테트Frederick J. Mahlstedr는 자신이 무덤에 있는 것은 아닐까 걱정할 때 바로 그렇게 했다. 다음의 이야기는 뉴욕에서 진행된 내 성인교육 강좌에서 그가 들려준 것이다.

1944년 6월 초, 저는 오마하 해변 근처에 있는 개인 참호에 누워 있었습니다. 저는 제999호 부대 통신중대 소속이었고, 우리 부대는 그당시 막 노르망디에 상륙해 참호를 파 놓은 상태였습니다. 개인 참호랍시고 직사각형 모양으로 파 놓은 구덩이의 주변을 둘러본 뒤 저는 혼잣말을 했습니다. '이건 꼭 무덤같이 생겼네.' 그 안에 누워서 잠을 자려고 하는데 정말 마치 무덤에 누워 있는 것처럼 느껴졌고, '어쩌면 이건 내 무덤일지도 몰라.'라는 생각을 떨칠 수 없었습니다. 밤 11시 경에 갑자기 독일군 폭격기들이 나타나 폭탄들을 퍼붓기 시작하자 제몸은 두려움으로 뻣뻣하게 굳어 버렸습니다. 처음 2~3일 동안 저는 밤에 조금도 잠을 잘 수가 없었고, 4~5일째 밤이 되자 거의 미쳐 버릴 것 같았습니다. 뭐라도 하지 않았다면 완전히 돌아 버렸을 겁니다. 그래서 저는 다섯 밤이 지났는데도 아직 살아 있고, 우리 부대원들 모두 마찬가지라는 사실을 떠올렸습니다. 부상 입은 사람은 단 두 명에 불과했는데, 그것도 독일군의 폭탄이 아닌 우리 군의 대공포에서 포를 쏠 때 발생한 포화 때문에 입은 것이었습니다. 저는 뭔가 건설적인 일을 하면서 걱정을 멈추고자 결심했습니다. 그래서 포화를 막기 위해 두꺼운 지붕 비슷한 것을 나무로 만들어 개인 참호 위에 올려놓았습니다. 제 참호 위에 펼쳐진 지역이 얼마나 광활한지도 생각했지요. 또한 이렇게 깊고 좁은 참호 속에서 내가 죽는 경우는 오직 직격탄을 맞을 때뿐인데, 그 확률은 1만 분의 1도 되지 않음을 생각해 냈습니다. 2~3일 밤을 이런 식으로 보내고 나니 마음도 차분해졌고 공습이 있는 동안에도 잠을 잘 수 있었습니다.

미 해군에서는 군인들의 사기를 북돋기 위해 평균의 법칙에 대한 통계자료를 사용한다. 전직 해군 선원이었던 한 사람은 자신과 동료 선원들이 군 유조선에 배속되자 몸이 굳을 정도로 걱정했던 이야기를 해 주었다. 그들 모두는 휘발유를 실은 유조선이 어뢰라도 맞는다면 바로 폭발하여 모든 이들을 저세상에 보내 버릴 것이라 믿었다.

하지만 미 해군은 그렇지 않다는 것을 알고 있었기에 정확한 수치를 발표했다. 만일 어뢰를 맞은 100척의 유조선이 있다고 치면 60척은 그대로 물 위에 떠 있고 40척은 가라앉는데, 그중 오직 다섯 척만이 10분 이내에 침몰했다. 이것은 배에서 탈출할 시간이 충분할 뿐만 아니라 사상자 또한 매우 적음을 의미했다. 그렇게 발표한 것이 과연 군의 사기에 영향을 주었을까? 이 이야기를 들려준 미네소타 주 세인트폴 월넛 가 1969번지의 클라이드 W. 마스Clyde W. Mass는 다음과 같이 말했다. "평균의 법칙에 대한 이해 덕분에 초조했던 제 마음은 사라졌고, 다른 부대원들도 모두 불안감을 떨쳐 버릴 수 있었습니다. 우리에게는 기회가 있고, 평균의 법칙으로 보았을 때 우리는 죽지 않을 것임을 알게 되었습니다."

걱정하는 습관이 당신을 무너뜨리기 전에 그것을 버리고 싶다면,

| 방법 3 |

기록을 살펴보고 자신에게 이렇게 물어보자.
"평균의 법칙으로 보았을 때 내가 걱정하는 일이 실제로 발생할 가능성은 얼마나 되는가?"
Let's examine the record. Let's ask ourselves
"What are the chances, according to the law of averages, that this event I am worrying about will ever occur?"

4.

피할 수 없다면
받아들여라

어렸을 때의 일이다. 나는 미주리 주 북서부 어느 동네의 오래되고 버려진 통나무집 다락방에서 친구들과 놀고 있었다. 그러던 중 다락방에서 내려오기 위해 창턱에 잠깐 올랐다가 뛰어내렸다. 그때 나는 왼손 검지에 반지를 끼고 있었는데 뛰어내릴 때 반지가 못에 걸려 손가락이 잘리는 사고를 당했다.

나는 비명을 질렀다. 너무 무서웠고, 이제 곧 죽게 될 것이라고 생각했다. 하지만 치료를 받고 난 뒤로 그런 걱정은 단 한 순간도 하지 않았다. 걱정한다 해서 무슨 소용이 있겠는가? 나는 피할 수 없는 것을 받아들인 것이다. 지금은 왼손에 손가락이 네 개밖에 없다는 사실을 몇 달씩이나 까맣게 잊고 지낼 때가 많다.

몇 년 전 나는 뉴욕 시내 사옥들 중 한 곳에서 화물용 승강기 사업을 하는 한 사람을 만났다. 나는 손이 잘려 나간 그의 왼쪽 손목을 보게 되었고, 그에게 한쪽 손이 없다는 사실 때문에 난처한 일은 없었는지 물었다. 그의 대답은 이랬다. "아니요. 저는 한쪽 손이 없다는 생각은 거의 들지 않습니다. 하지만 아직 결혼을 안 해서 바늘에 실을 꿸 때만큼은 손에 대해 아쉬움이 들더라고요."

우리는 어찌할 수 없는 상황이라면 그것이 어떤 상황이든 놀라울 정도로 빨리 받아들이고 적응한다. 그런 뒤에는 그런 일이 있었다는 것조차 잊어버린다.

나는 가끔 네덜란드 암스테르담에 있는 15세기경의 대성당 유적에서 발견된 비문을 생각한다. 그 비문에는 플랑드르어로 이렇게 새겨져 있다. "이미 그렇게 되었으니, 그러지 않을 수 없다."

당신이든 나든 수십 년을 살다 보면 '이미 그렇게' 불쾌해진 상황들과 수없이 마주치게 된다. 그 상황들은 '그러지 않을 수 없는' 것들이다. 하지만 우리는 두 가지 중 하나를 선택할 수 있다. 하나는 피할 수 없다는 것을 받아들이고 그것에 적응하거나, 다른 하나는 그것을 받아들이지 않음으로써 우리의 삶을 망치고 결국 신경쇠약으로 인생을 마감하는 것이다.

내가 가장 존경하는 철학자 중 한 명인 윌리엄 제임스의 현명한 조언 하나를 소개하겠다. "있는 그대로를 기꺼이 받아들여라. 일어난 일을 받아들이는 것은 불행한 결과를 극복하는 첫걸음이다."

오리건 주 포틀랜드 북동부 49번가 2840번지에 사는 엘리자베스 콘리는 역경을 통해 그 사실을 깨달았다. 최근 그녀가 내게 쓴 편지의 내용은 이렇다.

미군이 북아프리카 지역에서의 전투에서 승리한 것을 기념하여 축하하던 바로 그날, 저는 국방부로부터 전보 한 통을 받았습니다. 제가 가장 사랑하는 저의 조카가 전투 중에 실종되었다는 것이었습니다. 얼마 뒤 조카가 사망했다는 내용의 또 다른 전보도 받았습니다.

저는 슬픔으로 자포자기에 빠졌습니다. 그때까지 저는 인생이 정말 살 만한 것이라고 생각했죠. 저는 제 일을 사랑했고 조카를 키우는 데도 도움을 주었습니다. 그 아이는 제게 있어 건강하고 멋진 청년 그 자체였습니다. 제가 가진 모든 것을 다 준다 해도 아깝지 않을 그런 아이였죠. 그런데 그런 전보가 온 겁니다. 모든 것이 무너져 내리는 것 같았습니다. 살아야 할 이유가 없었습니다. 일도, 친구들도 멀리했습니다. 아무것도 신경 쓰지 않았습니다. 저는 냉소적이고 화를 잘 내는 사람이 되었습니다. 왜 내 사랑스러운 조카여야만 했지? 왜 그렇게 착하고 아직 인생의 꽃을 피워 보지도 못한 그 아이가 죽어야만 하지? 저는 받아들일 수 없었습니다. 저는 너무나 비통한 나머지 일도 그만두고 멀리 떠나 눈물과 슬픔 속에서 숨어 지내기로 결심했습니다.

일을 그만둘 준비를 하며 책상을 정리하던 중, 저는 우연히 잊고 있던 편지 한 장을 발견했습니다. 몇 년 전 어머니가 돌아가셨을 때 조카가 제게 써 준 그 편지에는 이렇게 적혀 있었습니다. '물론 우리 모두는 할머니를 그리워할 거예요. 이모님이 특히 더 그러시겠죠. 하지만 저는 이모님께서 잘 이겨 내시리라는 걸 알아요. 이모님의 인생관이라면 그럴 수 있을 거예요. 저는 이모님이 가르쳐 주신 그 아름다운 진리를 영원히 잊지 못할 거예요. 제가 어디에 있든, 아니면 우리가 얼마나 멀리 떨어져 있든, 항상 웃고 무슨 일이 닥쳐도 남자답게 받아들이라는 이모님의 말씀을 항상 기억할게요.'

저는 그 편지를 읽고 또 읽었습니다. 마치 그 아이가 제 옆에서 이렇게 말하는 것처럼 느껴졌습니다. '왜 이모님은 제게 가르쳐 주신 대로 하지 않으세요? 무슨 일이 생겨도 이겨 내세요. 미소로 슬픔을 덮어 버리세요.'

그래서 저는 일을 그만두지 않기로 했습니다. 냉소적이고 반항적인 태도도 버리고 저 자신에게 이렇게 말했습니다. '이미 일어난 일이야. 내가 바꿀 순 없어. 하지만 그 아이가 바랐던 대로 나는 이겨 낼 수 있고 이겨 낼 거야.' 저는 마음속에 있는 모든 것들을 떨쳐 내고 일에 집중했습니다. 저는 군인들에게 위문편지를 썼습니다. 다른 사람들의 아이들에게 말입니다. 또 새로운 흥미를 찾고 새로운 친구들을 사귀기 위해 야간학교 성인 강좌에 등록했습니다. 제게 일어난 변화는 저도 믿기 어려울 정도입니다. 저는 영원히 지나가 버린 과거에 대해 슬퍼하는 것을 그만두었습니다. 저는 지금 조카가 원했던 모습으로 하루하루를 기쁘게 살고 있습니다. 인생과도 화해했고, 제 운명도 받아들였습니다. 저는 지금 제가 아는 그 어떤 삶보다 충만하고 완전한 인생을 살고 있습니다.

오리건 주 포틀랜드에 살고 있는 엘리자베스 콘리는 우리 모두가 배워야 할 사실을 배웠다. 즉, 피할 수 없는 것을 받아들이고 협력해야 한다는 것 말이다. '이미 그러하니 되돌릴 수 없다.' 이것은 깨닫기 쉽지 않은 교훈이다. 왕위에 오른 왕들조차도 이 교훈을 잊지 않으려면 계속해서 상기해야 한다. 조지 5세는 버킹엄 궁의 자신의 서재에 다음과 같은 말을 액자에 담아 걸어 두었다. '달을 따 달라고 울거나 쏟아진 우유가 아까워 울지 않도록 가르쳐 주소서.' 같은 생각을 쇼펜하우어Schopen-hauer는 이렇게 표현했다. '인생이라는 여정을 준비하는 데 있어 가장 중요한 것은 괴롭거나 힘든 일을 받아들일 줄 아는 것이다.'

환경 그 자체가 우리를 행복하거나 불행하게 할 수 없다는 사실은 분명하다. 우리의 감정을 결정하는 것은 우리가 환경에 반응하는 방식이다. 예수는 '천국은 네 안에 있다'라고 이야기했다. 마찬가지로 지옥 역시 그곳에 있다.

해야만 한다고 생각하는 상황이라면 우리 모두는 재앙이나 비극을 견디고 이겨 낼 수 있다. 할 수 있다는 생각이 들지 않을 수도 있지만, 우리에게는 우리가 사용하기만 한다면 우리를 끝까지 지켜 줄, 놀랍도록 강한 내적 원천이 있다. 우리는 우리가 생각하는 것보다 강하다.

고故 부스 타킹턴Booth Tarkington은 항상 이렇게 말했다. "나는 인생이 내게 강요하는 어떤 일도 받아들일 수 있다. 다만 앞이 안 보이는 것만은 예외다. 그것만은 절대로 견디지 못할 것 같다."

60세가 되었을 무렵의 어느 날, 타킹턴은 바닥에 깔린 카펫을 바라보았다. 색상이 흐릿하게 보였고 무늬가 잘 보이지 않았다. 그는 전문의를 찾아갔고 비극적인 사실을 알게 되었다. 그의 한쪽 눈은 거의 실명에 가까웠고 다른 한쪽 눈도 악화되고 있었다. 그가 가장 두려워했던 일이 닥친 것이다.

이 '최악의 재앙'에 타킹턴은 어떻게 반응했을까? '실명! 이제 내 인생은 끝장이야.'라고 느꼈을까? 아니다. 그 자신도 놀랄 정도로 그는 꽤 즐거워했고 심지어 농담을 하기도 했다. 떠다니는 '작은 점' 같은 것들이 그를 괴롭혔다. 그 점들은 그의 눈 속 여기저기를 미끄러지듯 돌아다니며 시야를 가로막았다. 하지만 그의 시야를 가로막는 점들 가운데 가장 큰 점이 보이면 그는 이렇게 말하곤 했다. "안녕하쇼! 할아버지가 또 오셨군! 이 좋은 아침에 어딜 가시려고!"

운명이 그런 정신을 정복할 수 있었을까? 당연히 그럴 수 없었다. 완전히 실명한 상태가 되었을 때 타킹턴은 말했다. "인간이 다른 것들을 받아들일 수 있는 것처럼 나도 내가 실명했다는 사실을 받아들일 수 있다는 것을 알게 되었다. 설사 오감伍感을 다 잃는다 해도 나는 내 마음속에서 계속 살아갈 수 있다는 것 또한 알고 있다. 우리가 알든 알지 못하든, 우리는 마음으로 보고 마음으로 살기 때문이다."

시력을 회복할 수 있다는 희망을 가지고 타킹턴은 1년간 열두 번 이상의 수술을 견뎌야 했다. 그것도 부분 마취로 말이다. 그는 짜증을 냈을까? 그렇지 않다. 그는 그것을 해야 할 일이라고 생각했다. 피할 수 없다는 걸 알았기에 고통을 줄일 수 있는 유일한 방법은 그것을 품위 있게 받아들이는 것뿐이었다. 그는 병원 내의 특실을 마다하고 몸이 아픈 다른 사람들과 함께하기 위해 일반 병동에 입원했다. 그는 그들에게 힘을 주고 싶었다. 그리고 계속 되풀이되는 수술을 감수해야 했을 때, 그것도 본인의 눈에 뭘 하고 있는지 잘 알 수 있는 부분 마취를 하고도, 그는 자신이 얼마나 운이 좋은 사람인지 기억하려고 애썼다. "정말 놀라워!" 그는 말했다. "정말 놀라워! 과학이 이제는 인간의 눈처럼 다루기 힘든 부위도 수술할 수 있다니 말이야."

보통 사람이었다면 열두 번 이상의 수술과 앞이 보이지 않는 상황에서 정신적으로 무너졌을 것이다. 하지만 타킹턴은 이렇게 말했다. "나는 이 경험을 더 행복한 경험과 바꾸지 않을 것이다." 그 경험은 그에게 받아들이는 법을 가르쳐 주었고, 인생에서 자신의 인내력의 한계를 넘어설 일은 아무것도 없다는 것을 일깨워 주었다. 그 경험은 그에게 존 밀턴John Milton이 발견한 것처럼 '앞이 안 보인다는 것은 비참한 일이 아니다. 앞이 안 보이는 것을 감당하지 못하는 것, 그것만이 비참한 것이다.' 라는 사실을 알려주었다.

뉴잉글랜드의 유명한 여권주의자 마거릿 풀러는 언젠가 자신의 신조를 이렇게 밝혔다. "나는 우주 만물을 받아들인다."

불평 많고 나이 많은 토머스 칼라일이 영국에서 그 이야기를 듣고 코웃음을 쳤다. "반드시, 그러셔야 하겠지!" 맞다. 당신이나 나나 피할 수 없는 것을 받아들이는 편이 훨씬 낫다!

만약 우리가 피할 수 없는 것들에 대해 악담하고 불평하여 괴로움을 키우기만 한다면 그 피할 수 없는 것들을 바꿀 수 없을 것이다. 하지만 우리는 우리 자신을 변화시키려고 할 것이다. 나는 잘 안다. 왜냐면 내가 그렇게 해 봤기 때문이다.

예전에는 나 역시 내게 닥친 피할 수 없는 상황을 받아들이지 않고, 바보처럼 저주하며 반발하기만 했다. 불면증 때문에 매일 밤은 지옥과도 같았고, 내가 원치 않는 모든 것들을 나 자신에게 떠안겼다. 처음부터 바꿀 수 없는 일임을 알고 있었음에도 나는 1년가량 나 자신을 그렇게 들볶은 후에야 그것을 받아들였다. 나는 그 옛날 미국의 시인 월터 휘트먼Walt Whitman처럼 오래전에 이렇게 부르짖어야 했다.

127

오, 마치 나무들과 동물들처럼

밤, 폭풍, 굶주림, 조롱, 사고, 냉대에

맞설 수 있기를

나는 12년간 목축업에 종사했다. 하지만 젖소들이 비가 안 와서, 목초가 말랐다고, 진눈깨비가 온다거나 춥다고, 남자친구가 다른 암소에 너무 많은 관심을 쏟는다는 이유로 열을 내는 모습은 한 번도 본 적이 없다. 동물들은 밤, 폭풍, 배고픔을 차분하게 맞이한다. 그러니 절대 신경쇠약이나 위궤양에 걸릴 일이 없고 미치게 될 일도 없는 것이다.

내가 지금 우리 앞에 닥치는 모든 역경에 무턱대고 굴복하라고 주장하고 있는 것 같은가? 절대 아니다. 그건 단순한 패배주의일 뿐이다. 사태를 수습할 여지가 있다면 최선을 다해서 그것과 맞서야 한다. 하지만 상식적으로 생각했을 때 '이미 어쩔 수 없는 상황'에 직면해 있다면, 정신을 차리고 '안 될 일을 가지고 그렇게 애쓰지'는 말아야 한다.

콜롬비아 대학의 호크스 학장은 영국의 전래 동요인 '어미 거위의 노래' 중 일부를 자신의 좌우명 중 하나로 삼았다고 내게 말한 적이 있다.

태양 아래 모든 아픔에는

치료법이 있거나 없다네.

있다면 찾아보려 애쓰고

없다면 신경 쓰지 말아야지.

이 책을 쓰는 동안 나는 미국의 수많은 중견 사업가들과 인터뷰를 했다. 그러면서 나는 그들이 피할 수 없는 상황들과 협력함으로써 걱정으로부터 대단히 자유로운 삶을 산다는 사실에 큰 감명을 받았다. 만일 그렇게 하지 않았다면 그들은 아마도 중압감을 이기지 못해 무너졌을 것이다. 내가 무슨 말을 하는지를 보여 줄 만한 몇 가지 예를 들어 보겠다.

전국적인 체인망을 갖고 있는 페니 스토어의 창립자 J. C. 페니J. C. Penney는 내게 이렇게 말했다. "저는 제가 가진 돈 전부를 잃는다 해도 걱정하지 않습니다. 걱정해 봐야 아무것도 얻을 게 없다는 걸 알기 때문이죠. 저는 항상 최선을 다할 뿐이고 결과는 신의 뜻에 따릅니다." 헨리 포드Henry Ford도 이와 비슷한 이야기를 했다. "제가 처리할 수 없는 일이 생기면 저는 그 일이 알아서 되도록 놔둡니다."

크라이슬러의 사장 K. T. 켈러K. T. Keller에게 어떻게 걱정을 멀리할 수 있었는지 물었을 때 그는 이렇게 대답했다. "저는 힘든 상황에 처해도 뭔가 할 수 있는 일이 있으면 그 일을 합니다. 만약 할 수 있는 일이 없으면 그냥 그 상황을 잊어버리려고 합니다. 앞으로 무슨 일이 일어날지 예측할 수 있는 사람은 아무도 없다는 것을 알기 때문이죠. 저는 절대 미래에 대해 걱정하지 않습니다. 미래에 영향을 끼칠 수 있는 원동력들은 너무나도 많습니다! 아무도 그런 원동력들을 유발하는 것이 무엇인지 알 수 없고 이해할 수도 없습니다. 그런데 왜 그런 걱정을 해야 할까요?" 만약 당신이 K. T. 켈러를 일컬어 철학자라고 한다면 그는 당황할지도 모른다. 그는 그저 성공한 사업가일 뿐이기 때문이다. 하지만 그가 우연히 발견한 이 사실은 1,900년 전에 로마에서 에픽테토스Epictetus가 가르쳤던 철학과 일치한다. 에픽테토스는 고대 로마 사람들에게 이렇게 가르쳤다. "행복에 이르는 길은 단 하나, 바로 우리의 의지력을 넘어서는 것들에 대한 걱정을 멈추는 것입니다."

'성스러운 새라'로 알려져 있는 새라 베르나르Sarah Bernhardt는 피할 수 없는 일들과 협력하는 방법을 알고 있었던 여성의 훌륭한 본보기다. 근 50년 동안 4대륙의 영화계에서 여왕의 자리를 차지했던 그녀는 지구 상에서 가장 사랑받는 여배우였다. 그러나 그녀는 71세에 가진 재산을 모두 잃고 파산한 데다, 파리에 있는 주치의 포치 교수로부터는 그녀의 다리를 절단해야 한다는 말을 들었다. 배를 타고 대서양을 건너던 중 폭풍을 만나 갑판에 떨어져 다리에 심각한 부상을 당했기 때문이다. 정맥염이었다. 그녀의 다리는 오그라들었고, 고통이 너무 심해 의사는 그녀의 다리를 절단해야 한다고 생각했다. 그는 사납고 불같은 성격의 '성스러운 새라'에게 앞으로 어떤 치료를 해야 하는지 말하는 것조차 두려워했다. 그 끔찍한 소식을 듣는다면 당연히 그녀의 히스테리가 폭발할 거라고 생각했다. 그러나 그의 예상은 빗나갔다. 새라는 그를 보더니 조용히 말했다. "그래야만 한다면, 그렇게 해야겠지요." 그것은 운명이었다.

그녀가 휠체어에 앉은 채로 수술실로 들어갈 때 그녀의 아들은 눈물을 흘리며 서 있었다. 그녀는 아들에게 밝게 손짓하며 명랑하게 말했다. "어디 가지 말고 있으렴. 금방 나올 테니."

수술실로 가는 길에 그녀는 연극의 한 장면을 재연했다. 기운을 내기 위해서 그러는 거냐고 누군가 그녀에게 물었을 때 그녀는 이렇게 답했다. "아니요, 의사와 간호사들에게 힘을 주려고 그러는 거예요. 그들도 긴장될 테니까요." 수술이 끝나고 회복한 뒤, 7년 동안 새라 베르나르는 세계를 돌며 관객들의 마음을 사로잡았다.

〈리더스 다이제스트Reader's Digest〉의 기사에서 엘시 맥코믹은 이렇게 말했다. "피할 수 없는 일들과의 싸움을 멈추는 순간 우리에게는 더 풍성한 삶을 창조할 수 있는 에너지가 샘솟습니다."라고 이야기했다.

피할 수 없는 일들과 싸우면서 그와 동시에 새로운 삶까지 창조할 수 있을 정도로 감정과 활기가 넘치는 사람은 없다. 둘 중 하나를 선택해야 한다. 당신은 인생의 피할 수 없는 눈보라에 휘어질 수도 있고, 아니면 그것에 버티며 저항하다가 부러질 수도 있다.

나는 미주리에 있는 내 농장에서 그와 같은 일을 본 적이 있다. 농장에 스무 그루 정도의 나무를 심었는데, 처음에는 나무들이 놀라운 속도로 자랐다. 그러다 눈보라가 쳤고 큰 가지 작은 가지 할 것 없이 쌓인 눈이 얼음이 되어 가지를 무겁게 덮었다. 나무들은 그 눈에 대해 기품 있게 가지를 굽히기보다는 그것에 당당하게 저항하다가 무게를 이기지 못하고 부러지거나 꺾여 버리는 바람에 결국 우리는 나무를 베어 내야 했다. 이 나무들은 북쪽에 있는 숲의 지혜를 배우지 못했다. 나는 캐나다에 있는 상록수림 지역 수백 킬로미터를 여행한 적이 있었지만 눈이나 얼음 때문에 부러진 가문비나무나 소나무 가지는 한 번도 본 적이 없다. 그곳의 상록수들은 가지를 휘거나 굽히는 법, 피할 수 없는 것과 협력하는 법을 안다.

브라질 유술柔術 사범들은 문하생들에게 '참나무처럼 버티지 말고 버드나무처럼 휘어지라'고 가르친다.

당신은 당신 차의 타이어가 그렇게도 많은 충격을 받으면서 도로 위에 서 있을 수 있는 이유가 무엇이라고 생각하는가? 처음에 타이어 제조자들은 노면의 충격에 저항하는 타이어를 만들려고 했다. 그러나 그 타이어는 곧 갈기갈기 찢어지고 말았다. 그러다가 그들은 노면의 충격을 흡수할 수 있는 타이어를 만들었다. 그 타이어들은 '견뎌 냈다.' 우리가 자갈밭처럼 험한 인생길의 충격과 흔들림을 흡수하는 법을 배운다면 당신과 나는 더 오래 견딜 것이고 더 편안한 여행을 즐길 수 있을 것이다.

만일 인생의 충격들을 흡수하지 않고 그것에 저항한다면, 버드나무처럼 휘어지기를 거부하고 참나무처럼 저항하기만을 고집한다면 어떻게 될까? 대답은 간단하다. 우리는 계속되는 심리적 갈등을 겪을 것이다. 걱정하고 긴장하고 불안해하고 노이로제에 걸릴 것이다. 그런 상태로 계속 나아가서 현실 세계의 냉혹함을 인정하지 않고 스스로 만들어 낸 공상의 세계로 도망친다면 우리는 정신이상에 걸리게 되는 것이다.

제2차 세계대전 기간 동안 수백만 명의 겁에 질린 군인들이 어쩔 수 없는 상황을 받아들이거나 불안감 속에서 무너져야만 했다. 이것을 설명하기 위해 뉴욕 주 글렌데일 67번가 7126번지에 사는 윌리엄 H. 캐설리어스William H. Casselius의 경우를 살펴보자. 그는 뉴욕에서 진행된 성인교육 강좌에서 아래의 이야기를 발표해서 우수상을 탔다.

해안 경비대에 입대한 직후 저는 대서양 연안에서 전투가 가장 격렬한 지역에 배속되었습니다. 그리고 폭발물 관리자라는 직책을 받았죠. 생각해 보세요. 제가! 크래커 판매원이었던 제가 폭발물 관리자라니! 수천 톤의 폭발물 위에 올라 서 있다는 생각만으로도 저는 뼛속까지 오싹해졌습니다. 폭발물에 관한 교육도 겨우 이틀밖에 받지 않았습니다. 하지만 제가 배운 것들은 저를 더욱 겁에 질리게 했습니다. 제가 처음으로 현장에 출동했던 날은 아마 평생 잊지 못할 겁니다. 어둡고 추웠으며 안개까지 자욱했던 그날, 저는 뉴저지 주 베이언에 있는 케이븐 포인트의 자유무역 부두로 출동하라는 명령을 받았습니다.

저는 화물선의 '5번 선창'에 배속되었습니다. 다섯 명의 부두 인부와 함께 그 화물칸에서 일해야 했지요. 그들은 힘은 좋았지만 폭발물에 관해서는 아무것도 알지 못했습니다. 그런데 그들이 배에 싣고 있었던 것은 엄청난 화력의 폭탄이었습니다. 폭탄 하나에는 1톤가량의 TNT가 들어 있었는데, 그 정도 개수의 폭탄들이라면 그 낡은 배 한 척을 날려 버리는 것은 식은 죽 먹기였습니다. 이 폭탄들은 밧줄 두 개에 묶여서 내려지고 있었습니다. 저는 속으로 계속 이렇게 말했습니다.

'줄 하나라도 풀려 미끄러지거나 끊어지면 어떡하지? 그럼 안 되는데!' 저는 정말 무서웠습니다. 몸은 부들부들 떨리고 입이 바싹 말라 왔습니다. 다리의 힘도 빠지고 심장은 마구 뛰었습니다. 하지만 도망칠 수는 없었습니다. 그러면 탈영이 될 테니 말입니다. 그것은 저나 부모님 모두에게 불명예스러운 일이 될 것인 데다, 탈영에 대한 처벌로 총살을 당할지도 몰랐으니까요. 그러니 도망가지 않고 그냥 그곳에 있어야만 했습니다. 저는 그 인부들이 부주의하게 폭탄들을 다루는 모습을 지켜봤는데, 금방이라도 배가 폭발할 것 같았습니다. 그렇게 한 시간 이상을 등골 오싹한 공포 속에서 떨다가 저는 약간의 상식을 발휘하기 시작했습니다. 저는 스스로에게 그럴듯한 말을 했습니다. '이봐! 폭탄이 터져서 죽는다고 쳐. 그래서 뭐가 어떻다는 거야! 너한테는 큰 상관없잖아! 암에 걸려 죽는 것보다는 오히려 편하게 죽는 방법일 수도 있어. 바보같이 굴지 마. 영원히 살 것도 아니잖아! 너는 이 일을 계속해야 해. 아니면 총에 맞든가. 그러니 이 일을 좋아하

133

는 편이 나을 거야.'

저는 몇 시간 동안 혼자서 그런 말들을 했습니다. 그러고 나니 마음이 편해지기 시작하더군요. 결국 저는 억지로 피할 수 없는 상황을 받아들이려고 함으로써 걱정과 두려움을 극복할 수 있었습니다.

저는 결코 그때의 교훈을 잊지 못할 겁니다. 이제 저는 제가 바꿀 수 없는 어떤 일 때문에 걱정하게 될 때마다 어깨를 한 번 으쓱하고 이렇게 말합니다. '잊어버리자!' 저는 그것이 효과적이라는 것을 알게 되었습니다. 심지어 저 같은 크래커 판매원한테도 말이죠.

만세! 우리 모두 이 피나포어 출신의 크래커 판매원을 위해 만세 삼창하고 한 번 더 해 주자.

십자가에 못 박힌 예수의 죽음 이외에 역사상 가장 유명한 죽음은 소크라테스의 죽음이다. 지금부터 백만 년 후에도 사람들은 그가 죽는 장면에 대한 플라톤의 빛나는 묘사를 읽고 마음에 새길 것이다. 모든 문학 가운데 가장 감동적이고 아름다운 그 구절을 말이다. 늙은 맨발의 소크라테스를 시기하고 질투한 아테네의 몇몇 사람들은 그에게 있지도 않은 죄를 덮어씌워 사형 선고를 받게 했다. 친절한 간수는 소크라테스에게 독배를 마시라고 건네면서 이렇게 말했다. "어쩔 수 없는 일이라면 담담한 마음으로 견뎌 보시오." 소크라테스는 그렇게 했다. 그는 신에 가까울 정도의 평온과 체념으로 죽음을 맞이했다. "어쩔 수 없는 일이라면 담담한 마음으로 견뎌 보라." 이 말은 예수가 태어나기 399년 전에 나왔지만 그 어느 때보다도 지금처럼 걱정 많은 세상에 필요한 말이 아닌가 생각된다. "어쩔 수 없는 일이라면 담담한 마음으로 견뎌 보라."

실제로 지난 8년 동안 나는 걱정을 없애는 방법이 조금이라도 나와 있는 책과 잡지 기사를 모두 읽었다. 그것들을 다 읽은 뒤 내가 알게 된 걱정에 관한 최고의 충고가 무엇인지 궁금한가? 그렇다면 여기에 스물일곱 단어로 요약해서 보여 주겠다. 당신과 나는 세수할 때마다 보면서 마음속에서 걱정을 씻어 낼 수 있도록 그 스물일곱 단어로 된 구절을 화장실 거울에 붙여 놓아야 한다. 돈으로도 살 수 없는 이 빛나는 기도문은 뉴욕 브로드웨이 120번 가에 있는 유니온 신학대학 응용기독학 교수 라인홀트 니부르Reinhoold Niebuhr 박사가 썼다.

주여, 제게 허락해 주시옵소서.
바꿀 수 없는 것을 받아들이는 평정과
바꿀 수 있는 것을 변화시킬 용기를
그리고 이 둘을 분별할 수 있는 지혜를
허락해 주시옵소서.

걱정하는 습관이 당신을 무너뜨리기 전에 그것을 버리고 싶다면,

| 방법 4 |

피할 수 없다면 협력하라.

Co-operate with the inevitable.

5.

당신의 걱정을
'손절매'하라

월가에서 돈 버는 방법이 궁금한가? 아마 수백만의 사람들이 그것을 궁금해할 텐데 만약 내가 그 비결을 알고 있다면 이 책을 한 권에 1만 달러에 팔 것이다. 하지만 몇몇 성공한 주식중개인들이 사용하는 한 가지 좋은 방법은 있다. 이 이야기는 뉴욕 동부 42번가 17번지에서 투자 상담 사무실을 운영하는 찰스 로버트가 들려준 것이다.

처음 저는 텍사스에서 친구가 주식에 투자해 달라고 준 돈 2만 달러를 가지고 뉴욕에 오게 되었습니다. 저는 제가 주식시장에 대해 잘 안다고 생각했지만 한 푼도 남김없이 다 날리고 말았죠. 사실, 이익을 많이 남겼던 거래도 있긴 했지만 결국엔 모두 다 잃는 것으로 끝났습니다. 제 돈을 잃는 것은 크게 상관없었지만, 친구들의 돈을 잃은 것은 아무리 친구들이 감당할 수 있는 정도였다 해도 괴로웠습니다. 우리의 모험이 그렇게 불행한 결과를 맞은 뒤 저는 친구들을 볼 면목이 없었지만 놀랍게도 친구들은 그 일에 대해 농담을 할 뿐만 아니라 대단히 낙천적인 태도를 보여 주었습니다.

저는 제가 주먹구구식으로 운과 다른 사람들이 의견에 의존해 투자했다는 것을 알게 되었습니다. H. I. 필립스의 말대로 저는 '악보도 없이 귀로 주식투자를 한' 셈이었습니다.

저는 제 실수에 대해 생각해 보기 시작했고 문제가 무엇인지 알아내기 전에는 다시 주식시장에 나가지 않겠다고 결심했습니다. 그래서 가장 성공한 주식투자자들 중 한 명인 버튼 S. 캐슬을 수소문해 그와 알고 지냈습니다. 저는 그 사람으로부터 많은 것을 배울 수 있을 것이라 믿었습니다. 왜냐하면 그는 해마다 성공가도를 달리고 있었고 그런 경력은 단순히 기회나 행운 때문에 얻을 수 있는 것이 아님을 알고 있었기 때문입니다.

그는 전에 제가 어떤 식으로 투자를 했는지에 대해 몇 가지 질문을 했고 주식거래에 있어 가장 중요한 원칙을 말해 주었습니다. 그는 말했습니다. '저는 제가 관여하는 모든 매매 계약에 손절매 주문을 걸어 놓습니다. 가령 주당 50달러짜리 주식을 산다고 하면, 저는 바로 45달러에서 손절매를 하라는 주문을 걸어 두는 것입니다.' 이 말은 곧 주가가 매입가로부터 5포인트 하락하면 자동으로 그 주식을 매도함으로써 손실을 5포인트로 제한하게 했다는 것을 뜻합니다.

나이 든 그 전문가는 말을 이어 갔습니다. '우선 당신의 주식매매 계약이 현명하게 이루어진다면 평균적으로 당신의 수익은 10, 25, 아니면 심지어 50포인트까지 발생할 수 있습니다. 따라서 손실을 5포인트로 묶어 두면 설사 잘못 투자했다 해도 원금 손실은 줄일 수 있지 않을까요?'

저는 그 원칙을 즉시 받아들여 지금까지 사용하고 있습니다. 그 원칙 덕분에 제 고객들과 저는 수천 달러의 돈을 벌 수 있었고요.

얼마 뒤 저는 이런 손절매 원칙이 주식투자가 아닌 다른 걱정에도 사용될 수 있다는 것을 깨달았습니다. 그래서 제게 닥치는 어떤 혹은 모든 골칫거리와 화나는 일들에 손절매 주문을 적용하기 시작했는데, 그 효과는 마치 마법과도 같았습니다.

예를 들어 저는 시간 약속을 잘 지키지 않는 친구와 가끔 점심식사를 함께합니다. 전에는 점심시간의 반이나 지나서 나타나는 그 친구 때문에 속을 태우곤 했습니다. 결국 저는 그에게 제 걱정에 대해 손절매 주문을 걸겠다고 말했습니다. '빌, 자네를 기다리는 일에 대한 내 손절매 기준은 딱 10분일세. 만약 자네가 약속시간보다 10분 뒤에 도착하면 우리의 점심 약속은 없던 일이 되고, 나는 아마 그 자리에 없을 걸세.'

진작 나의 성급함, 화, 자기 합리화에 대한 욕구, 후회, 나의 모든 정신적, 감정적 불안에 대해 손절매 주문을 했더라면 얼마나 좋았을까? 왜 나는 마음의 평화를 깨 버리겠다고 위협하는 모든 상황들을 평가하고 이렇게 말할 지혜를 갖지 못했을까? "이봐 데일 카네기, 이 상황에 대해서는 딱 이만큼만 걱정하도록 해. 더 이상은 안 돼." 왜 그러지 못했을까?

하지만 적어도 한 가지 일에는 내 감각을 꽤나 잘 발휘했다고 인정한다. 그 사건은 내 인생의 결정적 국면에 있었던 매우 심각한 일이었고, 미래에 대한 꿈과 계획, 그리고 수년간의 노력이 흔적도 없이 사라질지도 모르는 엄청난 위기의 순간이었다. 30대 초반이었을 때, 나는 소설을 쓰며 살기로 결심했다. 즉, 제2의 프랭크 노리스Frank Norris나 잭 런던Jack London, 토머스 하디Thomas Hardy가 되기로 했던 것이다. 얼마나 진지했는지 나는 유럽에서 2년을 보내기까지 했다. 당시는 제1차 세계대전이 끝나고 미국에서 달러를 마구잡이로 찍어 내던 시절이라 돈을 얼마 들이지 않고도 그곳에서 지낼 수 있었다. 그곳에서 2년 동안 지내며 나는 내 나름대로 걸작이라고 생각되는 작품을 썼고, 그 책의 제목을 '눈보라'라고 지었다.

그 제목은 아주 잘 지은 것이었다. 출판사들이 그 책에 대해 다코타 평원에 불어 닥치는 눈보라보다도 더 차가운 반응을 보였기 때문이다. 출판 대리인이 내게 소설 쪽의 자질이나 재능이 없으니 그만두라고 말했을 때는 심장이 멎는 줄 알았다. 나는 멍한 상태로 그의 사무실을 나왔다. 몽둥이로 머리를 얻어맞아도 그 정도로 멍하지는 않았을 것이다. 나는 온몸이 마비된 것 같았다. 나는 그때 인생의 갈림길에 서 있었고 엄청난 결정을 해야 한다는 것을 깨달았다. 이제 어떻게 하지? 어느 길로 가야 하나? 몇 주가 지나서야 나는 망연자실한 상태에서 빠져나올 수 있었다. 당시까지는 '당신의 걱정에 손절매 주문을 하라'는 말을 들어 본 적이 없었다. 하지만 지금에 와서 돌이켜 보면, 그때 내가 했던 것이 바로 그것이었음을 알 수 있다. 나는 그 소설을 쓰기 위해 땀 흘렸던

2년은 그 자체로 충분히 소중한 경험이자 가치 있는 시간이었음을 인정하고, 거기서부터 다시 시작했다. 즉, 다시 성인교육 강좌를 개설하고 가르치는 일로 돌아온 것이다. 틈틈이 남는 시간에는 전기傳記류의 책과 당신이 지금 읽고 있는 이 책과 같은 자기계발서를 썼다.

그때 내린 결정에 나는 지금 만족하고 있을까? 만족 정도가 아니다. 그때를 생각할 때마다 나는 너무 기뻐 길에서 춤이라도 추고 싶은 심정이다. 나는 그때 이후 단 하루도, 아니 단 한 시간도 내가 또 다른 토머스 하디가 될 수 없다는 사실에 슬퍼해 본 적이 없다고 정직하게 말할 수 있다.

약 100년 전의 어느 날 밤, 월든 호숫가의 숲에서 올빼미 한 마리가 날카롭게 울던 그때, 헨리 소로는 직접 만든 잉크에 거위 깃펜을 살짝 적셔 이렇게 일기를 쓰고 있었다. '어떤 일에 드는 비용은 그것이 순간이든 지속적이든 그 일과 교환되어야 하는 인생이라고 부르는 것의 양이다.'

이 말을 다르게 표현하자면, 어떠한 일에 과다하게 우리의 인생을 지불하는 사람은 어리석은 사람이라는 것이다.

길버트와 설리반이 바로 그렇게 했다. 그들은 명랑한 가사와 음악을 만드는 방법은 알았지만 삶을 유쾌하게 사는 법에 대해서는 비참할 정도로 잘 몰랐다. 그들은 〈인내심〉, 〈군함 피너포어〉, 〈미카도〉 같은 훌륭한 경가극을 만들어 전 세계인들을 기쁘게 했지만 본인들의 감정은 조절하지 못했다. 그들의 삶을 쓰라리게 만든 요인은 겨우 카펫 가격이었다. 설리반은 그들이 매입한 공연장에 깔 카펫을 주문했는데, 카펫의 요금 청구서를 본 길버트는 화가 치밀었다. 그들은 결국 법정까지 가게 되었고 두 사람은 죽을 때까지 말을 섞지 않았다. 설리반이 새로운 작품의 곡을 써서 길버트에게 보내면 길버트는 그 곡에 가사를 붙이고 설리반에게 다시 편지로 보냈다. 한번은 공연이 끝난 뒤 두 사람이 함께 무대 인사를 해야 했던 적이 있었는데, 그들은 무대의 반대편에 따로 서서 각자 다른 방향을 향해 인사했을 정도로 서로의 얼굴을 보려 하지 않았다. 링컨과 달리 그들에게는 자신의 분노에 손절매 주문을 할 만큼의 판단력이 없었던 것이다.

남북전쟁 당시 링컨의 친구들 몇몇이 철천지원수 같은 링컨의 정적에 대해 비난하자, 링컨은 다음과 같이 말했다. "자네들이 갖고 있는 개인적인 분노는 내 것보다 더 큰 것 같군. 어쩌면 내가 가진 분노가 너무 작은 것일지도 모르겠고. 하지만 나는 결코 그게 도움이 된다고는 생각하지 않네. 인생의 절반을 말다툼으로 보낼 만큼 시간이 많은 사람은 없네. 만약 누구든 일단 나에 대한 공격을 멈춘다면 나는 그 사람과의 지난날은 절대로 기억하지 않는다네."

내가 에디스 숙모라고 부르는 연세 지긋한 우리 숙모님도 링컨과 같은 용서하는 마음을 가졌더라면 얼마나 좋았을까. 숙모님과 프랭크 삼촌은 잡초가 무성하고 땅은 척박하며 물도 부족한 농장에 사셨다. 그 농장은 저당이 잡혀 있었고, 두 분은 동전 한 푼도 쥐어짜서 써야 할 만큼 어려운 형편이셨다. 하지만 이디스 숙모는 낡은 집을 화사하게 꾸며 줄 커튼이나 작은 소품들을 사는 것을 좋아하셨기에, 그런 소박한 사치품들을 미주리 주 메리빌에 있는 댄 에버소울 포목점에서 외상으로 사 오셨다. 프랭크 삼촌은 빚이 걱정되었고, 다른 농부들과 마찬가지로 빚이 늘어나는 것을 몹시 싫어했다. 그래서 삼촌은 숙모 몰래 포목점을 찾아가 앞으로는 숙모에게 외상으로 물건을 팔지 말라고 부탁했다. 그 사실을 알고 몹시 화를 내신 숙모님은 거의 50년이 지난 지금까지도 화를 풀지 않고 있다. 나는 숙모님으로부터 이 이야기를 한두 번 들은 것이 아니다. 내가 마지막으로 숙모님을 본 것은 그녀가 70세 후반일 때였는데, 그때 나는 숙모님에게 말했다. "에디스 숙모, 프랭크 삼촌이 숙모님의 자존심을 상하게 한 것은 잘못하신 일이에요. 하지만 솔직히 말해서 거의 50년 전에 일어난 일을 가지고 그렇게 계속 불평하시는 것이 삼촌이 한 잘못보다 더 크다고 생각하지 않으세요?"(차라리 이 얘기를 달에다 대고 하는 편이 나았을 것이다.) 분노와 쓰라린 기억들을 품고 지냈던 에디스 숙모님은 마음의 평화라는 큰 대가를 지불해야 했다.

벤저민 프랭클린은 일곱 살 때 저지른 실수를 70년 동안 잊지 못했다. 일곱 살의 벤저민은 피리와 사랑에 빠졌다. 피리가 너무 좋았던 소년은 장난감 가게로 들어가 갖고 있던 동전을 계산대 위에 다 꺼내 놓고는 피리의 가격도 물어보지 않고 피리를 사겠다고 했다. 그는 70년이 지난 뒤 친구에게 편지를 썼다. "그런 뒤 집으로 돌아온 나는 피리를 갖게 된 기쁨에 온 집 안을 돌아다니며 피리를 불어 댔지." 하지만 그의 형들과 누나들은 피리의 가격보다 훨씬 더 많은 돈을 그가 지불했음을 알고서는 한참을 웃었다. 그는 편지에서 이렇게 말했다. "나는 너무 화가 나서 울고 말았네."

세월이 지나 세계적으로 유명한 인물이 되고, 프랑스 주재 대사에 임명되었을 때도 그는 피리 값을 너무 많이 치렀다는 사실이 '피리가 준 기쁨보다 더 큰 억울함'을 느끼게 했음을 잊지 못했다.

하지만 프랭클린은 결국 그 교훈을 싸게 얻은 셈이다. 그는 말했다.

"어른이 되어 세상에 나와 사람들의 행동들을 살펴보니, 피리 값을 너무 많이 치르는 사람들을 많이, 아주 많이 보게 된다는 생각이 들었습니다. 다시 말해, 사람들이 갖고 있는 대부분의 불행은 물건의 가치에 대해 잘못된 평가 때문에, 그리고 그들의 피리에 너무 많은 대가를 치르기 때문에 발생한다고 봅니다."

길버트와 설리반은 그들의 피리에 너무 많은 대가를 치렀다. 에디스 숙모님도 마찬가지다. 나 역시 많은 일들에 그렇게 했다. 그리고 세계 최고의 소설 《전쟁과 평화》와 《안나 카레리나》를 지은 불멸의 작가 레오 톨스토이Leo Tdstoy도 마찬가지다. 브리태니커 백과사전에 나온 말을 옮겨 보자면 레오 톨스토이는 그의 인생에서 마지막 20년 동안 '아마 이 세상에서 가장 존경받는 사람이었을 것이다.' 그가 사망하기 전 20년 동안, 즉 1890년에서 1910년까지 그의 얼굴이라도 한 번 보기 위해, 목소리라도 들어 보려고, 심지어 옷깃이라고 한 번 만져보고 싶은 마음에 그를 찾아오는 열렬한 숭배자들의 물결은 끝이 없었다. 그들은 마치 그의 집으로 참배하러 온 순례자들처럼 톨스토이가 내뱉는 모든 말을 마치 '신의 계시'라도 되듯 빠짐없이 공책에 기록했다. 그러나 통상적인 삶의 관점에서 보자면 70세의 톨스토이는 일곱 살의 프랭클린보다도 분별력이 부족했다. 아니, 전혀 없었다.

이 말의 의미는 다음과 같다. 톨스토이는 너무나 사랑했던 한 소녀와 결혼했다. 실제로 그들은 매우 행복했기에 완전한 천국처럼 그렇게 황홀한 삶을 계속 살 수 있게 해 달라고 신께 무릎 꿇고 기도하곤 했다. 하지만 톨스토이와 결혼한 그 소녀는 천성적으로 질투심이 많은 여자였다. 그녀는 농부로 변장하고 톨스토이의 뒤를 밟곤 했는데 심지어는 숲

속까지 따라 갈 때도 있었다. 그들은 심한 말다툼을 했다. 그녀는 자신의 아이들에게까지 질투를 느낀 나머지 딸의 사진에 총을 쏴 구멍을 내는 지경에 이르렀는가 하면, 심지어 아편 병을 입에 물고 바닥을 구르며 자살하겠다고 위협까지 했다. 그러는 동안 그들의 아이들은 방 한구석에 몸을 웅크리고 겁에 질려 소리를 질렀다.

톨스토이는 어떻게 했을까? 만일 그가 화를 버럭 내며 가구를 부쉈다면 그럴 만했으니 나는 그를 비난하지 않겠다. 하지만 그는 그것보다 훨씬 더 심한 일을 저질렀다. 그는 비밀 일기를 썼다. 그렇다. 그의 아내를 비난하는 말들로 가득한 일기 말이다. 그 일기가 바로 그의 '피리'였던 것이다. 그는 후세 사람들이 자신에게는 면죄부를 주고 부인에게만 모든 비난을 퍼붓게 할 작정이었다. 그렇다면 이에 대응하여 그의 부인이 한 일은 무엇이었을까? 그야 물론 그 일기의 일부를 찢어 불태워 버리는 것이었다. 그리고 그녀 또한 남편을 악당으로 만들 자신만의 일기를 쓰기 시작했다. 그녀는 심지어 《누구의 잘못인가?》라는 소설에서 남편을 가정의 악마로, 그리고 그녀 자신은 순교자로 그리기까지 했다.

무엇 때문에 이 모든 일들이 일어난 것일까? 왜 이 두 사람은 하나밖에 없는 안식처를 톨스토이 표현마따나 '정신병자 수용소'로 만들었을까? 분명히 몇 가지 이유가 있다. 그중 하나는 당신과 내게 좋은 인상을 주고픈 그들의 강한 욕구였다. 그렇다. 우리는 그들이 자신들을 어떻게 생각할까 걱정했던 바로 그 후손들이다! 그런데 그중 누가 잘못했는지 우리가 조금이라도 생각하는가? 아니다. 우리에게는 신경 쓸 일이 너무 많아 톨스토이에 대해 생각할 겨를도 없다. 망가진 이 두 남녀가 자신들의 피리를 위해 지불한 대가는 얼마나 비쌌던가! 그 두 사람 모두는 "그만합시다!"라고 외칠 분별력이 없었기 때문에 50년을 지옥처럼 살았다. "즉시 이 일에 손절매 주문을 합시다. 우리는 인생을 낭비하고 있어요. 이제 '그만하면 됐다'고 말합시다!"라고 할 정도의 가치 판단력이 그 두 사람에게는 없었다는 이유 하나 때문에 말이다.

그렇다. 나는 적절한 가치 판단력, 이것이 마음의 진정한 평화를 위한 가장 큰 비밀 중 하나라고 굳게 믿는다. 그리고 우리가 일종의 개인적인 황금률, 즉 우리 삶에서 무엇이 가치 있는 것인지에 대한 황금률을 개발하기만 하면 우리 걱정의 절반은 사라질 것이라고 믿는다.

그러므로 걱정하는 습관이 당신을 무너뜨리기 전에 그것을 버리고 싶다면,

| 방법 5 |

살아오면서 이미 저지른 잘못 때문에 더 큰 잘못을 저지르고 싶어질 때면, 아래의 세 가지 질문을 자신에게 던져 보라.
Whenever we are tempted to throw good money after bad in terms of human living, let's stop and ask ourselves these three Questions.

---

1. 내가 지금 걱정하고 있는 일은 실제로 얼마나 내게 중요한가?

2. 나는 이 걱정을 어느 선에서 '손절매'하고 잊어버릴 것인가?

3. 이 피리에 대한 대가를 정확히 얼마나 지불할 것인가? 혹시 이미
   너무 많이 지불한 것은 아닌가?

6.

톱밥을 다시
켜려 하지 말라

이 문장을 쓰는 지금 창밖을 내다보면 우리 집 정원에 있는 몇 개의 공룡 발자국 화석이 보인다. 그 화석들은 이탄암과 돌로 된 지층에 묻혀 있던 것들로, 나는 그것들을 예일 대학교에 있는 피바디 박물관에서 구입했다. 그리고 피바디 박물관의 큐레이터로부터 그 화석들이 1억 8,000만 년 전에 형성된 것임을 알려주는 편지를 받았다. 다운증후군 환자라 하더라도 1억 8,000만 년 전으로 돌아가 이 화석들을 바꾸겠다는 엉뚱한 생각은 하지 않을 것이다. 하지만 이 정도로 바보 같은 생각이 또 있으니, 180초 전으로 돌아가 그때 일어난 일을 바꿀 수 없음을 고민하는 것이다. 그런데 우리 대부분은 그런 고민을 한다. 하지만 180초 전에 일어난 일의 결과를 바꾸기 위해서라면 우리도 무언가를 할 수

147

있지만, 그때 일어난 일 자체를 바꾸는 것은 불가능하다. 과거를 건설적인 것으로 만드는 유일한 방법은 과거의 실수에 대해 차분하게 분석하고 그것들로부터 교훈을 얻은 다음 잊어버리는 것이다.

나도 이 말이 진실임은 알지만 내게 항상 그렇게 할 용기와 분별력이 있었을까? 이 질문에 대한 대답으로 몇 년 전에 겪은 놀라운 경험에 대해 말해 보겠다. 나는 30만 달러를 손에 넣었지만 한 푼의 이익도 남기지 못하고 모두 날려 버렸다. 그 일은 다음과 같이 일어났다.

나는 대규모로 성인교육 사업을 시작했고 여러 도시에 지점도 열게되었다. 그리고 간접경비와 광고에 아낌없이 돈을 지출했다. 강의를 하느라 너무 바빴기 때문에 재정적인 부분에 대해서는 살필 시간과 정신적 여유가 없었다. 지출을 관리해 줄 능력 있는 사업 관리자가 내게 필요하다는 생각을 하기에도 너무 경험이 없었다.

1년 정도가 지났을 무렵, 나는 정신이 번쩍 드는 충격적인 사실을 발견했다. 매출액은 엄청나게 높았지만 순이익이 하나도 없었던 것이다. 그것을 알게 된 후 나는 두 가지 일을 해야 했다. 먼저 나는 분별력을 발휘해서, 흑인 과학자 조지 워싱턴 카버George Washington Carver가 일생동안 저축한 4만 달러를 은행 부도 때문에 모두 잃었을 때 했던 일을 해야 했다. 누군가가 그에게 파산했다는 사실을 알고 있느냐고 물었을 때 그는 이렇게 대답했다. "네, 그 얘기는 들었어요." 그리고는 전과 다름없이 학생들 가르치는 일을 계속했다. 그는 그 손실에 대한 생각을 말끔히 지우고 다시는 그것에 대해 언급하지 않았다.

내가 해야 했던 두 번째 일은 실수에 대해 분석하고 오래도록 간직할 교훈을 얻는 것이었다. 그러나 솔직하게 말해 나는 이 두 가지 가운데 한 가지도 하지 않았다. 대신에 나는 걱정으로 의욕을 상실해 버렸고, 망연자실한 상태로 몇 달을 보냈다. 잠도 줄고 몸무게도 줄었다. 내가 저지른 큰 실수로부터 교훈을 얻는 대신에 나는 똑같은 짓을 규모만 좀 작게 해서 다시 시작한 것이다.

이런 바보 같은 짓을 인정한다는 것은 창피한 일이다. 하지만 오래 전에 나는 '스무 명에게 뭘 해야 좋은지 가르치는 것은 그 가르침을 실천하는 스무 명 중의 한 사람이 되는 것보다 쉽다'는 사실을 깨달았다.

나는 내가 뉴욕에 있는 조지 워싱턴 고등학교에 다니면서 폴 브랜드와인 박사 밑에서 공부하는 특권을 가졌다면 어땠을까 하는 생각을 한다. 그는 뉴욕 주 브롱크스 우디크레스트 939번지에 사는 앨런 손더스를 가르쳤던 바로 그 사람이다.

손더스는 내게 말하길, 그의 위생학 선생님이었던 폴 브랜드와인 박사는 그전까지 손더스가 배우지 못했던 가장 가치 있는 교훈을 가르쳐 주셨다고 했다. "저는 겨우 10대에 불과했어요." 앨런 손더스는 이렇게 이야기를 시작했다.

당시 저는 걱정이 많았죠. 제가 저지른 실수들에 대한 생각에 마음을 졸이고 초조해했어요. 가령 시험을 치르고 난 뒤에는 낙제하지 않을까 하는 불안감에 뜬눈으로 밤을 지새우고 손톱만 물어뜯은 적도 있었죠. 저는 항상 제가 한 일들을 다시 되새기며 '그렇게 하지 말고 다르게 했어야 했는데……'라고 생각하고 제가 한 말들에 대해서도 '더 멋있게 말했어야 했어.' 하고 후회했습니다.

그러던 어느 날 아침, 과학실에서 수업이 있었는데 그곳에는 폴 브랜드와인 선생님이 계셨고 우유 한 병이 교탁 가장자리에 눈에 띄게 놓여 있었습니다. 우리는 선생님이 우유를 가지고 뭘 하실지 궁금해 했습니다. 그런데 갑자기 요란한 소리를 내며 자리에서 일어서신 선생님은 우유병을 개수대에 쓸어 넣어 깨뜨려 버렸습니다. 그리고 이렇게 소리치셨죠. '엎질러진 우유 때문에 울지 마라!'

선생님은 우리들에게 교실 앞으로 나가 깨진 병을 보게 하신 뒤 이렇게 말씀하셨습니다. '잘 봐라. 앞으로 살아가면서 이 교훈을 잊지 말았으면 한다. 우유는 이미 쏟아져 배수구로 빠져 나갔다는 게 보일 거다. 아무리 야단법석을 떨고 머리를 잡아 뜯어도 우유는 단 한 방울도 다시 돌아오지 않지. 조금만 주의를 기울이고 조심했다면 우유가 쏟아지지 않았을지도 모르지만 이미 늦어 버린 지금, 우리가 할 수 있는 일은 이제 그것에 대해 생각하지 말고 잊어버린 뒤 다음 일로 넘어가는 것이란다.'

이 짧은 설명은 제가 공간 기하학이나 라틴어를 잊어버린 후에도 오랫동안 기억에 남았습니다. 실제로 그 설명은 4년 동안 고등학교에서 배웠던 그 어떤 것보다 현실 생활에 도움이 되었습니다. 그것은 가능하면 우유를 엎지르지 않아야 한다는 것, 그리고 '일단 우유가 쏟아져 하수구 구멍으로 사라지고 나면 완전히 잊어버리라!'는 가르침이었습니다.

어떤 독자들은 '엎질러진 우유 때문에 울지 마라.'라는 진부한 격언을 가지고 그렇게 야단이냐며 코웃음을 칠지도 모른다. 이 표현이 진부하며 개성 없고 상투적인 데다, 당신 역시 이미 천 번도 넘게 이 이야기를 들어 봤을 것임은 알고 있다. 하지만 나는 이렇게 진부한 격언들에는 오랜 세월을 거치며 농축된 지혜의 본질이 들어 있다는 것 또한 알고 있다. 이런 격언들은 인류의 치열한 경험에서 얻어진 것들이고 여러 세대들을 거치며 전수되었다. 만약 당신이 가장 위대한 학자들이 걱정에 관해 쓴 글들을 읽게 된다면, '다리에 이르기 전에 다리를 건너지 마라.', '쏟아진 우유 때문에 울지 마라.'와 같이 진부한 격언들보다 더 근본적이고 심오한 글은 보지 못할 것이다. 이 두 격언에 코웃음을 치는 대신 이것들을 삶에 적용하기만 한다면 당신이 읽고 있는 이런 책은 전혀 필요하지 않을 것이다.

실제로 오래된 격언들의 대부분을 삶에 적용한다면 우리는 거의 완벽한 삶을 살 수 있다. 하지만 지식이라는 것은 적용하기 전까지는 효력이 없다. 그리고 이 책의 목적도 당신에게 새로운 어떤 것을 알려주는 것이 아니라, 당신이 이미 알고 있는 것을 일깨워 주고 그것을 삶에 적용하도록 자극하는 데 있다.

나는 오래된 진리를 새롭고 생생한 방식으로 말하는 재능을 가진 고故 프레드 풀러 셰드Fred Fuller Shedd 같은 사람을 항상 높이 평가해 왔다. 〈필라델피아 불러틴Philadelphia Bulletin〉의 편집장이었던 그는 대학 졸업반 학생들에게 이렇게 물었다. "톱으로 나무를 잘라 본 학생 있습니까? 손 한번 들어 보세요." 대부분의 학생들이 손을 들었다. 그러자 그가 또 물었다. "톱으로 톱밥을 잘라 본 학생 있습니까?" 아무도 손을 들지 않았다.

"당연히 여러분은 톱으로 톱밥을 자를 수 없습니다." 셰드는 큰 소리로 말했다. "이미 톱으로 잘랐으니까요! 이것은 과거도 마찬가지입니다.

151

우리가 이미 끝난 일, 해 버린 일을 가지고 걱정하는 것은 그저 톱밥에 톱질을 하고 있는 것과 마찬가지입니다."

야구계의 원로 코니 맥Connie Mack이 81세였을 때, 나는 그에게 이미 진 경기로 걱정해 본 적이 있느냐고 물어보았다.

"그럼요, 자주 그랬죠. 하지만 그런 바보 같은 짓은 오래전에 끝냈습니다. 그래 봐야 아무짝에도 소용없다는 것을 알았거든요. 이미 흘러간 물로는 물레방아를 돌릴 수 없잖아요."

그렇다. 이미 흘러간 물로는 물레방아도 돌리지 못하고 통나무에 톱질도 못한다. 하지만 당신의 얼굴에 주름이 지고 위에 궤양이 생기게는 할 수 있다. 나는 작년 추수감사절에 잭 뎀프시와 저녁식사를 함께했다. 그는 칠면조 요리와 크랜베리 소스를 먹으며 헤비급 챔피언 전에서 터니에게 패했던 경기에 대해 말했다. 물론 그 경기로 인해 그의 자존심은 타격을 입었다.

경기 중반쯤 되자 저는 제가 이제 늙었다는 것을 깨달았습니다. 10 라운드가 끝날 무렵에는 아무것도 못하고 간신히 두 발로 서 있을 정도였죠. 얼굴은 퉁퉁 붓고 찢어져 눈이 거의 감겨 있었어요. 심판은 승리의 표시로 진 터니의 손을 들어 주는 것이 보였습니다.

저는 더 이상 세계 챔피언이 아니었어요. 저는 비를 맞으며 군중 사이를 뚫고 선수 대기실로 돌아갔습니다. 제가 지나갈 때 어떤 이들은 제 손을 잡으려 했고, 눈에 눈물이 맺힌 이들도 있었죠.

1년 뒤, 저는 터니와 다시 경기를 가졌습니다. 하지만 소용없었죠. 저는 이제 영원히 끝난 거였어요. 그것에 대해 전혀 걱정을 하지 않는 것은 어려웠지만 그래도 저는 속으로 이렇게 말했습니다. '과거에 파묻혀 살거나 쏟아진 우유 때문에 울진 않겠어. 이 한 방에 쓰러지진 않을 거야.'

잭 뎀프시는 본인의 말대로 했다. 어떻게 그렇게 할 수 있었을까? '나는 과거에 대해서는 걱정하지 않을 거야.'라고 끊임없이 되뇌면서? 아니다. 그렇게 하는 것은 오히려 그에게 과거에 대한 걱정을 떠올리게 만들었을 것이다. 그는 패배를 인정하고 그것에 대해 더 이상 생각하지 않았다. 그리고 미래에 대한 계획을 세우는 데 집중했다. 그는 브로드웨이와 57번 가에 잭 뎀프시 레스토랑을 열었고, 프로 권투 시합을 주최하거나 권투 경기를 열기도 했다. 그는 과거에 대한 걱정을 할 시간도 없고 유혹도 느끼지 못하게 할 건설적인 무언가를 하면서 바쁘게 생활했다. 잭 뎀프시는 말했다. "지난 10년은 제가 챔피언으로 있던 시기보다 더 좋았습니다."

뎀프시는 책을 많이 읽지는 않았다고 내게 말했다. 하지만 그는 본인도 모르게 다음과 같은 셰익스피어의 충고를 따르고 있었던 것이다. "현명한 사람은 절대 손해 때문에 주저앉거나 한탄하지 않는다. 다만 자신의 결과를 바로잡기 위해 힘차게 노력한다."

역사책과 전기 문학을 읽거나 힘든 상황에 처한 사람들을 보면서, 걱정이나 비극적인 상황을 떨치고 완전히 행복한 삶을 살아가는 사람들의 능력에 나는 끊임없이 놀라고 자극을 받는다.

한번은 뉴욕 주립 교도소를 방문한 적이 있었다. 그때 가장 나를 놀라게 했던 것은 그곳의 수감자들이 교도소 밖에 있는 일반인들 못지않게 행복해 보였다는 것이다. 당시 그 교도소의 소장이었던 루이스 E. 로스에게 그 점을 이야기했다. 그러자 그는 죄수들이 처음에 교도소에 오게 되면 원망과 괴로움에 빠지기 쉽지만, 서너 달이 지나면 영리한 죄수들 대부분은 자신의 불행한 상황을 잊고 안정을 되찾아 차분하게 수감 생활을 받아들이고 그 상황을 어떻게든 극복하기 위해 노력한다고 했다.

로스 소장은 수감자 중 한 사람에 대해 내게 말해 줬다. '정원사'로 불리는 그는 교도소 담장 안에서 채소와 꽃을 가꾸며 노래를 부르는 사람이었다. 꽃을 가꾸며 노래를 부르는 그 수감자가 대부분의 우리들보다 더 분별력이 있는 사람임을 알 수 있다. 그는 다음의 내용을 알고 있었던 것이다.

> 움직이는 손가락이 글을 쓰고, 다 쓰고 나서
> 계속 움직인다. 너의 기도도 지혜도
> 그 손가락을 다시 불러 반줄도 지우게 하지 못하고
> 네가 흘리는 눈물이 다한다 해도
> 그 가운데 한 자도 지우지 못하리라.

그러니 왜 헛되이 눈물을 흘리는가? 물론 우리는 많은 실수와 어리석음의 죄를 범해 왔다! 하지만 그래서? 그 정도의 잘못은 누구에게나 있지 않나? 나폴레옹Napoleon도 그가 싸웠던 중요한 전투 세 번 중 한 번은 패했다. 아마 우리의 승률이 나폴레옹의 그것보다 나쁘지는 않을 것이다. 누가 알겠는가?

어쨌든, 왕의 기병들과 병사를 모두 동원해도 과거를 되돌릴 수는 없다. 그러니 아래의 여섯 번째 원칙을 기억하자.

154

톱으로 톱밥을 다시 켜려 하지 말라.
Don't try to saw sawdust.

걱정하는 습관을 버리는 방법

1. 바쁘게 움직여라. 그러면 마음에서 걱정을 몰아낼 수 있다. '생각의 병'을 고치는 가장 좋은 방법은 많이 활동하는 것이다.

2. 사소한 일에 과민 반응하지 말라. 손톱만 한 가치도 없는 하찮은 일에 신경을 씀으로써 당신의 행복을 망치지 마라.

3. 평균의 법칙을 사용해서 쓸데없는 걱정을 없애라. 자신에게 다음과 같이 물어보라. '평균의 법칙으로 보았을 때 내가 걱정하고 있는 일이 실제로 일어날 가능성은 어느 정도나 되는가?'

4. 피할 수 없는 것과 협력하라. 당신이 바꾸거나 개선시킬 수 없는 상황이라는 판단이 들면 자신에게 이렇게 이야기하라. '이게 현실이야. 결코 달라지지 않아.'

5. 당신의 걱정에 손절매 주문을 걸어라. 한 가지 일에 어느 정도나 많이 걱정해야 하는지를 결정하고, 그 이상은 걱정하지 마라.

6. 과거가 죽은 자를 묻게 하라. 톱으로 톱밥을 다시 켜려 하지 말라.

155

DALE CARNEGIE

HOW TO STOP WORRYING AND START LIVING

1.

인생을 바꿔 놓을
여덟 단어

몇 해 전, 나는 한 라디오 프로그램에서 다음과 같은 질문을 받았다. "당신이 알게 된 가장 큰 교훈은 무엇입니까?"

답은 간단했다. 지금까지 알게 된 교훈 중에서 가장 중요한 것은 단연 '우리가 품는 생각의 중요성'이다. 당신이 생각하는 것을 내가 안다는 것은 나는 당신이 누구인지 아는 것과 같다. 생각이 사람을 만드는 것이다. 우리의 마음가짐은 우리의 운명을 결정하는 미지의 요인이다. 에머슨은 말했다. "하루 종일 생각하는 것, 그것이 바로 그 사람이다." 그 외의 다른 것이 될 수 있을까?

요즘 와서 나는 당신과 내가 해결해야 할 가장 큰 문제, 사실 어떻게 보면 우리가 해결해야 할 유일한 문제가 '어떻게 올바른 생각을 선택하는

가?'라는 것임에 의심의 여지가 없다. 그렇게 할 수만 있다면 우리는 우리 문제를 해결하기 위한 확실한 길에 오르게 된다. 로마 제국을 통치했던 위대한 철학자 마르쿠스 아우렐리우스Marcus Aurelius는 그것을 여덟 개의 단어로 요약했다. 이 여덟 단어는 당신의 운명을 좌우할 수 있다.

"우리의 인생은 우리의 생각으로 만들어지는 것이다Our life is what our thoughts make it."

그렇다. 우리가 행복한 생각을 하면 우리는 행복해질 것이고, 불행한 생각을 하면 불행해질 것이다. 두렵다는 생각을 하면 두려워질 것이고, 건강을 걱정하다 보면 아마도 병에 걸릴 것이다. 실패를 생각하면 분명히 실패할 것이고, 자기연민에 빠지면 모든 사람이 우리를 멀리하고 피할 것이다. 노먼 빈센트 필Norman Vincent Peale은 말했다. "당신은 당신이 생각하는 당신이 아니라, 당신의 생각이 바로 당신이다."

지금 내가 우리가 가진 모든 문제들에 대해 습관적이고 맹목적인 낙천주의적 태도를 가지라고 주장하는 것 같은가? 그렇지 않다. 불행하게도 우리 인생은 그렇게 단순하지 않다. 다만 나는 지금 우리가 부정적인 태도 대신에 긍정적인 태도를 지녀야 한다고 주장하는 것이다. 다시 말해, 우리는 우리가 갖고 있는 문제들에 대한 '걱정'이 아니라 '관심'을 가져야 한다. 관심과 걱정의 차이는 무엇일까? 예를 들어 보겠다. 교통 체증이 심한 뉴욕의 길을 건널 때마다 나는 내 행동에 걱정이 아닌 관심을 기울인다. 관심은 문제가 무엇인지 깨닫고 차분히 그 문제에 대처하기 위한 절차를 밟아 나가는 것이고, 걱정은 미친 듯 쓸데없이 제자리를 맴도는 것이다.

심각한 문제에도 관심을 가질 수 있는 사람은 용기를 잃지 않고 가슴

159

에 카네이션을 꽂은 채 다닐 수 있다. 로웰 토머스라는 사람이 바로 그렇게 했던 인물이다. 나는 전에 그가 제1차 세계대전에서 활약한 앨런비와 로렌스에 관한 영화를 상영하는 자리에 참석한 적이 있다. 그와 그의 동료들은 여섯 지역의 전투 현장 모습을 사진으로 담았다. 무엇보다도 인상적이었던 것은 T. E. 로렌스와 그가 이끄는 아라비아군의 생생한 모습을 찍은 사진과 팔레스타인을 정복하는 앨런비의 모습을 담은 영상이었다. 그는 '팔레스타인의 앨런비와 아라비아의 로렌스'라는 제목을 붙이고 사진전을 겸한 강연회를 열어 런던뿐 아니라 전 세계에 큰 반향을 일으켰다. 그가 코벤트 가든 로열 오페라 하우스에서 그의 놀라운 모험에 관한 이야기를 들려주고 사진을 보여 주는 일을 계속할 수 있도록 런던의 오페라 시즌이 6주간 미뤄질 정도였다. 런던에서 거둔 그의 눈부신 성공은 다른 많은 나라에서도 이어졌다. 그 후 그는 인도와 아프가니스탄에서의 생활을 담은 영상 기록을 준비하면서 2년을 보냈다. 하지만 믿을 수 없을 정도의 불운이 겹치더니 결국은 불가능하다고 여겨졌던 일이 벌어졌다. 그가 런던에서 파산했던 것이다. 나는 그 당시 그와 함께 있었다.

우리가 라이언스 코너 하우스 식당에서 싸구려 음식을 먹어야 했던 것이 기억난다. 토머스가 스코틀랜드 출신의 유명 예술가 제임스 맥베이로부터 돈을 빌리지 않았다면 그 식당에서조차 먹을 수 없었을 것이다. 이 이야기의 핵심은 지금부터다. 로웰 토머스는 엄청난 빚과 가혹한 실망을 맛보았음에도 걱정이 아닌, 생각을 했다. 그는 자신을 실패에 주저앉도록 놔둔다면 채권자를 포함한 모든 이들에게 무가치한 사람으로 여겨질 것임을 알고 있었다. 그래서 그는 매일 아침 일을 나가기 전에 꽃 한 송이를 사서 그의 단추 구멍에 꽂고 머리를 당당히 세우고 힘찬 발걸음으로 옥스퍼드 거리를 활보했다. 그는 실패에 좌절하지 않고 긍정적이고 대담한 생각을 했다. 그에게 있어 역경은 당연한 것이었고 최고의 자리에 오르길 원한다면 겪어야 할 유용한 훈련이었다.

우리의 정신적인 태도는 심지어 육체적인 힘에도 매우 놀라운 영향을 미친다. 영국의 유명한 정신의학 전문가 J. A. 해드필드J. A. Hadfield 는 자신이 쓴 54쪽 분량의 훌륭한 소책자《힘의 심리학The Psychology of Power》에 매우 놀라운 사례들을 담았다. "심리적 암시가 근력에 미치는 영향을 알아보기 위해 세 사람을 실험에 참여시켰습니다. 근력은 악력계를 쥐는 힘으로 측정되었습니다." 그는 실험에 참여한 사람들에게 온 힘을 다해 그 악력계를 쥐라고 말했다. 그는 조건을 세 가지로 다르게 하여 실험을 했다.

정상적으로 깨어 있는 조건에서 실험했을 때 피실험자들의 평균 악력은 약 46킬로그램이었던 반면, 그들에게 '당신은 매우 약한 사람'이라고 최면을 건 후 실험했을 때의 결과는 13킬로그램에 불과했다. 그들의 평균적인 힘에 비해 3분의 1밖에 발휘하지 못한 것이다(이 세 사람 중 한 명은 프로 권투선수였는데, 그의 진술에 따르면 최면에 걸렸을 때 자신의 팔이 '마치 아기의 팔처럼 작게' 느껴졌다고 한다.) 해드필드가 피실험자들에게 '당신들은 매우 강한 사람'이라는 최면을 걸고 세 번째 실험을 했을 때 그들의 평균 악력은 64킬로그램에 달했다. 힘에 대한 긍정적인 생각으로 정신이 채워지자 육체적인 힘이 실제로 거의 다섯 배나 증가한 것이다. 이렇듯 우리의 마음가짐은 놀라운 힘을 가졌다.

생각이 가진 마력의 실제 사례를 들기 위해 미국 역사상 가장 놀라운

161

이야기 중 하나를 소개하겠다. 이 이야기 하나로도 책 한 권을 쓸 수 있지만 짧게 요약하면 다음과 같다.

남북전쟁이 끝나고 얼마 지나지 않은 10월의 어느 추운 밤, 집은커녕 돈 한 푼도 없던, 세상을 떠도는 방랑자라고밖에 볼 수 없는 한 여인이 매사추세츠 주 에임즈베리에 살고 있던 퇴역 해군 장성의 부인 '마더' 웹스터의 대문을 두드렸다.

문을 연 '마더' 웹스터는 '겁에 질려 피골이 상접한, 간신히 40킬로그램이 넘을 것 같은' 작고 연약한 사람을 보았다. 글로버 부인이라는 이 낯선 여인은 밤낮없이 자신을 괴롭히는 중대한 문제에 대해 생각하고 해결책을 간구하기 위해 머물 곳을 찾고 있다고 말했다.

웹스터 부인은 대답했다. "여기 머물지 그래요? 이 큰 집에 저 혼자 살거든요." '마더' 웹스터의 사위 빌 엘리스가 휴가를 보내기 위해 뉴욕에서 그녀의 집을 찾아오지 않았더라면 글로버 부인은 그 집에 영원토록 머물렀을지도 모른다. 글로버 부인이 있는 것을 본 그는 이렇게 소리쳤다. "부랑자를 집에 들일 수는 없습니다." 그는 이 집 없는 여인을 문 밖으로 내쫓았다. 밖에는 세찬 비가 내리고 있었다. 빗속에서 얼마간 떨고 서 있던 그녀는 머물 곳을 찾아 길을 나섰다.

이 이야기의 놀라운 부분은 지금부터다. 빌 엘리스가 집 밖으로 내쫓은 그 '부랑자'는 이 세상을 살았던 그 어떤 여성보다도 인류의 사고에 영향을 끼칠 운명의 여인이었다. 그녀는 바로 현재 수백만의 헌신적인 추종자들에게 메리 베이커 에디Merry Baker Eddy로 알려진 크리스천 사이언스의 창시자였다.

하지만 그때까지만 해도 그녀의 인생은 질병, 슬픔, 비극만으로 차 있

데일 카네기 자기관리론

었다. 그녀의 첫 남편은 결혼한 지 얼마 되지 않아 죽었고, 두 번째 남편은 다른 유부녀와 눈이 맞아 그녀를 버리고 달아났다가 나중에 구빈원에서 죽음을 맞았다. 자식이라고는 오직 아들 하나뿐이었는데 아이마저 가난, 질병, 질투 때문에 어쩔 수 없이 빼앗겨야만 했다. 그때 아들은 네 살이었다. 그녀는 31년 동안 아들의 소식을 전혀 듣지 못했음은 물론 한 번도 만나지 못했다.

건강이 좋지 않은 에디 부인은 수년간 그녀가 '심리 치료의 과학'이라고 부르는 것에 관심을 갖고 있었다. 그러던 중 매사추세츠 주 린에서 그녀 인생의 극적인 전환점이 되는 일이 발생했다. 어느 추운 날 시내를 걸어가던 그녀는 얼음으로 미끄러운 길에서 넘어져 의식을 잃고 말았다. 척추가 심하게 다쳐서 몸에 심한 경련이 일어날 정도였다. 의사는 그녀가 곧 죽을 것이라 예상했고, 설령 기적적으로 살 수 있다 해도 절대 두 발로 걷지는 못할 것이라 단언했다.

죽음을 맞이하는 자리가 될 침대에 누워, 메리 베이커 에디는 성경책을 폈다. 그녀의 주장에 따르면 그녀는 신의 인도하심에 이끌려 마태복음을 읽게 되었다.

침상에 누운 중풍 병자를 사람들이 데리고 오거늘 예수께서……
중풍 병자에게 이르시되 작은 자야 안심하라 네 죄 사함을 받았느니라……. 일어나 네 침상을 가지고 집으로 가라 하시니 그가 일어나 집으로 돌아가더라. (마태복음 9장 2~7절)

그녀는 예수의 이런 말씀이 그녀 안에 엄청난 힘과 믿음, 커다란 파도

163

와도 같은 엄청난 치유력을 만들어 냈고, 그녀로 하여금 '즉시 자리에서 일어나 걷게' 했다.

"뉴턴의 사과와도 같았던 그 경험은 나로 하여금 나를 건강하게 하는 방법과 다른 사람들도 건강하게 만들 수 있는 방법을 알게끔 인도했습니다. 저는 모든 원인은 마음에 있고, 모든 결과는 정신적 현상이라는 과학적 확신을 얻었습니다."

이렇게 해서 메리 베이커 에디는 크리스천 사이언스라는 새로운 종교의 창시자이자 여성 성직자가 되었다. 그것은 지구상에 생겨난 종교 가운데 여성이 창시한 유일한 종교다.

지금 이 순간 당신은 혼잣말로 이렇게 말할지도 모른다. "카네기라는 이 사람, 크리스천 사이언스 관계자구면." 아니다. 당신은 틀렸다. 나는 크리스천 사이언스 신도가 아니다. 다만 나이를 먹을수록 생각이 가진 놀라운 힘에 깊은 확신을 갖게 되었을 뿐이다. 성인들을 가르치면서 35년을 보낸 결과, 나는 남자들이나 여자들이나 자신의 생각을 바꾸면 걱정, 두려움, 그리고 각종 질병들을 몰아내고 삶까지 변화시킬 수 있음을 알게 되었다. 나는 안다! 정말 안다! 정말로 안다!! 나는 그러한 놀라운 변화가 일어나는 것을 무수히 봤다. 그런 것을 봐도 이제 놀라지 않을 정도다.

예를 들어 생각의 힘을 설명해 줄 놀라운 변화가 내 수업의 수강생 중한 명에게도 일어났다. 그는 신경쇠약증을 앓고 있었다. 무엇 때문에 신경쇠약에 걸렸냐고? 걱정 때문이다. 그는 이렇게 말했다.

저는 모든 것이 걱정되었습니다. 너무 말라서, 머리가 빠질까 봐, 결혼할 수 있을 만큼의 돈을 벌지 못할까 봐, 좋은 아빠가 되지 못할까 봐, 내가 결혼하고 싶은 여자와 헤어질까 봐, 제대로 살고 있는 것 같지 않아서 두려웠습니다. 다른 사람들에게 비치는 저의 인상에 대해서도, 위궤양에 걸렸다는 생각 때문에도 걱정했습니다. 저는 더 이상 일할 수 없어서 일도 그만두었습니다. 저는 제가 안전밸브 없는 보일러 같다는 생각이 들 때까지 제 안에 긴장을 쌓아 올렸습니다. 압력이 견딜 수 없을 정도로 높아져 어딘가는 터져야 했는데, 결국 그렇게 되더군요. 만일 아직까지 신경쇠약에 걸렸던 적이 없다면, 앞으로도 절대 걸리지 않게 해 달라고 하느님께 기도하십시오. 정신적 고통은 육체의 고통보다 훨씬 심하니까요. 저는 신경쇠약이 너무 심해서 가족과 대화도 나눌 수 없었습니다. 생각을 통제할 수가 없었죠. 저는 두려움으로 가득 차 있어서 작은 소리에도 흠칫 놀라곤 했습니다. 사람들 만나기를 꺼렸고, 이유 없이 울음을 터뜨리기도 했지요.

하루하루가 고통의 연속이었습니다. 모두가, 심지어 하느님도 저를 버린 것 같았습니다. 강으로 뛰어들어 자살할 생각도 했습니다.

그러다 환경이 바뀌면 도움이 될까 싶어 플로리다로 여행을 떠나기로 결정했죠. 열차에 올라타려는데 아버지께서 편지를 건네주시며 플로리다에 도착하기 전까지는 읽지 말라고 하시더군요. 제가 갔을 때 플로리다는 한창 관광 성수기여서 방이 남아 있는 호텔이 없었고, 그래서 차고에 딸린 방 하나를 빌렸습니다. 마이애미에서 출항하는 부정기 화물선에서 일할 자리를 알아보았지만 운이 따르지 않았습니다. 그래서 해변에서 시간을 보냈죠. 저는 집에 있을 때보다 플로리다에서 더욱 폐인처럼 지냈습니다. 저는 아버지가 주신 편지를 열어 보았습니다. '아들아. 집에서 2,400킬로미터나 떨어진 곳에 있어도 너는 별로 나아지지 않았을 것이다. 그렇지 않느냐? 아빠는 그 이유를 알고 있단다. 네가 모든 고통의 원인을 그곳에까지 가져갔기 때문이다. 그것은 바로, 너 자신이다. 네 몸이나 마음에는 이상이 없다. 너를 내팽개친 것은 네게 처했던 상황들이 아니라, 그 상황들에 대한 네 생각이란다. '마음속으로 생각하는 것, 그것이 그 사람이다.' 이것을 깨달으면 집으로 돌아오너라. 너는 다 나았을 테니까 말이다.'

아버지의 편지에 저는 화가 났습니다. 훈계가 아닌 동정을 바라고 있었던 저는 너무 화가 난 나머지 편지를 읽자마자 절대 집에 돌아가지 않겠다고 마음먹었습니다. 그날 밤 마이애미의 골목길을 걷던 저는 예배 중인 교회를 우연히 지나게 되었습니다. 마땅히 갈 곳도 없었던 터라 교회 안으로 들어갔는데, 목사님께서 다음과 같은 구절로 설교를 하고 계시더군요. '마음을 다스릴 줄 아는 사람은 도시를 손에 넣은 사람보다 강하다.' 거룩한 분위기의 예배당 안에 앉아 아버지가 편지에 써 주신 것과 똑같은 내용의 설교를 듣고 있자니 그동안 쌓였던 혼란은 머릿속에서 쓸려 나가고 난생 처음으로 명확하고 분별 있게 생각할 수 있게 되었습니다. 저는 그동안 제가 얼마나 바보 같았는지 깨달았습니다. 있는 그대로 바라본 저 자신의 모습은 충격적이었습니다. 저는 온 세상과 그 안의 모든 사람이 변하길 바라고 있었습니다. 정작 변화가 필요한 것은 카메라 렌즈의 초점인 제 마음이었는데 말입니다.

그다음 날 아침, 저는 짐을 꾸려 집으로 돌아갔습니다. 1주일 뒤에는 일터로 복귀했고, 네 달 뒤에는 헤어질까 봐 두려웠던 그 여자와 결혼도 했습니다. 지금 우리는 다섯 아이를 둔 행복한 가정을 이루었습니다. 하느님은 제게 물질적으로, 정신적으로 덕을 베푸셨습니다. 신경쇠약에 시달리던 때의 저는 열여덟 명을 지휘하는 작은 부서의 야간 감독관이었지만, 지금의 저는 450명을 관리하는 판지 제조공장의 공장장입니다. 인생은 훨씬 더 충만하고, 호의적입니다. 이제 저는 인생의 진정한 가치를 압니다. 누구에게나 그럴 때가 있겠지만 걱정이 다가오려고 하면 저는 저 자신에게 카메라 초점을 다시 맞추라고 말합니다. 그러면 모든 것이 정상으로 돌아옵니다.

저는 정말로 제가 신경쇠약에 걸렸던 경험이 있어 기쁘다고 말할 수 있습니다. 그 덕분에 생각의 힘이 우리의 마음과 몸에 어떤 영향을 주는지 알게 되었기 때문입니다. 이제는 제 생각들을 저를 거스르는 것이 아닌, 저를 위한 것으로 만들 수 있습니다. 아버지의 말씀은 옳았습니다. 고통을 일으키는 원인은 외적인 상황이 아니라 그 상황들에 대한 제 생각이라고 하셨던 말씀 말입니다. 제가 그것을 깨닫는 순간 신경쇠약은 치료되었고, 지금도 마찬가지입니다.

마음의 평화와 삶에서 얻는 기쁨은 우리가 있는 곳, 우리가 가진 것, 우리가 누구인지 등이 아니라 오로지 우리의 마음가짐에 달려 있다. 외부 조건들은 거의 아무런 상관이 없다. 예를 들어 존 브라운의 경우를 살펴보자. 그는 하퍼스 페리에 있는 미군 무기고를 강탈하고 노예들을 선동하여 폭동을 일으킨 혐의로 교수형에 처해졌던 사람이다. 그는 자신의 관 위에 앉은 채 교수대로 실려 갔다. 그의 옆에 있던 간수는 초조해하고 불안해했다. 하지만 존 브라운은 차분하고 냉정했다. 그는 버지니아의 블루리지 산맥을 바라보며 소리쳤다. "정말 아름다운 나라야! 전에는 제대로 바라볼 기회가 없었는데."

아니면 남극에 도착한 첫 번째 영국인이었던 로버트 팰콘 스콧Robert Falcon Scott과 그 동료들의 경우를 살펴보자. 그들의 귀환 여정은 인류 역사상 가장 잔인한 여행이었을 것이다. 식량과 연료는 모두 떨어졌고, 열하루 동안 밤낮을 가리지 않고 지면을 후려치는 엄청난 눈보라 때문에 그들은 더 이상 앞으로 나아갈 수 없었다. 바람이 너무도 거칠고 날카로워 남극의 빙하에 작은 언덕들을 만들 정도였다. 스콧과 그의 동료들은 자신들이 죽을 것이라는 사실을 알고 있었다. 바로 이 같은 긴급 사태에 대비해 그들은 많은 양의 아편을 가지고 있었다. 한 번에 많은 양의 아편을 복용하면 그들은 모두 기분 좋은 꿈을 꾸며 다시는 잠에서 깨어나지 않을 수 있었다. 하지만 그들은 그 마약을 사용하지 않고 '기운을 북돋는 힘찬 노래를 부르며' 죽었다. 그 사실은 8개월 뒤에 수색대가 그들의 얼어붙은 몸과 함께 찾아낸 작별 편지를 통해 알려졌다.

그렇다. 용기와 차분함이라는 창조적 생각을 마음에 품으면 관 위에 앉아 교수대를 향해 가는 동안에도 경치를 즐길 수 있고, 굶주림과 추위로 죽어 가는 동안에도 '기운을 북돋는 힘찬 노래'로 텐트를 가득 채울 수 있다.

300년 전 밀턴도 시력을 잃고 이와 똑같은 진리를 얻었다.

마음은 곧 그 자체로 세계이니,
그 안에서 천국을 지옥으로 만들기도 하고,
지옥을 천국으로 만들기도 한다.

168

나폴레옹과 헬렌 켈러Helen Keller는 밀턴의 진술을 입증하는 완벽한 예에 해당한다. 나폴레옹은 모든 이들이 대개 갈망하는 명예, 권력, 부를 모두 소유했다. 하지만 그는 세인트헬레나에서 이렇게 말했다. "내 평생 살면서 행복했던 날은 엿새도 채 되지 않는다." 반면에 앞을 보지 못하고 소리를 듣지 못했으며 말도 하지 못했던 헬렌 켈러는 이렇게 말했다. "인생이 매우 아름답다는 것을 알게 되었습니다."

50년을 살면서 내가 배운 것이 있다면, 그것은 '당신 자신 말고는 아무것도 당신에게 평안을 줄 수 없다'는 사실이다.

내가 지금 하고자 애쓰고 있는 말은 그저 에머슨이 그의 에세이《자립Self-Reliance》의 맺음말에서 잘 정리한 것을 되풀이하는 것에 불과하다. '정치적인 승리, 수익의 증가, 건강의 회복, 떠나간 친구의 돌아옴, 그 밖의 다른 외부적인 사건들은 당신의 마음을 들뜨게 하고 앞으로도 좋은 날들이 준비된 것처럼 느껴지게 할 것이다. 그런 것을 믿지 마라. 절대 그런 식으로 되는 것이 아니다. 당신 자신 말고는 아무것도 당신 자신에게 평안을 줄 수 없다.'

스토아학파의 위대한 철학자 에픽테토스Epictetus는 '몸의 종양과 종기를' 제거하는 것보다 마음속의 잘못된 생각을 없애는 것에 더 많은 관심을 기울여야 한다고 경고했다.

에픽테토스가 이런 말을 한 것은 1,900년 전의 일이지만 현대 의학은 그의 말을 뒷받침해 주고 있다. G. 캔비 로빈슨 박사는 존스 홉킨스 병원에 입원한 환자들 다섯 명 가운데 네 명이 어느 정도의 정신적인 불안과 스트레스로 인한 증세로 고통받고 있다고 말했다. 이것은 때로 기질囂質성 장애의 경우에도 해당된다. 로빈슨 박사는 이렇게 단언했다. "결국 이러한 것들은 인생과 인생의 문제들 사이에서 일어난 부조화 때문에 생긴 것이다."

프랑스의 위대한 철학자 몽테뉴는 다음의 문구를 인생의 좌우명으로 삼았다. '인간은 일어난 일보다 일어난 일에 대한 본인의 생각으로 더 큰 상처를 입는다.' 그리고 일어난 일에 대한 우리의 생각은 전적으로 우리에게 달려 있다.

내가 지금 무슨 말을 하고 있는지 알겠는가? 이런저런 문제들에 치여 신경이 곤두설 대로 곤두서 갈 데까지 간, 그런 상황에 처한 사람의 면전에 대고 '의지를 가지고 노력하면 정신 자세를 바꿀 수 있다'고 뻔뻔스럽게 주장하고 있는 것인가? 맞다. 바로 그렇다! 그리고 그것이 전부가 아니다. 이제 어떻게 하면 그렇게 될 수 있는지 보여 주겠다. 약간의 노력이 필요하지만 비밀은 간단하다.

실용심리학 분야의 최고 권위자 윌리엄 제임스는 이렇게 이야기한 적이 있다. "감정에 따라 행동이 달라지는 것처럼 보이지만 사실 행동과 감정은 동시에 일어난다. 그러므로 의지에 의해 직접적인 통제를 받는 행동을 조절하면, 의지의 통제를 받지 않는 감정을 간접적으로 조절할 수 있다."

다시 말해 윌리엄 제임스는 단순히 '결심하는 것'으로는 우리의 감정을 변화시킬 수 없지만 결심을 통해 행동은 변화시킬 수 있고, 우리가 우리의 행동을 바꾸면 자동적으로 우리의 감정 역시 바뀔 것임을 말하고 있다.

그는 이렇게 설명한다. "그러므로 만약 당신의 기분이 좋지 않을 때, 기분을 좋게 만드는 최고의 방법은 마치 기분 좋은 일들이 이미 일어난 것처럼 행동하고 말하는 것이다."

이렇게 간단한 요령이 효과가 있을까? 한 번 해 보기 바란다. 밝고 거짓 없는 미소를 지어 보자. 어깨를 뒤로 젖히고 심호흡을 해 본다. 그리고 노래 한 곡을 불러 보자. 노래를 못 부르면 휘파람도 좋다. 휘파람을 못 불면 콧노래라도 부르자. 그러면 금방 윌리엄 제임스가 한 말이 무슨 뜻인지 알게 될 것이다. 당신이 정말 행복할 때 나타나는 모습들로 행동하는 동안에는 우울해하거나 의기소침해 하는 것이 물리적으로 불가능하다는 것을 말이다.

이것은 우리 모두의 삶에서 쉽게 기적을 일으키는, 자연의 작은 기본 진리 중 하나다. 나는 캘리포니아에 사는 어떤 여인을 알고 있다(그녀의 이름은 밝히지 않겠다). 만일 그녀가 이 비밀을 안다면 24시간 안에 그녀가 갖고 있는 모든 괴로움을 떨쳐 버릴 수 있을 것이다. 그녀는 나이 많은 미망인이다. 이건 슬픈 일이다. 나도 인정한다. 하지만 그녀는 행복하게 살아 보려고 노력할까? 그렇지 않다. 만약 기분이 어떠냐고 당신이 묻는다면 그녀는 이렇게 대답할 것이다. "전 괜찮아요." 하지만 그녀의 표정과 구슬프게 들리는 목소리는 이렇게 말하는 것처럼 들릴 것이다. '오, 하느님, 제가 어떤 고생을 했는지는 당신밖에 모르십니다.' 그녀는 마치 당신에게 '어떻게 당신은 내 앞에서 그렇게 행복할 수 있죠?'라며 나무라는 것처럼 보인다.

그녀보다 불행한 여자들은 아주 많다. 그녀에게는 여생을 풍족히 살 수 있도록 남편이 남겨 준 많은 보험금이 있고, 그녀와 같이 지낼 결혼한 자녀들도 있다. 하지만 나는 그녀가 웃는 모습을 거의 본 적이 없다. 그녀는 세 명의 사위들이 모두 인색하고 이기적이라고 불평한다. 한 번에 몇 달씩 그들의 집에 얹혀 지내면서도 말이다. 그녀는 '노후에 대비해서' 자신의 돈은 쓰지 않으면서도 딸들이 자신에게 선물을 사 주지 않는다고 불평한다. 본인의 괴로움과 불행한 가족의 원인은 바로 그녀 자신이다. 하지만 그렇게 해야만 할까? 그 점이 유감스럽다. 그녀는 자신을 비참하고, 괴롭고, 불행한 늙은 여인에서 존경받고 사랑받는 한 가족의 일원으로 바꿀 수도 있었다. 그녀가 바뀌길 원했다면 말이다. 그러한 변화를 위해 그녀가 했어야 할 일이라고는 그저 쾌활하게 행동하는 것뿐이었다. 그녀 자신의 불행과 고통에 사랑을 낭비하는 대신 다른 사람들에게 줄 사랑이 모자란 것처럼 행동하기만 했어도 되는 것이었다.

나는 인디애나 주 텔시티 11번가 1335번지에 살고 있는 H. J. 잉글러트라는 사람을 알고 있는데 그는 이러한 요령을 깨달았기 때문에 10년 전에 성홍열猩紅熱을 앓았음에도 지금까지 살아 있다. 병에서 회복될 즈음 그는 자신이 신장 질환 중 하나인 급성 신장염에 걸렸다는 사실을 알게 되었다. 그는 각종 의사들, 심지어 '돌팔이 의사들'까지 찾아가 보았지만 아무 소용이 없었다. 그러던 중 얼마 전에는 다른 합병증까지 생겼다. 혈압이 급격히 치솟은 것이다. 그가 찾아간 의사는 그의 혈압 수치가 214에 달한다는 사실을 알려주며, 이 정도의 수치는 치명적이고 병세가 진행 중이기 때문에 죽기 전에 미리 신변 정리를 하는 편이 좋겠다고 이야기했다. 그는 이렇게 말했다.

저는 집으로 돌아와 보험료를 다 냈는지 확인하고 신께 제가 저지른 실수에 대해 용서를 빌었습니다. 그리고는 우울한 생각에 잠겼습니다. 저는 모든 사람을 불행하게 만들었습니다. 아내와 가족들은 슬퍼했고 저 자신도 우울함에 깊이 파묻혔습니다. 자기연민에 빠져 허우적대며 1주일을 보내다가 저는 스스로 이렇게 말했습니다. '너 참 바보 같구나! 아직 죽으려면 1년이나 남았잖아. 그동안이라도 행복하게 사는 게 낫지 않겠어?'

저는 어깨를 쫙 펴고, 얼굴에는 미소를 머금고 아무 일도 없다는 듯 행동하려고 노력했습니다. 처음에는 노력이 필요했다는 것을 인정합니다. 하지만 저는 억지로라도 유쾌하고 명랑해지려 했고 이것은 가족뿐 아니라 저 자신에게도 도움이 되었습니다.

그렇게 지냈더니 기분이 한결 나아지기 시작했습니다. 억지로 노력해서 꾸며 낸 감정이었지만, 노력한 만큼 실제로 그렇게 느껴졌습니다. 모든 것이 점점 더 좋아졌습니다. 그리고 무덤 속에 누워 있어야 할 날을 몇 달이나 넘긴 지금도 저는 행복하고, 건강하게, 그리고 살아 있을 뿐 아니라 혈압도 낮아졌습니다. 저는 한 가지는 확실하게 압니다. 제가 '죽어 간다'는 패배감에 계속 젖어 있었다면 분명히 의사의 진단이 맞아떨어졌을 겁니다. 하지만 저는 다른 무엇도 아닌 마음의 태도를 바꿈으로써 몸에게 스스로 치유할 수 있는 기회를 준 것입니다.

한 가지만 물어보겠다. 단순히 명랑하게 행동하고 건강과 용기에 관한 긍정적인 생각이 이 사람의 목숨을 살린 것이라면 당신이나 나는 단 1분이라도 대수롭지 않은 우울함과 의기소침을 묵인해야 할 이유가 있을까? 단순히 즐겁게 행동하는 것만으로 행복한 삶을 시작할 수 있는데 왜 우리, 그리고 우리 주변의 모든 이들은 자신을 불행하고 우울하게 만드는 것일까?

몇 년 전, 내 삶에 깊은 영향을 주었던 책 한 권을 읽었다. 제임스 레인 앨런James Lane Allen이 쓴 《위대한 생각의 힘As a Man Thinketh》이라는 그 책에는 다음과 같은 내용이 있다.

한 사람이 주변 사물과 다른 사람들에 대한 생각을 바꾸면, 그 주변 사물과 사람들이 그에게 도움이 되도록 바뀐다는 사실을 알 수 있다. …… 근본적인 생각을 바꾸면 주변의 현실적인 상황들이 놀라울 정도로 빠르게 변화한다. 사람들은 자신이 원하는 것을 끌어당기는 것이 아니라 오로지 자기 자신을 끌어당긴다. …… 우리의 목표를 구체화하는 신성한 힘은 우리 안에 있다. 바로 우리 자신 말이다. …… 인간이 이룩한 모든 것은 바로 그 자신이 생각한 결과다. …… 사람은 오직 자신의 생각을 고양시킴으로써 일어나 정복하고 성취할 수 있다. 생각의 고양을 거부하면 약하고 비굴하고 비참한 상태에 머무를 수밖에 없다.

창세기에 따르면 조물주는 인간에게 세상 모든 곳에 대한 지배권을 주셨다. 실로 대단한 선물이다. 하지만 나는 그렇게 굉장한 특권에는 관심이 없다. 내가 원하는 것은 나 자신에 대한 지배권, 즉 나의 생각, 나의 두려움, 나의 마음과 정신에 대한 지배권이다. 그리고 참으로 놀라운 것은 단지 나의 행동과 반응을 조절함으로써 내가 원할 때면 언제라도 이런 지배력을 상당히 차지할 수 있다는 사실이다.

그러므로 윌리엄 제임스의 이 말을 기억하도록 하자. "우리가 악이라고 부르는 것들의 상당수는 당사자로 하여금 기운을 내고 정신을 차리게 하는 선으로 바뀔 수 있는 것들이다. 단, 그렇게 되려면 그 당사자는 두려운 마음을 투지로 바꿔야 한다."

우리의 행복을 위해 싸우자! 명랑하고 건설적인 생각으로 이끄는 하루 단위의 프로그램을 따라 우리의 행복을 위해 싸우자! 그 프로그램의 제목은 '오늘 하루만은'이다. 이 프로그램의 내용은 너무나도 고무적이어서 나는 수백 장을 복사해 사람들에게 나누어 주었다. 이것은 시빌 F. 파트리지Sibyl F. Partridge가 36년 전에 쓴 것이다. 당신과 내가 이것을 따르기만 하면 우리는 걱정의 대부분을 떨쳐 버림은 물론 프랑스인들이 말하는 '삶의 기쁨la joie de vivre'을 무한히 누릴 수 있을 것이다.

오늘 하루만은

1. 오늘 하루만은 행복하게 지낼 것이다. 이 말은 '대부분의 사람들은 행복하고자 마음먹은 만큼 행복하다'는 에이브러햄 링컨의 말을 사실로 간주한다. 행복은 외부적인 요인이 아닌, 내부로부터 나온다.

2. 오늘 하루만은 내 욕망에 모든 것을 맞추려 하지 않고, 나 자신을 그것에 맞추기 위해 노력할 것이다. 나는 내 가족과 내 일, 내 운을 있는 그대로 받아들이고 나 자신을 그것에 맞출 것이다.

3. 오늘 하루만은 몸에 신경을 쓰겠다. 몸을 혹사시키거나 내버려 두지 않고, 운동하고, 돌보며 영양을 보충해서 내가 원하는 대로 움직이는 완벽한 기계가 되도록 만들겠다.

175

4. 오늘 하루만은 정신을 강화시키겠다. 무엇이든 쓸모 있는 것을 배울 것이다. 정신적인 게으름뱅이가 되지 않겠다. 노력, 생각, 집중이 필요한 글을 읽겠다.

5. 오늘 하루만은 세 가지 방법으로 내 영혼을 단련하겠다. 다른 사람 몰래 선행을 베풀겠다. 윌리엄 제임스의 제안대로, 적어도 두 개 이상은 내가 원치 않는 일을 훈련 삼아 하겠다.

6. 오늘 하루만은 다른 사람들의 마음에 드는 사람이 되겠다. 가능한한 좋은 표정을 짓고, 멋진 옷을 입으며, 목소리를 높이지 않고, 공손하게 행동하겠다. 칭찬에 인색하지 않고, 조금도 남을 비판하지 않으며, 어떤 것에도 흠을 잡지 않고, 누군가를 통제하거나 바로잡으려 하지 않겠다.

7. 오늘 하루만은 내 인생의 문제 전부를 한 번에 해결하려 하지 않고 오늘 하루를 열심히 살기 위해 노력하겠다. 평생 붙잡고 있어야 한다고 하면 끔찍할 일도 12시간이면 해낼 수 있다.

8. 오늘 하루만은 프로그램을 만들어 보겠다. 매 시간마다 내가 해야 할 일을 적어 두겠다. 계획한 그대로 할 수 없을지라도 프로그램을 만들 것이다. 그렇게 함으로써 서두름과 우유부단이라는 두 골칫거리를 없앨 것이다.

9. 오늘 하루만은 30분 정도 혼자 조용히 쉬는 시간을 갖겠다. 그 30분 동안 내 인생에 대한 통찰력을 조금이라도 높일 수 있도록 신을 생각하겠다.

10. 오늘 하루만은 두려워하지 않겠다. 특히 행복을 느끼는 것에, 아름다운 것을 즐기는 것에, 사랑하는 것에, 내가 사랑하는 사람들

이 나를 사랑한다고 믿는 것에 두려움을 갖지 않겠다.

우리에게 평화와 행복을 가져오는 정신 자세를 갖추고 싶다면,

| 마음가짐 1 |

유쾌하게 생각하고 행동하라. 그러면 유쾌해질 것이다.

Think and act cheerfully, and you will feel cheerful.

2.

지혜롭게
보복하라

　내가 옐로스톤 국립공원을 여행하던 몇 년 전 어느 날 밤, 나는 소나무와 전나무가 빽빽하게 서 있는 숲을 마주하고 마련된 관람석에 다른 관광객들과 함께 앉아 있었다. 이윽고 우리가 보려고 기다렸던 숲의 공포, 회색 곰이 반짝이는 조명 안으로 성큼성큼 걸어왔고 공원 내의 한 호텔 주방에서 갖다 버린 음식물 쓰레기를 게걸스레 먹기 시작했다. 말을 타고 있던 산림 감시원 마틴 데일 소령은 들떠 있는 관광객들에게 곰에 대한 설명을 해 주었다. 그는 서구 세계에서 버팔로나 코디액불곰을 제외하곤 회색 곰을 이길 동물이 없다고 말했다. 하지만 나는 그날 밤, 회색 곰이 숲에서 나와 자신과 함께 빛나는 조명 아래서 음식을 먹는 것을 허락한 유일한 동물을 보았다. 바로 스컹크였다. 회색 곰은 자신의 발로 한 방만 치면 스컹크 하나쯤은 없앨 수 있음을 알고 있었다. 하지만 왜 그렇게 하지 않았을까? 그래 봐야 아무런 득이 될 일이 없다는 것을 경험을 통해 알고 있었기 때문이다.

나 역시 그 사실을 알고 있었다. 미주리 농장에 살던 어린 시절, 나는 일렬로 죽 늘어선 관목들을 따라 덫을 놓아 다리가 넷 달린 스컹크들을 잡았다. 어른이 되어서는 뉴욕 시내의 인도 위에서 다리가 둘 달린 스컹크들과 몇 번 마주친 적이 있다. 나는 쓰디쓴 경험을 통해 다리가 둘이건 넷이건, 어느 쪽이든 자극해 봐야 득이 될 것이 없다는 사실을 깨달았다.

적을 증오하는 것은 곧 그들에게 우리를 지배할 힘을 주는 것과 같다. 우리의 잠, 식욕, 혈압, 건강, 행복을 지배할 힘을 부여하는 것이다. 자신들이 우리를 얼마나 걱정하게 만들고, 괴롭히고, 우리에게 앙갚음하고 있는지를 알게 되면 우리의 적들은 기쁨을 감추지 못할 것이다! 우리의 증오는 그들을 조금도 해치지 않는다. 그것은 오히려 우리의 낮과 밤을 지옥과 같은 혼돈으로 바꿔 놓는다.

다음과 같은 말을 한 사람은 누구일까? "이기적인 사람들이 당신을 기만하려 한다면 그것에 대해 똑같이 되돌려 주려 하지 말고 그저 당신의 명부에서 그들의 이름을 지워 버려라. 당신이 앙갚음하려 하는 순간, 상대방보다 당신 자신을 더 다치게 할 것이기 때문이다." 비현실적인 이상주의자가 한 말처럼 보이지만 이 말은 밀워키 주 경찰청에서 발행한 간행물에 실린 말이다.

남에게 앙갚음하는 것이 어떻게 당신을 다치게 할까? 방법은 다양하다. 〈라이프〉지는 앙갚음이 당신의 건강을 망칠 수도 있다고 경고한다.

179

고혈압을 갖고 있는 사람들의 주된 성격적 특징은 분노다. 만성화된 분노에는 만성적인 고혈압과 심장 질환이 뒤따른다.

그러므로 "원수를 사랑하라."라는 예수의 말은 건전한 도덕론에 대한 설교만이 아니었음을 알 수 있다. 그는 20세기 의학에 관해서도 설파했던 것이다. 그가 "일곱 번씩 일흔 번까지라도 용서하라."라고 말했을 때, 그는 당신과 내가 고혈압, 심장 질환, 위궤양, 그 밖의 많은 질병들을 멀리할 수 있는 방법을 알려 준 것이다.

내 친구 중 하나가 최근 심각한 심장 발작을 일으켰다. 담당의는 그녀를 침대에 눕히고 무슨 일이 있어도 절대 화를 내지 말라고 지시했다. 의사들은 심장이 약한 사람의 경우 갑자기 화를 내면 죽을 수도 있다는 것을 알고 있다. 내가 지금 죽을 수도 있다고 말했나? 몇 년 전 워싱턴 주 스포케인의 어느 레스토랑 경영자는 갑작스럽게 화를 내는 바람에 사망에 이르고 말았다. 지금 내 앞에는 워싱턴 주 스포케인 경찰청장 제리 스와타웃으로부터 온 편지 한 통이 있다. 내용은 이렇다.

몇 년 전, 이곳 스포케인에서 카페를 운영하던 68세의 윌리엄 포커버라는 사람이 화 때문에 사망한 일이 있었습니다. 그가 화를 낸 이유는 주방장이 커피를 마실 때 자신의 컵 받침을 썼기 때문이었어요. 그 카페 지배인은 너무나도 분노한 나머지 손에 권총까지 들고 그 주방장을 뒤쫓다가 심장마비로 죽고 말았습니다. 손에는 여전히 권총을 꼭 쥔 채 말이죠. 검시관의 보고서에는 화로 인해 심장 발작이 일어났다고 적혀 있었습니다.

예수가 "원수를 사랑하라."라고 말했을 때, 그는 우리의 외모가 더 나아지는 방법도 말하고 있었다. 당신도 그럴 테지만 나는 얼굴이 증오로 인해 굳어지고 분노 때문에 망가진 여자들을 알고 있다. 이 세상의 그 어떤 미용 기술도 용서, 온화, 사랑하는 마음이 외모를 개선시키는 효과의 절반에도 이르지 못할 것이다.

증오는 심지어 우리가 음식을 맛있게 먹는 능력까지 떨어뜨린다. 성경에 다음과 같은 말이 있다.

사랑이 있는 곳에서 채소를 먹는 것이 살찐 소를 먹으며 서로 미워하는 것보다 낫다.

우리 자신의 증오로 인해 지치고 피곤하며, 초조해하고 외모가 망가지며, 심장 질환이 생기고 수명까지 단축될 수도 있다는 사실을 우리의 적이 알게 된다면 손을 비벼 가며 회심의 미소를 짓지 않을까?

적을 사랑하기 힘들다면, 적어도 우리 자신만큼은 사랑하자. 우리 자신을 사랑함으로써 우리의 적들이 우리의 행복, 건강, 외모를 지배하지 못하게 하자. 셰익스피어는 다음과 같이 표현했다.

적에 대한 화를 불태우지 마라.
그것은 너를 불태울 것이다.

예수가 우리에게 원수를 '일곱 번씩 일흔 번까지라도' 용서하라고 말했을 때 그는 견실한 사업에 대해서도 설파한 것이다. 지금 이 글을 쓰는 내 앞에 놓인, 스웨덴 웁살라 프라데가탄 24번지에 사는 조지 로나가 보낸 편지를 예로 들어 보겠다. 조지 로나는 오스트리아 빈에서 오랫동안 변호사로 일했지만 제2차 세계대전이 일어나 스웨덴으로 피난했다. 무일푼이었기에 일자리가 절실했던 그는 몇 개국의 언어를 구사할 수 있었으므로 수출입과 관련된 일을 하는 회사의 해외 연락 담당 업무를 하고 싶었다. 하지만 대부분의 회사들은 전쟁 중이기 때문에 그런 업무가 필요 없지만 파일에 그의 이름은 적어 놓겠다는 식의 답변을 보내 왔다. 그러나 한 사람만은 조지 로나에게 이렇게 답장을 보냈다.

당신은 제 사업에 대해 잘못 알고 있습니다. 게다가 어리석기까지 합니다. 제게 연락 담당자 같은 것은 필요 없습니다. 필요하다고 해도 당신을 고용하지는 않을 겁니다. 당신은 스웨덴어도 제대로 쓰지 못하니까요. 당신의 편지는 오자투성이입니다.

조지 로나는 그 편지를 읽고 도날드 덕만큼 맹렬하게 화를 냈다. 이 스웨덴 놈이 나보고 스웨덴어도 제대로 모른다고 하다니! 자기가 쓴 편지야말로 실수투성이잖아! 그래서 조지 로나는 그 사람을 화나게 할 작정으로 편지를 썼다. 그러다가 어느 순간 멈추고는 자신에게 말했다. "잠깐 기다려 봐. 이 사람 말이 틀렸다고 어떻게 확신하지? 내가 스웨덴어 공부를 하긴 했지만 내 모국어도 아니니 나도 모르게 실수하고 있을지도 모르잖아. 그렇다면 더 열심히 공부해야 하는 게 맞지. 적어도 일자리를 구하고 싶다면 말이야. 의도하지 않았을 수도 있지만 이 사람은 내게 도움을 준 것일지도 몰라. 이 사람 말투가 마음에는 들지 않지만,

그렇다고 내가 그에게 빚을 졌다는 사실이 달라지지는 않지. 그러니 그에게 고맙다는 편지를 쓰는 게 맞겠네."

그리하여 조지 로나는 헐뜯는 말들을 가득 채워 이미 써 놨던 편지를 찢어 버린 뒤 다음처럼 새로운 편지를 썼다.

연락 담당자가 필요 없음에도 제게 답장을 보내 주신 점 감사합니다. 귀사에 대해 잘못 알고 있었던 점은 사과드립니다. 제가 편지를 보냈던 이유는 귀사의 사업 영역에서 귀사가 선도적인 위치를 차지하고 있다고 알려져 있기 때문이었습니다. 그 편지에서 제가 범한 문법적 실수에 대해서는 미처 알지 못했습니다. 그 점에 대해서는 사과드리고 부끄럽게 생각하고 있습니다. 이제 저는 스웨덴어를 더욱 부단히 공부하고 제 실수를 바로잡기 위해 노력할 것입니다. 저로 하여금 자기계발의 길에 발을 내딛을 수 있도록 도움을 주셔서 감사합니다.

며칠 지나지 않아 조지 로나는 그 사람으로부터 자신을 만나러 와 달라는 편지를 받았다. 그렇게 로나는 일자리를 얻을 수 있었다. 조지 로나는 '부드러운 대답이 분노를 물리친다'는 사실을 스스로 깨달은 것이다.

우리는 원수를 사랑할 수 있을 정도의 성인聖人은 아닐지 모른다. 하지만 우리 자신의 건강과 행복을 위해 적어도 그들을 용서하고 잊도록 하자. 그것이 현명하다. 공자는 말했다. "마음에 담아 두지 않는다면, 부당한 대우를 받거나 도둑질 당하는 것은 아무것도 아니다." 언젠가 나는 아이젠하워Eisenhower 장군의 아들 존에게 그의 아버지가 다른 이에 대한 원한을 품는 것을 본 적이 있었는지 물었는데, 그는 이렇게 대답했다. "아니요. 아버지는 절대로 당신께서 좋아하지 않는 사람들을 생각하면서 시간을 낭비하지 않으셨습니다."

오래된 속담 중에 '화를 내지 못하는 사람은 미련한 사람이지만 화를 내지 않는 사람은 현명한 사람이다.'라는 것이 있다. 뉴욕 시장이었던 윌리엄 J. 게이너의 정책이 바로 그런 것이었다. 그는 선정적인 신문들로부터 쓰디쓴 비난을 받은 후 한 미치광이가 쏜 총에 맞아 거의 죽을 뻔했다. 사경을 헤매며 병원에 누워 있던 그는 이렇게 말했다. "매일 밤 저는 모든 것, 그리고 모든 사람을 용서합니다."

너무 이상주의적인가? 우아함과 지성의 조화가 지나쳤나? 만일 그렇다면 《염세주의 연구Studies in Pessimism》라는 책을 쓴 독일의 위대한 철학자 쇼펜하우어Schopenhauer의 의견으로 화제를 돌려 보자. 그는 인생을 무익하고 고통스러운 모험으로 여겼다. 그의 걸음 걸음에서는 우울함이 묻어났다. 하지만 그렇게 깊은 절망에 빠져 있던 쇼펜하우어도 이렇게 외쳤다. "가능한 한 어느 누구에게 조금의 원한이라도 품어선 안 된다."

버나드 바루크는 윌슨, 하딩, 콜리지, 후버, 루스벨트, 트루먼 등 여섯 대통령의 믿음직한 고문관顧問官이었다. 언젠가 나는 그에게 적들로부터의 공격 때문에 당황한 적이 있는지 물어보았다. 그러자 그는 다음과 같이 대답했다. "제 자존심을 상하게 하거나 당황하게 할 수 있는 사람은 아무도 없습니다. 제가 그렇게 하게 놔두지 않으니까요."

우리가 그렇게 하도록 놔두지 않는 한, 당신과 나의 자존심을 상하게 하거나 당황하게 만들 수 있는 사람은 아무도 없다.

몽둥이와 돌로 내 뼈를 부러뜨릴 수는 있어도
말로는 결코 내게 상처를 주지 못한다.

오랜 세월 동안 인류는 원수들에 대해 원한을 품지 않았던 예수 같은 사람들 앞에 촛불을 밝혀 예배해 왔다. 나는 종종 캐나다에 있는 재스퍼 국립공원에 가서 서방 세계에서 가장 아름다운 산으로 꼽히는 에디스 카벨 산을 가만히 바라보곤 한다. 그 산의 이름은 1915년 10월 12일 독일군 총살 집행대 앞에서 성자처럼 죽음을 맞이한 영국인 간호사 에디스 카벨을 기리기 위해 그렇게 지어졌다. 그녀는 무슨 죄를 지었기에 그런 죽음을 맞이했을까? 그녀는 프랑스와 영국의 부상병들을 벨기에에 있는 자신의 집에 숨겨준 뒤 먹이고 치료해 주며, 그들이 네덜란드로 탈출하도록 도와주었다. 10월의 그날 아침, 임종 미사 준비를 위해 영국인 신부가 브뤼셀의 군교도소 내에 있던 에디스 카벨의 독방에 들어갔을 때, 그녀는 다음과 같은 말을 남겼다.

"나는 애국심만으로는 충분하지 않다는 것을 알고 있습니다. 나는 결코 다른 사람들을 증오하거나 원망하지 않을 것입니다."

이 두 문장은 오늘날까지 화강암과 청동에 새겨져 보존되고 있다. 그녀의 시신은 4년 뒤 영국으로 옮겨졌고 기념식을 거친 뒤 웨스트민스터 사원에 묻혔다. 예전에 1년간 런던에서 지냈을 때, 나는 종종 국립 초상화 전시실 맞은편에 서 있는 에디스 카벨의 동상 앞에 서서 화강암에 새겨진 그녀의 말을 읽곤 했다. "나는 애국심만으로는 충분하지 않다는 것을 알고 있습니다. 나는 결코 다른 사람들을 증오하거나 원망하지 않을 것입니다."

우리의 적들을 용서하고 잊을 수 있는 한 가지 확실한 방법은 우리 자신보다 무한히 큰 어떤 대의에 몰두하는 것이다. 그렇게 되면 그 대의 외에는 아무것도 염두에 없기 때문에 우리에게 닥치는 모욕이나 증오는 큰 문제가 되지 않을 것이다. 그러한 예로 1918년 미시시피의 소나무 숲에서 일어날 뻔했던 매우 극적인 사건 하나를 살펴보자. 그것은 다름 아닌 린치에 관한 사건이었다!

흑인 교사이자 목사였던 로렌스 존스는 린치를 당할 뻔했다. 몇 해 전 나는 그가 설립한 파이니 우즈 컨트리 스쿨을 방문해 학생들 앞에서 강연했던 적이 있다. 지금은 그 학교가 전국적으로 유명하지만 내가 말하려는 그 사건이 일어났을 당시에는 그렇지 않았다. 린치 사건은 제1차 세계대전으로 인해 사람들이 매우 감정적인 시기에 발생했다. 독일군이 흑인들로 하여금 폭동을 일으키도록 자극하고 선동한다는 루머가 중부 미시시피 지역에 돌았다. 내가 이미 언급했듯, 린치를 당할 뻔했던 로렌스 존스는 흑인이었고, 자신의 동족들을 선동해 폭동을 일으키려 한다는 누명을 쓰고 있었다. 교회 앞에 멈춰선 한 무리의 백인들은 그가 신도들을 향해 외치는 소리를 들었다. "인생은 전투입니다. 그 안에서 우리 흑인들은 반드시 무장하고 생존과 성공을 위해 싸워야 합니다."

'전투'와 '무장', 이 두 단어면 충분했다! 교회 밖에 서 있던 흥분한 백인 젊은이들은 말을 타고 밤길을 돌며 사람들을 모아 교회로 돌아왔다. 그러고는 목사를 밧줄로 묶은 뒤 1마일이나 떨어진 곳까지 끌고 가 장작더미 위에 세워 놓고는 성냥에 불을 붙이고 그의 교수형과 화형을 집행할 준비를 했다. 그때 누군가가 소리쳤다. "불을 붙이기 전에 저 빌어 먹을 놈의 이야기나 들어 봅시다. 연설! 연설!" 목에 밧줄을 매단 채 장작더미 위에 서 있던 로렌스 존스는 자신의 인생과 자신의 대의에 대해 이야기하기 시작했다. 그는 1907년에 아이오와 대학을 졸업했다. 훌륭한 성품과 뛰어난 학업 성적, 그리고 음악적 재능은 그를 학생들과 교수들 사이에서 유명 인사로 만들었다. 졸업을 하면서 그는 사업을 시작하면 도움을 주겠다는 한 호텔 경영자의 제의는 물론, 음악 공부에 필요한 자금을 지원해 주겠다는 한 부호의 제의도 거절했다.

왜 그랬을까? 그는 미래에 대한 열렬한 비전을 갖고 있었기 때문이다. 흑인 지도자 부커 T. 워싱턴Booker T. Washington의 전기를 읽은 그는 가난에 시달리고 교육의 기회를 제공받지 못하는 흑인들을 가르치는 데 자신의 인생을 바치겠다고 마음먹었다. 그리하여 그는 남부에서 가장 발전이 더딘 지역으로 갔다. 바로 미시시피 주 잭슨에서 남쪽으로 40킬로미터 떨어진 곳으로 말이다. 그리고 전당포에 시계를 맡기고 받은 1.65달러로 숲 속의 빈 공터에서 나무 그루터기를 책상삼아 학교를 열었다. 로렌스 존스는 그에게 린치를 가하기 위해 기다리고 있던 이 성난 군중에게 학교 교육을 받지 못한 아이들을 교육하느라, 그리고 그들이 훌륭한 농부와 기술자, 요리사, 가정주부가 되도록 가르치느라 고생했던 이야기를 들려주었다. 그는 자신이 파이니 우즈 컨트리 스쿨을 세우는 데 도움을 주었던 백인들에 대한 이야기도 했다. 그 백인들은 그에게 땅, 목재, 돼지, 소, 돈 등 그가 교육하는 데 도움이 될 것들을 주었다.

나중에 누군가로부터 "당신의 목을 매달고 불에 태우려 했던 사람들을 증오하지 않았습니까"라는 질문을 받았을 때, 로렌스 존스는 자신의 대의을 실현하기 위해 너무 바쁘고 그 자신보다 훨씬 더 큰 어떤 것에 너무나도 몰두했기 때문에 증오할 여유조차 없다고 대답했다. "저는 말다툼할 시간도, 후회할 시간도 없습니다. 그리고 아무도 그를 증오할 만큼 저를 경멸스럽게 만들 수도 없습니다."

로렌스 존스가 그 자신이 아닌 그의 대의에 대해 거짓 없는 감동적인 말로 연설하자 폭도들의 마음은 누그러지기 시작했다. 마침내 사람들 속에 있던 남부의 퇴역 군인 한 사람이 말했다. "이 친구가 거짓말하는 것 같지는 않군. 이 친구가 아까 말했던 백인들을 나는 알지. 좋은 일을 하고 있는 사람인데 우리가 실수했네. 이 사람을 목매달 것이 아니라 그를 도와야 해." 그 퇴역 군인은 자신의 모자를 사람들 사이로 돌려 52달러 40센트라는 돈을 모금했다. 파이니 우즈 컨트리 스쿨의 창립자를 목매달기 위해 그곳에 모였던 바로 그 사람들로부터 말이다. 로렌스 존스가 한 말이 바로 이 말이었다. "저는 말다툼할 시간도, 후회할 시간도 없습니다. 그리고 아무도 그를 증오할 만큼 저를 경멸스럽게 만들 수도 없습니다."

1,900년 전 에픽테토스는 "뿌린 대로 거둔다.", "운명은 거의 언제나 우리가 저지른 나쁜 짓에 대한 대가를 치르게 한다."라는 말을 남겼다. 또한 그는 다음과 같이 이야기하기도 했다. "결국 모든 사람은 자신이 저지른 나쁜 짓에 대한 대가를 치르게 된다. 이것을 기억하는 사람이라면 누구에게도 화를 내거나, 분노하거나, 비방하거나, 비난하거나, 감정을 상하게 하거나, 미워하지 않을 것이다."

아마 미국 역사상 링컨만큼 다른 사람들로부터 비난받고, 미움을 사고, 배신을 많이 당한 사람도 없을 것이다. 하지만 그의 자서전 중에서 최고로 꼽히는 헌든의 자서전에 따르면 "링컨은 절대 자신의 호불호의 감정에 따라 남을 판단하지 않았다. 주어진 역할을 수행함에 있어서는 자신의 적이라 할지라도 다른 사람들과 마찬가지로 잘할 수 있다는 것을 그는 알고 있었다. 자신을 헐뜯었거나 개인적으로 냉대했던 사람이라 해도 그 사람이 그 일의 적임자라고 여겨지면 링컨은 자신의 지지자에게 하는 것만큼이나 기꺼이 그에게 그 자리를 내주었다. …… 링컨은 어떤 사람이 자신의 적이거나 또는 자신이 싫어하는 사람이라는 이유로 그의 자리를 박탈한 적이 한 번도 없었다."

링컨은 자신이 고위직에 임명한 바로 그 사람들, 즉 맥클레런, 시워드, 스탠턴, 체이스 같은 사람들로부터 비난을 받거나 모욕을 당했다. 하지만 링컨의 법률적 파트너 헌든의 말에 따르면 그는 '자신이 한 일 때문에 칭찬받거나, 자신이 한 일 또는 하지 않은 일 때문에 비난받을 사람은 아무도 없다'고 믿었다. 왜냐하면 '모든 사람은 조건, 상황, 환경, 교육, 후천적 습관, 유전 형질이 만들어 낸 아이들이고, 그런 것들은 사람의 현재와 미래를 결정하기 때문'이다.

링컨이 옳았다. 만약 당신과 내가 우리의 적들과 똑같은 육체적, 정신적, 감정적 특징을 물려받았다면, 그리고 그들의 인생과 우리의 인생이 똑같다면 우리는 그들과 똑같이 행동할 것이다. 다른 행동을 한다는 것은 불가능하다.

다음에 소개될 수Sioux 부족 인디언들처럼 다음의 기도를 반복하여 관대한 마음을 갖도록 해 보자. "오, 위대하신 신이여, 제가 다른 사람의 입장이 되기 전에는 그 사람을 판단하거나 비난하지 않도록 해 주소서." 그러니 적들을 미워하는 대신 그들을 동정하고, 그들과 똑같은 삶을 살지 않게 해 주신 하느님께 감사하도록 하자. 적들에 대한 비난과 원한을 쌓아 올리는 대신 그들을 이해하고, 연민을 느끼고, 도움을 주고, 용서하고, 그들을 위해 기도하자.

나는 매일 밤마다 성서를 읽거나 성경에 나온 시편을 암송한 뒤 무릎을 꿇고 '가족 기도문'을 외우는 가정에서 자랐다. 내 귓가에는 아직도 미주리의 외딴 농가에서 내 아버지가 예수의 그러한 말씀들을 읊는 소리가 들리는 것 같다. 예수의 다음과 같은 말은 인간이 예수의 이상을 마음에 품고 사는 한 영원히 반복될 것이다. "네 원수를 사랑하라. 너희를 욕되게 하는 자들을 축복하고 너희를 미워하는 자들에게 선을 행하라. 그리고 너희를 모욕하고 핍박하는 자들을 위해 기도하라."

아버지는 예수의 이런 말씀대로 살려고 노력하셨다. 그리고 그 말씀들은 세상의 우두머리와 왕들이 얻으려고 노력했으나 얻지 못한 마음의 평화를 아버지에게 주었다.

우리에게 평화와 행복을 가져오는 정신 자세를 갖추고 싶다면,

| 마음가짐 2 |

결코 적에게 앙갚음하려 하지 말라. 그것은 적보다 우리 자신을 더 해친다. 아이젠하워 장군이 그랬던 것처럼, 우리가 좋아하지 않는 사람을 생각하는 데 단 1분이라도 낭비하지 말자.

Let's never try to get even with our enemies, because if we do we will hurt ourselves far more than we hurt them. Let's do as General Eisenhower does let's never waste a minute thinking about people we don't like.

190

3.

감사할 줄 모르는 사람들에게
상처받지 않는 법

최근 나는 텍사스 주에서 한 사업가를 만났는데, 그는 화가 잔뜩 나 있었다. 그는 자신을 만나면 만난 지 15분도 안 되어 자신이 화난 이유를 듣게 될 것이라고 했는데 실제로 그랬다. 그를 분노하게 만든 그 일은 11개월 전에 일어난 것이었지만 그는 여전히 화를 삭이지 못하고 있었다. 그는 그 일 말고는 다른 어떤 것도 이야기할 수 없었다. 크리스마스 보너스로 서른 네 명의 직원들에게 1만 달러를, 그러니까 한 사람당 약 300달러씩을 나눠 주었는데, 아무도 그에게 고맙다는 말을 하지 않았다는 것이다. 그는 씩씩거리면서 이렇게 말했다. "그들에게 한 푼이라도 줬다는 사실이 후회스럽습니다."

공자는 "성난 사람은 언제나 독으로 가득 차 있다."라고 말했다. 그 사람은 독이 찰 대로 차 있어서 솔직히 불쌍해 보이기까지 했다. 그의 나이는 60세 정도였다. 오늘날 생명보험사들은 우리가 평균적으로 80세에서 현재 나이를 뺀 것의 3분의 2 정도를 조금 넘긴 나이까지 살 것이라 계산한다. 그러니까 이 사람은 운이 좋다면 대략 14년 내지 15년 정도를 더 살 수 있을 것이다. 하지만 그는 이미 자신의 남은 인생 중 거의 1년을 지나간 과거의 일에 대한 비통함과 분개로 허비해 버렸다. 나는 그가 불쌍했다.

그는 분노와 자기연민에 젖어 있는 대신 왜 본인이 감사 인사를 듣지 못했는지 스스로에게 물어봤어야 했다. 어쩌면 그는 직원들의 급료를 충분히 주지 않으면서 일은 과도하게 시켰는지도 모른다. 어쩌면 그 직원들은 그들이 받은 크리스마스 보너스를 일종의 선물이 아닌, 당연히 받아야 할 것으로 여겼을 수도 있다. 혹은 그가 너무 깐깐하고 쌀쌀맞아서 아무도 감히 고맙다고 말할 엄두를 내지 못했을지도 모른다. 또는 직원들은 어차피 세금으로 나갈 돈을 보너스로 받은 것이라고 생각했을 수도 있다.

하지만 다른 한편으로 어쩌면 그 직원들은 이기적이고, 인색하고, 버릇없는 사람들일지도 모른다. 이런 이유 때문일 수도 있고 저런 이유 때문일 수도 있다. 당신이 그 일에 관해 자세히 알지 못하는 것처럼 나도 잘 모른다. 하지만 새뮤얼 존슨Samuel Johnson 박사가 했던 말은 알고 있다. "감사하는 마음은 숭고한 수양修養의 열매다. 저속한 사람들에게서는 그 열매를 찾을 수 없다."

내가 하고자 하는 말의 요점은 이것이다. 그 사람은 감사를 기대하는, 인간적이고도 괴로운 실수를 범했다. 그는 단지 인간의 본성을 알지 못했던 것이다.

만일 당신이 누군가의 목숨을 구해 주었다면, 당신은 그 사람이 감사할 것이라 생각하는가? 아마 그럴 것이다. 하지만 훗날 판사가 되기 전에 형사사건 전문 변호사로 이름을 날렸던 새뮤얼 라이보비츠Samuel Leibowitz는 전기의자에서 죽을 뻔한 사형수 78명의 목숨을 구해 주었다. 당신의 생각에는 그 사람들 중 그를 찾아가 감사 표현을 했거나, 또는 크리스마스 카드라도 한 장 보낸 사람이 몇 명이나 될 것 같은가? 그렇다. 아무도 없었다.

예수는 어느 날 열 명의 나병환자를 치료해 주었다. 하지만 그 환자들 중 몇 명이나 예수를 찾아가 감사를 표현했을까? 단 한 명뿐이었다. 성경의 누가복음을 찾아보라. 예수가 그의 제자들을 돌아보며 물었다. "나머지 아홉은 어디에 있느냐?" 그들은 모두 도망가고 없었다. 고맙다는 말 한마디 없이 사라져 버린 것이다. 하나만 물어보겠다. 왜 당신이나 나는, 혹은 텍사스 주의 그 사업가는 우리가 베푼 작은 친절을 이유로 예수가 받은 감사보다 더 큰 감사를 기대하는 것일까?

돈과 관련된 일에서는 더 그렇다. 이 경우에는 더 절망적이다. 찰스 슈워브Charles Schwab는 예전에 은행 소유의 펀드로 주식 투기를 했던 은행원을 구해 준 적이 있다고 내게 말했다. 슈워브는 그 사람이 교도소에 가는 것을 막기 위해 대신 돈을 갚아 주었다. 그 은행원은 고마워했을까? 물론이다. 아주 잠깐 동안은 말이다. 그러다 그는 슈워브에게 적의를 품고 그를 비방하고 비난했다. 본인이 감옥에 가는 것을 막아 준 바로 그 사람을 말이다!

만약 당신이 친척에게 100만 달러를 준다면 그가 고마워하길 바라는

가? 앤드류 카네기Andrew Carnegie가 바로 그랬다. 하지만 만약 그가 무덤에 잠깐 있다가 돌아왔다면 그를 비난하는 친척을 보고 큰 충격을 받았을 것이다. 왜 그랬을까? 그가 공공자선단체에는 3억 6,500만 달러라는 큰돈을 기부했으면서 그 친척에게는 그의 표현을 빌자면 '겨우 1백만 달러만 주고 땡'이었기 때문이다.

이런 식이다. 인간의 본성은 언제나 그런 것이다. 그리고 아마 당신이 살아 있는 동안 그 본성은 절대로 변하지 않을 것이다. 그러니 그것을 받아들이는 것이 어떨까? 로마 제국을 통치했던 황제들 중 가장 현명한 인물로 꼽히는 마르쿠스 아우렐리우스처럼 인간 본성에 대해 현실적인 사람이 되는 것은 어떻겠는가? 그는 어느 날 자신의 일기에 이렇게 썼다. "나는 오늘 지나치게 수다스러운 사람들과 만날 예정이다. 그들은 이기적이고, 남의 말은 듣지 않으며, 고마워할 줄 모른다. 그러나 나는 놀라거나 당황하지 않을 것이다. 그런 사람들이 없는 세상은 상상할 수 없기 때문이다."

맞는 말이다. 그렇지 않은가? 만일 당신과 내가 감사할 줄 모르는 사람들에 대해 불평하고 돌아다닌다면 누구에게 책임이 있다 할 수 있겠는가? 인간의 본성? 아니면 그것에 대한 우리의 무지? 남들이 우리에게 고마워하기를 기대하지 말자. 그러면 어쩌다 감사의 표현을 받기라도 했을 때 매우 반갑고 놀라울 것이다. 또한 감사 표현을 받지 못하더라도 기분이 상하지는 않을 것이다.

이번 장에서 내가 말하고자 하는 첫 번째 요점이 바로 이것이다. 사람들이 감사하는 것을 잊어버리는 것은 자연스러운 현상이다. 그러므로 다른 사람들이 감사하는 마음을 갖길 기대하는 것은 우리 마음을 아프게 하는 지름길이다.

나는 뉴욕에 사는 한 여성을 알고 있는데, 그녀는 항상 외롭다고 불평을 늘어놓는다. 그녀의 친인척 중 어느 한 명도 그녀에게 선뜻 다가가려 하지 않는 것은 당연하다. 만일 당신이 그녀를 방문한다면 조카딸들이 어렸을 때 그녀가 아이들을 위해 했던 일들에 대한 이야기를 몇 시간이고 듣고 있어야 할 것이다. 그 아이들이 홍역, 볼거리, 백일해에 걸렸을 때 간호했던 이야기, 몇 년 동안이나 그 아이들에게 숙식을 제공한 이야기, 그 아이들 중 한 명이 경영대학원에 가는 데 도움을 줬던 이야기, 나머지 한 아이는 그녀가 결혼하기 전까지 데리고 살았다는 이야기 등을 말이다.

그 조카딸들이 그녀를 만나러 올까? 물론 가끔씩 의무감 때문에 오긴 한다. 하지만 그들은 그런 방문조차 두려워했다. 그들은 몇 시간이고 앉아서 잔소리 아닌 잔소리를 듣고 있어야 한다는 것을 알고 있었다. 그들은 신랄한 불평과 자기연민의 한숨이 끝도 없이 계속되는 지루한 이야기들을 계속 듣고 있어야 할 것이다. 또한 그녀에게는 조카들에게 더 이상 억지로 자신을 찾아오게 해서 야단치고 들볶지 못하게 될 때 사용하는 '비장의 무기'가 있었다. 그것은 바로 심장발작이었다.

그 심장발작은 진짜일까? 그렇다. 의사들의 말에 따르면 그녀는 '신경성 심장'을 갖고 있고, 심계항진心悸亢進을 앓고 있다고 했다. 하지만 의사들은 그녀의 질병에 대해 할 수 있는 처방이 아무것도 없다고 말했다. 그녀의 문제는 정신적인 것이었기 때문이다.

이 여성이 진정으로 원하는 것은 사랑과 관심이다. 하지만 그녀는 그것을 '감사하는 마음'이라고 불렀다. 그녀는 사랑과 감사를 강요하고 있기 때문에 절대 그것을 받지 못할 것이다. 그녀는 그것을 당연히 받아야 하는 것으로 생각한다.

그녀처럼 감사할 줄 모르는 사람, 외로움, 무관심 때문에 병을 얻은 여성들은 아주 많다. 그들은 사랑받기를 애타게 원한다. 그러나 이 세상에서 사랑받는 것을 기대할 수 있는 방법은 단 한 가지, 즉 사랑을 요구하는 것을 멈추고 아무런 대가 없이 사랑을 쏟아 주는 것뿐이다.

순전히 비현실적이고 관념적인 이상주의처럼 들리는가? 그렇지 않다. 이건 상식이자 우리가 그토록 원하는 행복을 얻기 위한 훌륭한 방법이다. 나는 확실히 알고 있다. 바로 내 가족 중에서도 그런 경우가 있었기 때문이다. 나의 어머니와 아버지는 기쁨을 위해 다른 사람들에게 도움을 베풀었다. 우리는 가난했고 항상 빚에 쪼들리며 살았다. 그러나 가난한 살림에도 아버지와 어머니는 매년 어떻게 해서든 고아원에 돈을 보냈다. 아이오와 주 카운실블러프스에 있는 '크리스천 홈'이라는 곳이 그곳이다. 어머니와 아버지가 직접 그곳을 방문한 적은 한 번도 없다. 편지 말고는 아마 아무도 부모님의 기부에 대해 고맙다고 인사한 적이 없을 것이다. 하지만 아버지 어머니는 훌륭한 보답을 받았다. 기부에 대한 감사의 표현이 돌아오길 바라거나 기대하지 않고 어린아이들을 돕는다는 기쁨을 느꼈기 때문이다.

나는 집을 떠난 뒤, 매년 크리스마스에 아버지와 어머니 앞으로 수표를 보내 드리곤 했다. 당신들을 위한 소박한 사치라도 좀 누려 보시라고 말이다. 하지만 부모님이 그러셨던 적은 거의 없었다. 크리스마스 전에 집에 갈 때면 아버지께서는 자식은 많은데 음식이나 연료를 살 돈이 없는 '과부댁'에 주려고 사신 석탄과 식료품에 대해 말씀하시곤 하셨다.

그 선물들 덕에 부모님이 얻은 기쁨, 그것은 어떠한 보답도 기대하지 않은 베풂의 기쁨이었다.

나는 아리스토텔레스가 묘사한 이상적인 인간에 거의 딱 들어맞는 사람이 바로 아버지가 아니었나 생각한다. 이상적인 인간은 가장 행복할 자격이 있는 사람이다. 아리스토텔레스는 말했다. "이상적인 인간은 다른 사람들을 위한 호의를 베풀어 기쁨을 얻는다. 그러나 그는 다른 사람들이 그에게 호의를 베푸는 것을 부끄럽게 여긴다. 왜냐하면 친절을 베푸는 것은 우월함의 상징이지만 그것을 받는 것은 열등함의 상징이기 때문이다."

이번 챕터에서 내가 말하고자 하는 두 번째 요점은 이것이다. 행복하길 원한다면 다른 사람이 그것에 감사해하는지 아닌지를 생각하지 말고, 베푸는 것에서 얻는 내적 기쁨을 위해 베풀자.

수천 년 동안 부모들은 자신의 자녀들이 부모에 대한 은혜를 모른다는 생각에 머리를 쥐어뜯어 왔다. 심지어 셰익스피어의 리어왕도 "고마워할 줄 모르는 아이를 갖는다는 것은 뱀의 이빨보다 날카롭구나!"라고 말하지 않았는가.

하지만 우리가 아이들에게 감사하라고 가르치지 않을 경우, 아이들이 감사해야 하는 이유가 무엇이겠는가? 감사하지 않는 것은 잡초만큼이나 자연스러운 것이다. 감사하는 마음은 한 송이 장미와 같아서 양분과 물을 줘야 하고 가꾸며 사랑하고 보호해 줘야 피어난다.

만일 우리의 아이들이 고마워하지 않으면 누구를 욕해야 하는가? 아마 우리일 것이다. 다른 사람에게 감사하는 마음을 표현해야 한다고 아이들을 가르치지 않은 우리가 어떻게 아이들이 우리에게 감사하는 마음을 갖길 기대할 수 있겠는가?

시카고에 사는 내가 아는 한 남자는, 두 의붓아들들이 자신에게 고마워할 줄 모른다고 불평할 만한 이유를 갖고 있다. 그는 상자를 만드는 공장에서 뼈 빠지게 일했지만 1주일에 40달러 이상 버는 때가 좀처럼 거의 없었다. 그는 아들 둘이 있는 한 과부와 결혼했고, 그녀는 그에게 돈을 빌리게 한 뒤 그 돈으로 두 아들을 대학에 진학시켰다. 그가 버는 주급 40달러는 음식과 옷, 연료를 사고 집세를 내는 것은 물론 빌린 돈을 갚아 나가는 데 써야 했다. 그는 4년간 아무런 불평 없이 노예처럼 일하면서 그렇게 살았다.

과연 그가 고맙다는 말 한마디라도 들어 보았을까? 전혀 아니었다. 그의 아내는 그런 일들을 모두 당연하다고 여겼고, 아들들 역시 마찬가지였다. 그들은 본인들이 의붓아버지에게 신세를 졌다는 생각은커녕 고맙다는 생각조차도 해 본 적이 없었다.

누구를 욕해야 하는가? 두 아들? 맞다. 하지만 더 큰 책임은 그들의 어머니에게 있었다. 그녀는 이제 인생을 막 시작하는 두 아이들에게 '채무 의식'으로 부담을 주는 것을 부끄럽게 여겼다. 아들들이 인생을 '빚진 상태로 시작하는 것'을 원치 않았던 것이다. 그래서 그녀는 "너희들이 대학까지 가도록 도와주셨으니 아버지는 얼마나 대단한 분이시니!"와 같은 말을 하는 것은 상상조차 하지 않았다. 대신 그녀는 이런 태도를 취했다. "아버지라면 최소한 이 정도는 해 줘야 하는 것 아니겠니?"

그녀는 자신이 아이들을 아낀다고 생각했다. 하지만 사실 그녀는 아이들로 하여금 자신들을 돌봐 줘야 하는 것은 세상이라는 위험한 생각을 갖게 한 채 삶의 현장에 보내고 있었다. 실제로 그 생각은 위험한 것이었다. 두 아들들 중 하나가 고용주에게 자신의 말로는 '돈을 빌리려고' 하다가 끝내 감옥에 갔기 때문이다!

우리의 아이들은 반드시 우리가 가르치는 대로 자란다는 사실을 기억해야 한다. 나의 이모 비올라 알렉산더의 경우가 그 예에 해당한다. 미니애폴리스의 웨스트 미네하하 파크웨이 144번지에 사는 이모는 아이들이 고마워하지 않는다고 불평할 만한 이유가 전혀 없는 여성의 대표적인 본보기라 할 수 있다. 내가 어렸을 때, 비올라 이모는 자신의 친정어머니와 시어머니를 집으로 모셔 와 사랑으로 돌봐 드렸다. 나는 아직도 눈을 감으면 연세 지긋한 그 두 분이 비올라 이모 집 벽난로 앞에 앉아 계시던 모습이 생생하게 떠오른다. 그 두 분은 비올라 이모에게 '성가신 존재'였을까? 내 생각에 가끔은 그랬을 것 같다. 하지만 이모의 태도에서는 절대 그런 것이 느껴지지 않았다. 그녀는 두 분을 사랑했다. 그녀는 그분들을 아주 소중히 대했고, 그분들이 원하시는 것을 다 들어주면서 편안한 마음으로 지내시도록 해 드렸다. 게다가 비올라 이모에게는 아이들이 여섯이나 있었다. 하지만 이모는 그 두 분을 집에 모시고 있다 해서 그것이 특별히 고상한 일이라거나 어떤 칭찬을 받을 일이라고는 생각하지 않았다. 이모에게 있어 그것은 자연스러운 일, 옳은 일, 자신이 원하는 일이었을 뿐이다.

지금 비올라 이모는 어떻게 살고 계실까? 남편을 잃고 홀로 20년이라는 세월을 보낸 이모에게는 장성한 다섯 아이들이 있다. 각각 가정을 꾸린 그 아이들은 모두 이모를 자기 집에 모시겠다고 야단이다. 이모의 자녀들은 모두 이모를 좋아한다. 그들은 정말로 이모를 소중히 여겼다. 감사하는 마음 때문일까? 그럴 리가! 그것은 사랑, 순전히 사랑 때문이다.

그들은 어린 시절 내내 온정과 눈부신 인정 속에서 숨 쉬고 살았다. 이제 상황이 바뀌었으니 그들이 받은 사랑을 돌려주는 것은 전혀 놀라울 일이 아니지 않은가?

그러므로 아이가 고마움을 알게 키우려면 우리가 먼저 다른 사람에게 고마워할 줄 아는 사람이 되어야 한다는 것을 기억하자. 그리고 "아이들은 귀가 밝다."라는 말을 명심해서 우리가 하는 말에 주의하자. 다른 누군가의 친절을 깎아 내리고 싶더라도 아이들이 보는 앞이라면 일단 멈추자. "수 언니가 크리스마스 선물로 보내 준 이 행주들 좀 봐라. 직접 만들었대. 하여간에 1원 한 푼도 안 쓰려고 한다니까!"라는 식으로는 절대로 이야기하지 말자. 우리에게는 별것도 아닐 이런 이야기지만 아이들은 유심히 듣고 있다. 그러니 대신 이렇게 말해 보자. "수 언니가 크리스마스 선물로 이 행주들을 만드느라 얼마나 애썼을까? 참 좋은 분이지? 지금 바로 고맙다는 편지를 써 보자꾸나." 그러면 우리의 아이들은 무의식적으로 칭찬과 감사의 습관을 익히게 된다.

감사할 줄 모르는 사람들에 대해 분노하거나 기분을 상하고 싶지 않다면,

1. 감사할 줄 모른다고 분노하지 말고 아예 그런 기대를 갖지 말라. 예수는 하루에 열 명의 나병 환자를 고쳐 주었지만 그중 오직 한 명만이 감사했음을 기억하자. 우리가 예수보다 더 많은 감사를 받아야 할 이유가 있는가?

2. 행복을 찾는 유일한 길은 감사를 받을 것이라 기대하는 것이 아니라 베푸는 것에서 오는 즐거움 때문에 베푸는 것이다.

3. 감사에는 '교육되는' 특징이 있다는 것을 기억하자. 따라서 자녀들이 감사하는 사람이 되기를 원한다면, 그들에게 감사하는 법을 가르쳐야 한다.

1. Instead of worrying about ingratitude, let's expect it. Let's remember that Jesus healed ten lepers in one day—and only one thanked Him. Why should we expect more gratitude than Jesus got?

2. Let's remember that the only way to find happiness is not to expect gratitude, but to give for the joy of giving.

3. Let's remember that gratitude is a "cultivated" trait; so if we want our children to be grateful, we must train them to be grateful.

4.

백만 달러보다
가치 있는 것

나는 헤럴드 애버트와 오랫동안 알고 지냈다. 미주리 주 웹시티 사우스매디슨 가 820번지에 살고 있는 그는 내 강의 스케줄을 잡아 주는 사람이었다. 어느 날 우리는 캔자스시티에서 만났고 그는 나를 미주리 주 벨튼에 있는 농장까지 차로 태워 주었다. 그렇게 차를 타고 오는 동안 나는 그에게 걱정을 멀리하는 방법에 대해 물었고 그는 내가 결코 잊지 못할 이야기를 들려주었다.

저는 걱정이 많은 사람이었습니다. 하지만 1934년 봄의 어느 날, 웹시티의 웨스트도허티 거리를 걷던 저는 제 모든 걱정들을 사라지게 만든 광경을 목격했습니다. 그것은 10초 동안에 일어난 일이었지만 그 10초 동안 저는 인생을 살아가는 방법에 대해 이전 10년 동안 배웠던 것보다 더 많은 것을 배울 수 있었습니다. 저는 2년 동안 웹시티에서 식료품점을 운영했습니다. 하지만 저축했던 돈을 다 잃고 7년 동안 갚아야 할 빚도 지게 되었지요. 제가 운영했던 식료품점은 그 일이 일어나기 전 주 토요일에 문을 닫았습니다. 그래서 저는 캔자스시티로 가서 일자리를 구해 보려고 머천트 앤드 마이너 은행에 대출을 받으러 가던 중이었습니다. 저는 피폐한 사람처럼 길을 걷고 있었습니다. 투지나 확신도 모두 잃은 상태였죠.

그러다 갑자기 길을 내려오고 있는 한 사람을 보게 되었습니다. 그 사람에게는 다리가 없었습니다. 그는 롤러스케이트 바퀴를 단 작은 나무판에 앉아 있었는데, 양손에 쥔 나무토막으로 땅바닥을 밀며 앞으로 나아갔습니다. 그는 길을 건너 인도의 턱을 오르기 위해 스스로 몸을 들어올리기 시작했습니다. 그가 타고 내려온 작은 나무판을 기울이는 순간 저는 그와 눈이 마주쳤습니다. 그는 당당한 미소로 제게 인사했습니다. '안녕하세요. 날씨 좋죠?' 그는 기운찬 목소리로 말했습니다. 서서 그를 보고 있던 저는 제가 얼마나 부유한 사람인지 깨달았습니다. 저는 두 다리가 있었고, 걸을 수도 있었습니다. 자기연민에 빠져 있던 제가 부끄러웠습니다. 다리가 없이도 행복하고 자신감을 가질 수 있다면 다리가 있는 저 역시 분명 그럴 수 있다고 저 자신에게 말했습니다. 그러자 가슴이 마구 부풀어 오르는 것 같았습니다. 원래 저는 머천트 앤드 마이너 은행에서 100달러만 대출받으려고 마음먹고 있었지만, 200달러를 대출해 달라고 말할 용기도 생겼습니다. 원래 캔자스시티에 가서 일자리를 구하고 싶다고 말할 생각이었지만 이제는 일자리를 구하러 캔자스시티에 간다고 자신 있게 말했습니다. 저는 대출도 받았고 일자리도 구했습니다. 요즘 저는 다음과 같은 구절을 화장실 거울에 붙여 놓고 매일 아침 면도할 때마다 읽어 봅니다.

신발이 없어서 우울했다.
길에서 다리가 없는 사람과 마주치기 전까지는.

언젠가 나는 미국 전투기 조종사였던 에디 리켄베커Eddie Rickenbacker에게 21일 동안 태평양 한가운데에서 아무런 희망도 없이 구명보트에 의지해 표류하고 있었을 때 얻은 가장 큰 교훈이 무엇인지 물어보았다. 그는 이렇게 말했다. "그 경험을 통해 제가 얻은 가장 큰 교훈은, 마시고 싶을 때 마실 수 있는 맑은 물과 먹고 싶을 때 먹을 수 있는 음식을 가졌다면 그 어떤 것에 대해서도 절대 불평해선 안 된다는 것입니다."

〈타임〉지는 과달카날 섬에서 부상을 입은 하사관에 대한 기사를 실었다. 포탄 파편에 목을 다친 이 하사관은 무려 일곱 차례의 수혈을 받았다. 그는 글로 적어 의사에게 물었다. "제가 살 수 있나요?" 의사는 "물론입니다."라고 대답했다. 그는 두 번째 질문을 적었다. "제가 말을 할 수 있을까요?" "물론입니다." 그러자 그는 또 다른 글을 적었다. "그렇다면 도대체 내가 지금 뭘 걱정하고 있는 거지?" 지금 당장 스스로에게 이렇게 물어보는 것은 어떤가? "도대체 나는 지금 뭘 걱정하고 있는 걸까?" 아마 당신이 걱정하고 있는 것은 비교적 중요하지 않고 사소한 것이라는 사실을 알게 될 것이다.

우리의 삶에서 90퍼센트는 정상적인 것이고 문제가 있는 것은 10퍼센트 정도다. 우리가 행복해지길 원한다면 문제가 있는 10퍼센트는 무시하고 정상적인 90퍼센트에 집중하기만 하면 된다. 걱정하고 괴로워하고 위궤양에 걸리고 싶으면 영광에 넘치는 90퍼센트는 무시하고 문제가 있는 10퍼센트에 집중하면 된다.

영국의 수많은 청교도적 교회들에는 '생각하라. 그리고 감사하라.'라는 글이 새겨져 있다. 이 말은 우리 마음속에도 새겨 두어야 한다. '생각하라. 그리고 감사하라.' 우리가 감사해야 할 모든 것들에 대해 생각하고 우리가 입은 혜택과 은혜에 대해 하느님께 감사하라.

《걸리버 여행기Gulliver's Travels》의 작가 조너선 스위프트Jonathan Swift는 영문학 역사상 가장 지독한 염세주의자였다. 그는 자신이 세상에 태어난 것을 비참하게 생각하여 생일에 검은 옷을 입고 단식을 했다. 그러나 그런 절망 속에서도, 이 영국 문학사상 최고 염세주의자는 명랑과 행복이 건강을 증진시키는 가장 위대한 힘을 가졌다고 칭송했다. 그는 이렇게 단언했다. "이 세상 최고의 의사는 식이요법 선생, 평온함 선생, 광대 선생이다." 당신과 나는 우리가 가진 놀라운 부에 집중함으로써 하루 매 시간 공짜로 '광대 선생'의 도움을 받을 수 있다. 우리가 가진 부는 알리바바가 거짓으로 지어낸 보물보다 훨씬 크다. 당신은 10억 달러에 양쪽 눈을 팔겠는가? 두 다리를 팔고 얼마를 받을 것인가? 두 손은? 귀는? 당신의 아이들은? 당신의 가족은? 당신의 자산을 다 합쳐 보면 당신이 가진 것들이 록펠러, 포드, 모건의 재산을 다 합친 것과도 바꿀 수 없는 것들임을 알게 될 것이다.

하지만 우리는 우리가 가진 것들에 대해 감사하고 있는가? 그렇지 않다. 쇼펜하우어는 이렇게 말했다. "우리는 우리가 가진 것에 대해서는 거의 생각하지 않고 항상 우리에게 없는 것을 생각한다." 그렇다. '우리가 가진 것에 대해서는 거의 생각하지 않고 항상 우리에게 없는 것을 생각'하는 풍조는 세상에서 가장 큰 비극이다. 그것은 역사에 남은 모든 전쟁과 질병들보다도 더 큰 재난을 야기했을 것이다. 그러한 풍조는 존 팔머가 '괜찮은 친구에서 불평 많은 노인네'로 변하고 집안에서 거의 폐인이 되다시피 하는 원인이 되었다. 내가 그 사실을 아는 이유는 그가 그렇게 말했기 때문이다. 팔머는 뉴저지 주 패터슨 19번 가 30번지에 살고 있다. 그는 이렇게 말했다.

군 제대 후 얼마 지나지 않아 저는 사업을 시작했습니다. 밤낮을 가리지 않고 열심히 일했죠. 모든 일이 잘 풀렸습니다. 그러다가 문제가 생기기 시작했어요. 부품과 재료를 구할 수 없게 된 겁니다. 사업을 그만둬야 하는 것은 아닌지 걱정되었습니다. 과도한 걱정으로 인해 저는 꽤 괜찮은 친구에서 불평 많은 노인네로 변했습니다. 당시에는 알지 못했지만 지금 와서 생각해 보면, 너무 심술궂고 신경질적인 사람이 되어 버린 탓에 저는 행복한 가정을 잃을지도 모르는 상황에까지 가 있었습니다.

그러던 어느 날 같이 일하던, 젊지만 장애를 가지고 있었던 퇴역 군인이 말했습니다. '조니, 당신은 부끄러운 줄 아세요. 마치 이 세상에서 괴로움을 가진 사람은 당신밖에 없는 것처럼 구는군요. 가령 가게 문을 당분간 닫아야 한다고 가정해 봐요. 그게 뭐 큰일인가요? 사정이 좋아지면 다시 시작할 수 있잖아요. 당신에게는 감사해야 할 일들이 아주 많아요. 그런데도 당신은 항상 투덜대잖아요. 이봐요, 내가 당신

입장이었다면 정말 좋겠네요. 나를 보세요. 팔도 하나밖에 없고 얼굴의 반은 사라졌죠. 그런데도 나는 불평하지 않아요. 계속 불평하고 투덜거린다면 당신의 사업뿐 아니라 건강, 가정, 친구들도 잃게 될 거예요!' 나는 그 말을 들은 즉시 습관처럼 불평하던 태도를 고쳤습니다. 그 말 덕분에 저는 제가 그동안 얼마나 유복하게 살았는지 깨달았습니다. 저는 즉시 그 자리에서 변하고자 결심했고 제 예전 모습을 되찾기로 마음먹었습니다. 그리고 실제로 그렇게 했습니다.

내 친구 중에 루실 블레이크라는 사람이 있다. 그녀는 자기가 가지지 못한 것을 걱정하는 대신 이미 갖고 있는 것만으로도 행복해질 수 있다는 사실을 배우기 전까지는 비극적인 사건에 빠질 위기에 처해 있었다. 나와 루실은 오래전 컬럼비아 대학 언론대학원에서 단편소설 쓰는 법을 공부하던 때에 만났다. 9년 전 그녀는 충격적인 일을 겪었다. 그녀는 당시 애리조나 주 투산에 살고 있었다. 이제부터 그녀가 내게 해 준 이야기를 들어보자.

나는 정신없이 바쁘게 살고 있었어. 애리조나 대학에서 정부 조직에 대해 배우던 중이었고, 시내에 있는 언어장애교정소에서 강사로 일했고, 내가 머물고 있던 데저트 윌로우 목장에서는 음악 평론 수업에서 교습도 했거든. 밤에는 파티, 무도회, 승마 모임 같은 곳에 참여했지. 그러다 어느 날 아침 나는 쓰러지고 말았어. 심장에 문제가 있었던 거야. 의사는 이렇게 말했어. '전적으로 안정을 취하면서 1년 정도 침대에 누워 있어야 합니다.' 의사는 내가 회복될 수 있다고 믿을 용기도 주지 않았어.

1년 동안 침대에만 있으라니! 환자가 되다니. 어쩌면 죽을 수도 있었어. 왜 이런 일이 내게 일어났지? 내가 무슨 잘못을 했다고? 나는 울고 또 울었어. 나는 괴로운 마음에 매사에 반항적이었지. 하지만 의사의 권고대로 침대에 누워 지냈어. 내 이웃 중에 루돌프라고 예술을 하는 사람이 있는데, 내게 이렇게 말하더군. '당신이 지금 그렇게 침대에 누워 1년을 보내는 것이 비극이라고 생각되겠죠. 하지만 그렇지 않을 거예요. 당신 자신에 대해 생각하고 자신을 알아 가는 시간이 될 수 있을 테니까요. 당신의 이전 삶을 다 합친 것보다 앞으로의 몇 달 동안 당신은 정신적으로 더욱 성숙해질 거예요.'

나는 마음을 가라앉히고 새로운 가치를 찾기 위해 노력했어. 영감을 주는 책도 여러 권 읽었지. 어느 날 라디오 방송에서 진행자가 이런 하는 말을 듣게 됐어. '여러분은 여러분 자신 안에 있는 의식만을 표현할 수 있습니다.' 이런 말은 전에도 여러 번 들어봤지만 그제야 마음에 와 닿아 뿌리를 내렸어. 나는 생활의 지침으로 삼을 생각들만 하기로 결심했지. 기쁜 생각, 행복, 건강 같은 것들 말이야. 매일 아침 일어나자마자 내가 감사해야 할 것들을 떠올려 보려고 노력했어. 고통이 없는 것, 사랑스러운 딸, 시력, 청력, 라디오에서 흘러나오는 아름다운 음악, 책 읽을 시간이 있다는 것, 맛있는 음식, 좋은 친구들. 나는 너무나 기분이 좋았어. 그리고 나를 찾아와 주는 사람들이 많아서 의사는 정해진 시간 내에, 한 번에 한 명의 방문객만 허락한다는 말이 쓰인 종이를 병실 앞에 붙여 놓았지.

그로부터 9년이라는 세월이 흐른 지금, 나는 지금 알차고 활기찬 삶을 살고 있어. 지금은 침대에서 보낸 그날들에 대해 너무나도 감사해하고 있지. 애리조나에서 보낸 그때가 가장 소중하고 행복한 시간이었어. 매일 아침마다 내가 감사해야 할 것들을 헤아리던 습관은 아직도 남아 있어. 그건 나의 가장 소중한 재산 중의 하나야. 내가 죽을 거라는 두려움에 빠지고 나서야 살아가는 법을 배우게 됐다는 사실이 부끄러워.

사랑하는 내 친구 루실 블레이크. 너는 몰랐겠지만, 새뮤얼 존슨 박사가 200년 전에 배웠던 것과 똑같은 교훈을 너도 얻은 거란다. 존슨 박사는 이렇게 말했다. "모든 사건의 가장 좋은 점을 보는 습관이 1년에 수천 파운드를 버는 것보다 더 가치 있다." 위의 말은 낙천주의에 관한 전문가가 한 말이 아니라 20년 동안 근심, 가난, 굶주림을 경험한 뒤 마침내 당대 최고의 작가, 그리고 고금을 통틀어 가장 이름 높은 화술가가 된 한 사람이 한 말임을 알아 두기 바란다.

로건 피어설 스미스Logan Pearsall Smith는 커다란 지혜를 다음과 같이 몇 개의 단어로 압축했다. "인생의 목표로 삼아야 할 두 가지가 있다. 하나는 당신이 원하는 것을 얻는 것이고, 다른 하나는 그것을 즐기는 것이다. 가장 현명한 사람만이 두 번째 것을 성취할 수 있다." 부엌에서 설거지하는 일조차 감동적인 경험으로 만드는 법을 알고 싶은가? 그렇다면 보길드 달Borghild Dahl이 쓴 책들 중 무한한 용기에 관한 영감을 불러일으키는 책을 읽어 보라. 그 책의 제목은 '나는 보기를 원했다I Wanted to See'다. 이 책은 실제로 50년 동안 앞을 보지 못한 한 여성이 썼다는데, 그녀는 책에서 이렇게 말했다. "나는 눈이 하나밖에 없었는데 그마저도 심한 상처로 뒤덮여 있어 눈 왼쪽에 난 작은 틈으로 보는 것이 내 시야의 전부였다. 책을 보려면 거의 얼굴에 책을 붙이다시피 하고 눈을 최대한 왼쪽으로 돌려야만 했다."

하지만 그녀는 동정을 받거나 '특별한 사람'으로 여겨지는 것을 거부했다. 어렸을 때, 그녀는 다른 아이들과 돌차기 놀이를 하며 놀고 싶었지만 표적을 볼 수 없었다. 그래서 다른 아이들이 집으로 간 뒤에도 놀이터에 남아 눈에 표적을 익히기 위해 눈을 줄에 가까이 대고 기어 다녔다. 그녀는 친구들과 놀았던 놀이터 구석구석을 모두 기억해 두었고 곧 뜀박질 놀이의 달인이 되었다. 그녀는 집에서 책을 읽었는데, 큰 활자로 인쇄된 책에 눈을 얼마나 가까이 댔는지 속눈썹이 닿을 정도였다. 그녀는 미네소타 대학의 문학사 학위와 컬럼비아 대학의 인문과학 석사 학위 등 두 개의 학위를 갖고 있다.

그녀는 미네소타 주 트윈 밸리라는 작은 마을에서 학생들을 가르치는 것으로 시작해 사우스다코타 주 수폴즈에 있는 아우구스타나 대학의 언론학 및 문학 교수가 되었다. 그곳에서 13년 동안 학생들을 가르치며 그녀는 여성들을 위한 모임에서 강의를 하거나 라디오 방송에 출연해 책이나 작가에 대한 대담을 진행했다. 그녀는 이렇게 기록했다. "내 마음 한 구석에는 항상 시력을 완전히 상실하는 것에 대한 두려움이 있었다. 그것을 극복하기 위해 나는 삶에 대해 거의 법석을 떤다 싶을 정도로 명랑한 태도를 취했다."

그리고 그녀가 52세가 되던 1943년, 기적 같은 일이 일어났다. 그 유명한 메이요 클리닉에서 수술을 하게 된 것이다. 지금 그녀는 이전보다 40배나 더 잘 볼 수 있게 되었다. 흥미진진하고 아름다운 신세계가 그녀

앞에 펼쳐진 것이다. 이제 그녀는 부엌에서 설거지하는 것조차도 감동적이라는 것을 알게 되었다. 그녀의 책에는 다음과 같은 말이 나온다. "나는 개수대 안에 있는 솜털 같은 비누거품과 놀이를 시작한다. 두 손을 그 속에 넣어 보고 작은 비눗방울 한 알을 집는다. 거품에 빛을 비춰 보면 비눗방울 하나하나에 작은 무지개처럼 찬란한 색이 빛나는 것을 볼 수 있다."

그녀는 부엌 싱크대 위에 있는 창문을 통해 '빽빽하게 내리는 눈 사이로 날아가는 제비의 퍼덕거리는 날갯짓'을 본다. 그런 비누 거품과 제비들을 보며 너무나 큰 황홀감을 얻게 된 그녀는 다음과 같은 말로 자신의 책을 마무리한다. "나는 낮은 목소리로 말한다. '주여, 하늘에 계신 우리 아버지여, 감사합니다. 감사합니다.'" 설거지를 할 수 있고, 거품에서 무지개를 볼 수 있고, 내리는 눈 사이로 제비가 날아가는 것을 볼 수 있다는 이유로 신에게 감사한다고 상상해 보라! 당신과 나는 부끄러해야 한다. 우리는 그동안 인생의 하루하루를 아름다운 요정의 나라에서 살아왔다. 하지만 우리는 눈이 멀어 그것을 볼 수 없었고, 그것을 즐기기에는 너무 만족하며 살았다.

걱정을 멈추고 제대로 된 삶을 살고 싶다면,

| 마음가짐 4 |

당신이 안고 있는 문제 대신, 받고 있는 축복을 헤아려 보라.
Count your blessings-not your troubles!

5.

자기 자신을 발견하고
그 모습대로 살아라

나는 노스캐롤라이나 주 마운트에어리에 사는 이디스 올레드 부인으로부터 한 통의 편지를 받았다. 편지 내용은 다음과 같다.

저는 어렸을 때 심할 정도로 예민하고 소심한 성격이었습니다. 항상 몸무게가 많이 나갔는데 통통한 볼 때문에 더 뚱뚱해 보였죠. 구시대적 사고방식을 갖고 계셨던 어머니는 예쁜 옷을 만드는 것을 어리석은 짓이라고 생각하셨습니다. 어머니는 항상 이렇게 말씀하셨어요. '헐렁한 옷은 입을 수 있어도 작은 옷은 입으면 찢어진다.' 그리고 그 말씀에 따라 옷을 지어 입히셨습니다. 저는 파티에 간다거나 즐겁게 놀아 본 적도 없었어요. 학교에서 다른 아이들과 어울려 밖에서 놀지

212

도 않았고요. 심지어 체육 시간에도 말이에요. 병이다 싶을 정도로 소심했죠. 저는 제가 다른 사람들과 '다른' 사람이고 다른 이들에게 불쾌감을 주는 사람이라고 생각했습니다.

성인이 된 저는 저보다 나이가 많은 한 남자와 결혼을 했습니다. 하지만 저는 변하지 않았죠. 시댁 식구들은 침착하고 자신감 있는 사람들이었는데 그들은 제가 했어야만 하는, 그러나 그럴 수 없었던 모습의 전형이었습니다. 그들을 닮아 보려고 최선을 다했지만 그렇게 될 수 없었습니다. 그들이 저를 끄집어내려 할수록 저는 더욱 더 제 안으로 파고 들어갔습니다. 저는 신경질적이고 쉽게 화를 냈죠. 친구들도 만나지 않았습니다. 초인종이 울리는 소리조차 두려웠으니까요. 저는 실패자였어요. 남편이 이 사실을 알게 되는 것도 두려웠어요. 그래서 사람들 앞에서는 항상 쾌활한 척하려고 애썼고 과장된 행동을 했습니다. 그러고 나면 며칠간은 비참한 기분이 들곤 했어요. 너무나도 비참한 나머지 제 존재를 이어 가야 할 목적을 찾을 수가 없었죠. 자살을 생각하기 시작한 겁니다.

무슨 일이 일어났기에 이 불행한 여성의 삶이 변했을까? 그저 우연한 말 한마디였다! 올레드 부인의 편지는 다음과 같이 이어진다.

우연한 말 한마디가 제 인생을 송두리째 바꿔 놓았습니다. 시어머니는 어느 날 당신이 아이들을 키운 이야기를 들려주시며 이렇게 말씀하셨습니다. '무슨 일이 있어도 난 언제나 아이들에게 있는 그대로의 모습으로 살라고 가르쳤단다.' '있는 그대로의 모습!' 바로 이 말이었어요. 그 말을 듣자마자 저의 비참함은 제가 자초한 것이었음을 깨닫게 되었습니다. 저는 제게 맞지 않는 모양에 저를 맞추려고 했던 것이었습니다.

저는 하룻밤 사이에 바뀌었습니다. 있는 그대로의 모습으로 살기 시작한 겁니다. 저 자신의 성격에 대해 깊이 생각하고 저 자신이 누구인지 알기 위해 노력했죠. 그리고 제가 가진 장점을 생각해 냈습니다. 저는 할 수 있는 한 모든 색상과 스타일에 대해 공부했고 제게 맞는다고 생각되는 옷을 입었습니다. 친구를 사귀기 위해 노력했고, 모임에도 참여했습니다. 처음에는 작은 모임이었는데, 다른 사람들이 제게 뭔가를 시켰을 때는 두려움에 몸이 굳기도 했어요. 하지만 사람들 앞에서 말을 할 때마다 조금씩 용기를 얻게 되었습니다. 그렇게 되기까지는 오랜 시간이 걸렸지만 오늘날 저는 그전에는 상상할 수도 없었던 행복을 느끼고 있습니다. 아이들을 기르면서도 저는 항상 그 쓰라린 경험을 통해 얻은 교훈을 아이들에게 가르칩니다. 무슨 일이 있어도, 항상 네 있는 모습 그대로 살아라!

제임스 고든 길키James Gordon Gilkey 박사는 자기 모습 그대로 살고자 하는 문제는 "역사만큼이나 오래되었고 인간의 삶만큼이나 보편적인 것"이라고 말했다. 있는 그대로의 모습대로 살지 않으려는 문제는 수많은 노이로제와 정신병과 열등감 뒤에 있는 숨은 원인이다. 유아 교육을 주제로 열세 권의 책을 내고 신문과 잡지에 무수히 많은 글을 쓴 안젤로 패트리Angelo Patri는 이렇게 말한다. "자신이 가진 몸과 마음이 아닌 다른 누군가가 되기를 바라는 사람보다 불행한 사람은 없다."

나 아닌 다른 어떤 것이 되고자 하는 욕구는 특히 할리우드에서 유행이다. 할리우드에서 가장 유명한 영화감독 중 한 명인 샘 우드Sam Wood는 야망에 불타는 젊은 배우들 때문에 골치가 아프다고 했다. 그들은 자신이 느끼는 감정대로 연기하지 않고 모두 이류의 라나 터너Lana Turner나 삼류의 클라크 게이블Clark Gable이 되고 싶어 한다. 샘 우드는 그들에게 항상 이렇게 말한다. "대중은 이미 그런 맛을 봤어. 이제 뭔가 색다른 것을 원한다고."

샘 우드는 〈굿바이 미스터 칩스〉나 〈누구를 위하여 종은 울리나〉 같은 영화의 감독을 맡기 전에 몇 년간 판매원으로서의 능력을 키우며 부동산업에 종사했다. 그는 사업계나 영화계나 똑같은 원칙이 적용된다고 단언했다. 서툴게 남을 흉내 내는 것으로는 성공할 수 없다는 것이다. 남의 흉내를 내는 앵무새가 되어서는 안 된다. 샘 우드는 이렇게 말한다. "본인이 아닌 다른 사람을 흉내 내려는 사람들은 가능한 한 빨리 떨어뜨리는 게 가장 안전한 길이라는 것을 경험을 통해 알게 되었습니다."

최근 나는 소코니-배큐엄 정유회사의 인사 담당자 폴 보인튼에게 사람들이 입사 지원을 할 때 범하는 가장 큰 실수는 무엇인지 물어보았다. 그는 6,000명 이상의 구직자들의 면접을 봐 왔고《취업에 성공하는 6가지 방법6 Ways to Get a Job》이라는 책도 썼으니 그 답을 알고 있는 것은 당연했다. "입사 지원 시 사람들이 범하는 가장 큰 실수는 있는 그대로의 모습을 보이려고 하지 않는다는 것입니다. 마음을 열고 솔직하게 말하기보다 본인들 생각에 면접관이 원할 것 같은 대답을 하려고 하는 거죠." 하지만 그것은 효과가 없다. 아무도 가짜를 원하지 않기 때문이다. 가짜 돈을 원하는 사람은 아무도 없다.

어떤 시내 전차 차장의 딸은 고난을 통해 이 교훈을 깨달아야만 했다. 그녀는 가수가 되고 싶었지만 그녀의 외모가 걸림돌이 되어 고민이었다. 입은 컸고 뻐드렁니도 튀어 나와 있었다. 뉴저지 나이트클럽에서 처음 사람들 앞에 서게 된 그녀는 윗입술로 치아를 가리려고 애썼다. 그녀는 '매력적인 여자'처럼 굴려고 했다. 그 결과는? 그녀는 자신을 우스꽝스럽게 만들어 버렸고, 실패할 운명에 처했다.

하지만 클럽 안에는 마침 그녀의 목소리를 듣고 재능이 있다고 생각한 한 남자가 있었다. 그는 기탄없이 솔직하게 말했다. "이봐요, 아가씨, 아까부터 노래하는 걸 지켜봤는데 당신은 뭔가 감추려고 하더군요. 당신은 뻐드렁니 때문에 창피해하고 있어요." 그 소녀는 당황해서 어찌할 바를 몰랐지만 남자는 계속 말을 이어 나갔다. "그게 뭐 어떻다는 겁니까? 뻐드렁니를 가진 게 무슨 죄라도 되나요? 감추려 하지 말고 입을 크게 열어요. 그러면 관객들은 당당한 당신 모습에 반할 것입니다." 그의 말은 쉴 틈 없이 이어졌다. "게다가 당신이 감추려고 하는 그 뻐드렁니가 당신의 재산이 될지도 모르잖아요!"

카스 데일리는 그의 충고를 받아들여 뻐드렁니에 관한 생각은 잊어버리기로 했다. 그때부터 그녀는 오직 관객들만 생각했다. 그녀는 입을 크게 벌리고 마음에서 우러나오는 기쁨과 즐거움으로 노래했다. 그 결과 그녀는 영화와 라디오 방송계의 톱스타가 되었다. 이제 그녀를 흉내 내는 코미디언들까지 생겼다!

그 유명한 윌리엄 제임스는 보통 사람이 정신적 잠재력의 오직 10퍼센트만 계발할 수 있다고 밝히면서 자기 자신을 알지 못하는 사람들에 대해 이야기했다. "인간은 그가 가진 능력에 비해 겨우 절반 정도만 깨어 있다. 우리는 우리가 지닌 육체적 · 정신적 자원의 극히 일부분만을 사용할 뿐이다. 일반화하여 이야기하자면 개개의 인간은 그럼으로써 자신의 한계에 훨씬 못 미치는 삶을 살고 있다. 하지만 인간에게는 습관상 활용하지 못하고 있는 다양한 종류의 능력이 있다."

당신과 나도 그런 능력을 갖고 있다. 그러니 단 1초라도 걱정하는 데 시간을 낭비하지 말자. 우리는 다른 사람들과 다르다. 당신은 이 세상에 존재하는 새로운 어떤 것이다. 태초부터 지금까지 당신과 똑같은 사람은 아무도 없었다. 그리고 앞으로 다가올 모든 시대를 통틀어도 절대 당신과 똑같은 사람은 없을 것이다. 유전학이라는 새로운 학문은 당신이 주로 아버지로부터 물려받은 23개의 염색체와 어머니로부터 물려받은 23개의 염색체의 결과물이라는 사실을 알려주었다. 이 46개의 염색체에는 당신이 물려받은 유전적 특질을 결정하는 모든 것이 들어 있다. 암란 샤인펠트Amran Scheifeld의 말에 따르면 각각의 염색체 안에는 "수십 개에서 수백 개에 이르는 유전자가 존재하는데, 경우에 따라서는 오직 하나의 유전자가 한 사람의 인생 전체를 바꿀 수도 있다." 정말 우리는 '무섭고도 신기하게' 만들어졌다.

당신의 어머니와 아버지가 만나 부부가 되었다고 하더라도 당신이라는 특정한 사람이 태어날 확률은 무려 300조 분의 1이다! 다시 말해, 당신에게 300조 명의 형제자매들이 있다면 그들이 모두 당신과 다를 것이라는 말이다. 이게 다 어림짐작이라고 생각하나? 그렇지 않다. 과학적인 사실이다. 이것에 관해 더 알고 싶다면 공공도서관에 가서 암란 샤인펠트가 쓴 《당신 그리고 유전You and Heredity》이라는 책을 빌려 보길 바란다.

나는 '있는 그대로의 모습'이라는 주제에 관해 깊이 느꼈던 바가 있기에 확신을 가지고 말할 수 있다. 나는 내가 지금 하고 있는 말의 의미가 무엇인지 너무나도 잘 알고 있다. 상당한 괴로움과 값비싼 경험을 통해 그것을 알게 되었기 때문이다. 미주리 주의 옥수수 밭을 떠나 처음 뉴욕에 도착한 나는 미국 연극예술 전문학원에 등록했다. 나는 배우가 되려는 열망을 품고 있었다. 내가 가진 생각은 훌륭했고, 성공으로 가는 지름길이라고 느껴졌다. 너무나도 단순하고 절대 실패할 일이 없는 그 생각을, 야망을 가진 수천 명의 사람들이 어떻게 아직까지 발견하지 못했는지 이해할 수 없었다. 나는 그 시절에 유명한 배우였던 존 드류, 월터 햄튼, 오티스 스키너 같은 이들이 어떻게 영향력을 갖게 되었는지 공부한 다음, 그들 하나하나의 최고 장점을 모방하고 나 자신을 그 장점들의 빛나고 성공적인 집합체로 만들려고 했다. 얼마나 어리석고 어처구니없는 생각이었나! 나는 나 자신이어야만 하고 다른 누구도 될 수 없다는 사실을 미주리 촌놈의 우둔한 머리로 깨달을 때까지 수년의 시간을 허비해야만 했다.

그 비참한 경험은 내게 오래도록 간직할 교훈을 주었어야 했다. 하지만 그렇지 않았다. 아니, 내가 그렇지 못했다. 나는 너무나 멍청했기에 그런 경험을 처음부터 다시 해야만 했다. 몇 년이 지나고 나는 직장인을 위한 대중연설에 관한 책들 가운데 최고의 책이 되길 희망하며 글을 쓰기 시작했다. 이 책을 쓸 때에도 전에 가졌던 연기에 대한 생각과 똑같이 어리석은 생각을 갖고 있었다. 나는 수많은 작가들의 생각을 모아 그것들을 한 권의 책에 담겠다는, 즉 모든 내용을 담은 책을 쓰려 했다. 그래서 대중연설에 관한 다수의 책들을 구해 1년 동안 그 책에 담긴 생각들을 내 원고 안에 집어넣었다. 하지만 다시 나는 바보 같은 짓을 하고 있다는 생각이 들었다. 다른 사람들의 생각을 모아서 써 놓은 그 잡탕 같은 책은 너무 포괄적이고 단조로워서 그것을 읽을 직장인은 아무도 없을 것 같았다. 그래서 나는 1년 동안 작업한 원고를 쓰레기통에 던져 버리고 처음부터 다시 시작했다.

이번에는 스스로에게 이렇게 말했다. "결점과 능력의 한계는 있어도 너는 데일 카네기여야만 해. 네가 다른 누군가가 된다는 건 불가능해." 그래서 나는 다른 사람들의 생각을 짜 맞추려 했던 것을 그만두고 팔을 걷어붙인 뒤 내가 제일 처음 했어야 했던 일을 했다. 그것은 바로 연설의 화자, 그리고 강사로서의 경험, 관찰, 확신을 토대로 대중연설에 관한 교재를 쓰는 것이었다.

나는 월터 롤리Walter Raleigh 경이 깨달은 교훈을 배웠고, 그것을 영원히 기억하길 바라고 있다(내가 말하는 월터 롤리 경은 여왕이 밟고 지나가도록 진흙탕 위에 자신의 코트를 벗어서 깔아 준 사람이 아니라, 1904년에 옥스퍼드 대학에서 영문학을 가르치던 교수 월터 롤리 경이다). 그는 이렇게 말했다. "나는 셰익스피어가 쓴 것에 상응할 만한 책을 쓰지는 못해도 나다운 책 한 권은 쓸 수 있다."

당신을 있는 그대로 인정하라. 미국의 작곡가 어빙 벌린Irving Berlin이 고故 조지 거쉰Geroge Gershwin에게 했던 현명한 조언을 따라라. 두 사람이 처음 만났을 때 벌린은 유명인이었지만 거쉰은 틴팬 앨리에서 주급 35달러를 받으며 일하는 가난한 젊은 작곡가였다. 거쉰의 재능에 깊은 인상을 받은 벌린은 거쉰이 받고 있던 급여의 거의 세 배에 가까운 돈을 받을 수 있는 그의 음악 비서직을 제의했다. 그러면서 벌린은 이렇게 충고했다. "하지만 내 제의를 받아들이지 말게. 만일 받아들인다면 자네는 이류 벌린으로밖에 성장하지 못할 걸세. 그러나 있는 그대로의 자네 모습을 유지한다면 언젠가 자네는 일류 거쉰이 될 거야."

거쉰은 그 충고를 마음에 새겼고 천천히 자기 자신을 그 시대 미국에서 주목받는 작곡가로 변화시켰다.

이번 장에서 내가 강조하고 있는 교훈은 찰리 채플린Charles Chaplin, 윌 로저스Will Rogers, 메리 마거릿 맥브라이드Mary Margaret McBride, 진 오트리Gene Autry, 그리고 수많은 사람이 깨닫지 않을 수 없는 교훈이었다. 그들도 나처럼 쓰디쓴 경험을 통해 그 교훈을 깨달았다.

찰리 채플린이 처음 영화를 찍을 때 감독은 그에게 당시 유명했던 독일 코미디언을 흉내 낼 것을 강요했다. 채플린은 자신의 개성을 살려 연기하기 전까지 전혀 인정받지 못했다. 밥 호프Bob Hope도 비슷한 경험을 갖고 있다. 그는 노래와 춤을 추는 연기를 하면서 수년을 보냈지만 전혀 빛을 못 보다가 재담에서 자신의 모습을 찾은 뒤에야 비로소 인기를 얻기 시작했다. 윌 로저스는 보드빌 쇼에서 수년간 대사 한마디 없이 밧줄만 돌렸는데, 남다른 유머 감각이 있음을 깨닫고 밧줄을 돌리면서 이야기를 시작한 다음에야 인기를 얻을 수 있었다. 메리 마거릿 맥브라이드가 처음 방송에 출연했을 때 그녀는 아일랜드의 코미디언을 따라 했지만 실패했다. 하지만 그저 있는 그대로의 자신, 미주리 주 출신의 평범한 시골 소녀로서의 모습을 보여 주자 그녀는 뉴욕에서 가장 유명한 라디오 스타가 되었다.

진 오트리가 텍사스 사투리를 쓰지 않으려고 노력하면서 세련된 도시 청년처럼 차려 입고 자신이 뉴욕 출신이라고 말하고 다녔을 때, 사람들은 그의 뒤에서 그저 비웃기만 했다. 하지만 밴조를 튕기며 카우보이 민요를 부르기 시작한 뒤, 진 오트리는 라디오와 영화계에서 가장 인기 있는 카우보이로 성공할 수 있었다.

당신은 이 세상에서 새로운 그 무엇이다. 그것을 기쁘게 생각하라. 자연이 당신에게 준 것을 최대한 활용하라. 결국 모든 예술은 자서전적이다. 당신은 당신 자신만을 노래할 수 있다. 당신 자신만을 그려 낼 수 있을 뿐이다. 당신은 당신의 경험과 환경, 당신을 만든 유전 형질일 수밖에 없다. 잘하든 못하든, 당신은 당신이 가진 작은 정원만을 가꿔야 한다. 잘하든 못하든, 당신은 인생이라는 관현악단에서 당신이 가진 작은 악기만을 연주해야 한다.

에머슨의 에세이 《자립 Self-Reliance》에는 다음과 같은 말이 나온다.

교육을 하다 보면 누구에게나 어떤 확신, 즉 부러움이란 무지한 것이고, 모방은 자살 행위와 같으며, 좋든 싫든 자기 자신을 자신의 몫으로 받아들여야 하고, 광대한 우주에는 좋은 것들이 많지만 자신에게 주어진 작은 땅에 수고를 기울이지 않으면 옥수수 낱알 한 톨도 그냥 주어지지 않는다는 확신에 이르는 시기가 있다. 자기 안에 내재된 그 힘은 자연계에서 새로운 것이기 때문에 자신이 무엇을 할 수 있는지는 자기 자신밖에 알지 못하며, 시도하기 전까지는 그 자신도 알지 못한다.

에머슨이 이와 같이 말한 것을 고故 더글러스 말로크Douglas Malloch는 시로 표현했다.

언덕 꼭대기의 소나무가 될 수 없다면
골짜기의 관목이 되어라. 그러나 반드시
실개천 가까이의 관목들 중 최고의 관목이 되어라.
나무가 될 수 없다면 덤불이 되어라.

덤불이 될 수 없다면 풀이 되어라.
풀이 되어 큰 길 지나가는 이들을 행복하게 하라.
커다란 향어가 될 수 없다면 그저 배스가 되어라.
그러나 호수에서 가장 생명력 넘치는 배스가 되어라!

모두가 선장이 될 수는 없으니 선원도 되어야 한다.
우리 모두에게는 저마다 주어진 일이 있다.
큰일도 있고 작은 일도 있지만
우리가 해야 할 일은 바로 우리에게 주어진 그 일이다.

큰 길이 될 수 없다면 그저 오솔길이 되어라.
태양이 될 수 없다면 별이 되어라.
크기에 의해 승패가 좌우되는 것이 아니다.
무엇이 되든지 최고가 되어라!

우리에게 걱정으로부터의 자유와 평화를 가져오는 정신 자세를 갖추
고 싶다면,

다른 이를 모방하지 마라.

자신이 누구인지 알아낸 뒤 그 모습대로 살아라.

Let's not imitate others.

Let's find ourselves and be ourselves.

6.

레몬을 받으면
레모네이드를 만들어라

    이 책을 쓰다가 하루는 시카고 대학에 들러 그 대학 총장 로버트 메이너드 허친스를 만나 걱정을 피하는 방법에 대해 물어보았다. 그는 이렇게 대답했다. "저는 언제나 시어스 로벅 사의 회장이었던 고故 율리우스 로젠발트가 해 준 짧은 조언을 따르려고 노력합니다. '레몬을 받으면 레모네이드를 만들어라.'"

    위대한 교육자는 이런 방법을 취하지만, 어리석은 사람은 그와 반대로 한다. 어리석은 사람은 인생으로부터 레몬을 건네받으면 단념하고 이렇게 말한다. "나는 졌어. 운명이야. 기회가 없어." 그다음 그는 세상을 저주하고 자기연민의 늪에 빠진다. 하지만 현명한 사람은 레몬을 건네받고 이렇게 말한다. "이 불행으로부터 내가 얻을 수 있는 교훈은 무엇일까? 어떻게 해야 내 상황을 개선할 수 있을까? 어떻게 해야 이 레몬을 레모네이드로 바꿀 수 있을까?"

위대한 심리학자 알프레드 아들러Alfred Adler는 인간과 인간의 잠재력에 대해 연구하며 일생을 보낸 후 인간의 경이적인 특징 중 하나가 '마이너스를 플러스로 바꾸는 능력'이라고 밝혔다.

마이너스를 플러스로 바꾼, 내가 아는 한 여성의 흥미롭고 교훈적인 이야기를 들려주겠다. 셀마 톰슨이라는 이름의 그녀는 뉴욕 시 모닝사이드 가 100번지에 살고 있다. 내게 들려준 그녀의 경험은 이렇다.

제1차 세계대전 당시 제 남편은 캘리포니아 주에 있는 모하비 사막 근처의 육군 훈련소로 배치를 받았습니다. 남편과 함께 지내기 위해 그곳에서 살기로 했지만, 저는 그곳이 싫었어요. 정말 끔찍했죠. 그렇게 비참해진 적은 없었어요. 제 남편은 기동작전을 수행하기 위해 모하비 사막으로 출동했고 저는 작은 오두막에 혼자 남게 되었죠. 그곳의 더위는 정말 견디기 힘들었습니다. 선인장 그늘도 섭씨 50도 이상이었거든요. 멕시코 사람들이나 인디언들 말고는 대화 상대가 없었지만 그들은 영어를 할 줄 몰랐어요. 끊임없이 불어 대는 모래바람 때문에 제가 먹는 음식이나 숨 쉬는 공기에는 모래가 가득했고요.

저는 너무나도 비참하고 처량한 마음에 부모님께 편지를 썼습니다. 다 포기하고 집으로 돌아가겠다고 말이죠. 이제 더는 못 견디겠다고 말했습니다. 차라리 감옥에 있는 편이 나을 것 같다고요! 아버지는 단두 줄로 된 답장을 보내셨습니다. 그 두 줄의 글은 저의 인생을 완전히 바꿔 놓았고, 앞으로도 언제나 제 기억 속에 남아 있을 것입니다.

두 사람이 감옥 창살 밖을 내다보았다.

한 사람은 진흙탕을 보았고, 다른 한 사람은 별을 보았다.

저는 이 두 줄의 글을 읽고 또 읽었습니다. 저 자신이 부끄러워지더군요. 저는 제가 처한 상황에서 좋은 면을 발견하기로 마음먹었습니다. 하늘의 별을 보기로 한 것이죠.

저는 그 지방 사람들을 사귀고 나서 그들의 태도에 놀라지 않을 수 없었습니다. 그들이 만든 직물과 도기에 관심을 보였더니 그들은 가장 아끼는 것을 제게 선물로 주었습니다. 관광객들이 돈을 주고 산다고 해도 팔지 않았던 것들을 말이죠. 저는 매력적인 형태의 선인장과 유카, 조슈아 트리를 연구했습니다. 프레리도그에 대해 공부했고, 사막의 일몰도 관찰했고, 수만 년 전에는 해저였던 사막 모래 구릉에 감춰진 조개를 수집하러 다녔습니다.

무엇이 저를 이토록 놀랍게 변화시켰을까요? 모하비 사막은 변하지 않았습니다. 인디언들도 마찬가지고요. 하지만 저는 변했습니다. 마음의 태도를 바꾼 것입니다. 그리고 그렇게 함으로써 저는 비참한 경험을 제 인생에서 가장 흥미진진한 모험으로 바꾸었습니다. 저는 제가 발견한 이 신세계에 자극받고 흥분했습니다. 제가 겪은 너무나도 흥분되는 일들을 바탕으로 '빛나는 성벽'이라는 제목의 소설도 썼습니다. 저는 저 자신이 만든 감옥 너머로 별을 찾아낸 것입니다.

셀마 톰슨, 당신은 예수가 태어나기 500년 전에 그리스에서 가르쳤던 오래된 진리를 발견한 겁니다. '가장 좋은 것이 가장 어렵다.'

226

20세기에 해리 에머슨 포스딕Harry Emerson Fosdick은 그 말을 다시 했다. "행복은 대개 기쁨이 아니다. 그것은 대개 승리감이다." 그렇다. 승리감은 성취감, 성공, 레몬을 레모네이드로 바꿨다는 생각에서 얻을 수 있다.

한번은 플로리다의 어떤 농부를 방문한 적이 있다. 그는 독이 든 레몬까지도 레모네이드로 바꾼 사람이었다. 처음으로 농장을 갖게 되었을 때 그는 실망에 빠졌다. 땅은 너무나 형편없고 오로지 오크 덤불과 방울뱀만 무성한 그 농장에서는 과일을 재배할 수도 없었고, 가축을 키울 수도 없었기 때문이다. 그런데 갑자기 그에게 아이디어 하나가 떠올랐다. 불리한 것을 가치 있는 것으로 바꿔 보자. 이 방울뱀들을 최대한 활용해 보자. 그리고 놀랍게도 그는 방울뱀 고기로 통조림을 만들기 시작했다. 몇 년 전에 내가 그를 찾아갔을 때, 1년에 2만 명 정도의 관광객들이 그의 방울뱀 농장을 보려고 몰려들었다. 그의 사업은 계속 번창하고 있었다. 나는 방울뱀의 독니에서 추출된 독이 연구소로 보내져 해독제로 만들어지는 것을 보았다. 방울뱀의 가죽은 엄청난 가격에 팔려 여성들의 신발이나 핸드백으로 만들어졌고, 방울뱀 통조림은 세계 각지에 있는 고객들에게 팔려 나갔다. 나는 그 농장에서 그림엽서를 사서 '플로리다 방울뱀 마을'로 이름을 바꾼 그 마을의 우체국에서 그것을 부쳤다. 독이 든 레몬을 달콤한 레모네이드로 변화시킨 그 사람을 기념하여 새로 지은 마을 이름이었다. 나는 많은 나라를 여행하면서 '마이너스를 플러스로 바꾼 능력'을 가진 사람들을 만났다.

《신에 맞선 12인Twelve Against the Gods》의 작가 고故 윌리엄 볼리도William Bolitho는 이런 식으로 표현했다. "인생에서 가장 중요한 것은 얻은 것을 이용하는 것이 아니다. 바보도 그건 할 수 있다. 진짜 중요한 것은 손해를 이익으로 만드는 것이다. 그러려면 지혜가 필요하다. 그리고 그것이 현명한 사람과 어리석은 사람의 차이를 낳는다."

볼리도가 이런 말을 한 것은 철도 사고로 한쪽 다리를 잃은 후였다. 하지만 나는 양쪽 다리를 다 잃고도 마이너스를 플러스로 바꾼 사람을 알고 있다. 그의 이름은 벤 포츤이다. 그를 만난 것은 조지아 주 애틀랜타 시내의 한 호텔 엘리베이터에서였다. 나는 엘리베이터에 발을 올리면서 한쪽 구석에 두 다리가 없는 남자가 휠체어에 밝은 표정으로 앉아 있는 것을 보았다. 그가 내려야 할 층에 엘리베이터가 멈추었을 때 그는 밝은 목소리로 휠체어가 지나갈 수 있게 한쪽으로 비켜 줄 수 있냐고 공손하게 물었다. 그는 말했다. "불편을 끼쳐서 정말 죄송합니다." 그리고 그의 말 만큼이나 깊고 마음이 따뜻해지는 미소가 그의 얼굴에 번졌다. 나는 엘리베이터에서 내려 방으로 향하면서 이 유쾌한 장애인에 대한 생각밖에 할 수 없었다. 그래서 나는 그를 찾아가 이야기를 들려 달라고 청했다. 그는 미소 지으며 말했다.

1929년의 일입니다. 저는 마당에 마련한 콩밭에 말뚝으로 쓸 나무를 하러 갔죠. 나무 한 짐을 제 포드 자동차에 실어 집으로 돌아오고 있을 때였어요. 급커브를 돌려고 하는 순간 갑자기 나무 막대기 하나가 차에서 떨어지더니 차의 방향조절 장치에 박혀 버렸습니다. 차는 제방을 향해 돌진했고 저는 나무에 부딪쳤죠. 그래서 척추를 다쳤고 다리는 마비되었습니다. 그 일이 일어났을 때 저는 스물네 살이었고 그 이후로는 한 발짝도 걸을 수 없었습니다.

스물네 살인데 남은 인생을 휠체어에 앉아 보내야 한다니! 어떻게 그 사실을 대담하게 받아들일 수 있었는지 묻자 그는 이렇게 말했다. "그렇지 않습니다. 처음에 저도 그 상황에 화가 나고 분노에 휩싸였습니다. 하지만 해가 거듭되면서 운명에 저항하면 괴롭기만 할 뿐 아무런 도움이 되지 않는다는 것을 알게 되었죠. 마침내 저는 다른 사람들이 친절하고 공손한 태도로 저를 대한다는 사실을 깨달았습니다. 그래서 저도 조금이나마 친절하고 공손한 태도로 사람들을 대하게 된 겁니다."

나는 오랜 세월이 흐른 지금도 그의 사고가 끔찍한 불행이었다고 느끼는지 묻자 그는 즉시 이렇게 답했다. "전혀요. 지금은 사고가 일어났던 것이 기쁠 정도입니다." 그는 충격과 원망을 극복한 후에 전혀 다른 삶을 살게 되었다고 말했다. 그는 책을 읽기 시작했고 문학에 대한 애정을 갖게 되었다. 그는 14년 동안 최소한 1,400권의 책을 읽었다고 했다. 그리고 그 책들은 그의 앞에 새로운 시야를 펼쳐 놓았고 전에는 상상할 수 없을 정도로 그의 삶을 풍성하게 해 주었다. 그는 좋은 음악도 듣기 시작했다. 예전에는 지루하게만 느껴졌던 교향곡들이 이제는 그에게 감동을 주었다. 하지만 가장 큰 변화는 그에게 생각할 시간이 주어졌다는 것이다. 그는 말했다. "살면서 처음으로 세상을 바라보고 진정한 가치를 찾을 수 있게 되었습니다. 전에 얻으려고 애쓰던 것들 대부분이 전혀 무가치한 것들이었음을 깨닫기 시작했지요."

독서의 결과로 그는 정치에 관심을 갖게 되어 사회 문제에 대해 연구했고 강연도 하게 되었다. 휠체어에 앉은 채로 말이다! 그는 사람들을 알게 되었고 사람들도 그를 알게 되었다. 그리고 그는 여전히 휠체어에 앉은 채 조지아 주의 국무장관이 되었다.

나는 지난 35년 동안 뉴욕 시에서 성인을 대상으로 하는 교육 강좌를 진행해 왔다. 그러면서 많은 성인들이 대학에 진학하지 않은 것을 크게 후회하고 있다는 사실을 발견했다. 그들은 대학 교육을 받지 않은 것을 불이익으로 생각하는 것 같았다. 하지만 나는 그게 꼭 그렇지만은 않다는 것을 알고 있다. 고등학교밖에 나오지 않고서도 성공한 수많은 사람을 알고 있기 때문이다. 그래서 나는 종종 그런 수강생들에게 내가 알고 있는, 초등학교조차 졸업하지 못한 한 사람의 이야기를 들려주곤 한다. 그는 찢어질 듯한 가난 속에서 자랐다. 그의 아버지가 돌아가셨을 때는 관을 짤 비용을 아버지의 친구들이 빌려 줘야만 했다. 그의 어머니는 우산 공장에서 하루 열 시간을 일했고 조금이라도 돈을 더 벌기 위해 집으로 일거리를 가져와 늦게까지 일했다.

이러한 환경에서 자란 소년은 그가 다니던 교회의 모임에서 공연하는 아마추어 연극에 참가하게 된다. 연기를 하면서 전율을 느낀 그는 대중 연설을 시작하기로 마음먹었다. 이러한 결정은 그를 정치로 이끌었다. 그는 서른 살이 되었을 때 뉴욕 주 의원에 당선되었다. 하지만 불행히도 그는 그런 책임을 맡을 준비가 되어 있지 않았다. 실제로 그는 당시에 뭐가 뭔지 하나도 몰랐다고 솔직하게 말했다. 그는 투표해야 할 복잡한 법안들에 대해 오랫동안 검토했지만 그에게 있어 그 법안들은 전혀 알지 못하는 촉토 족族 인디언 언어로 쓰인 것이나 다름없었다. 숲에 발을 들이지도 못한 상태에서 숲 관련 위원회 의원이 되었을 때도, 은행 계좌하나 없이 주 금융위원회 의원이 되었을 때도 그는 걱정스럽고 당황할 수밖에 없었다. 몹시 낙담한 그는 어머니에게 패배를 인정하는 것이 부끄럽게 여겨지지만 않았다면 의원직에서 물러났을 것이라고 내게 말했다. 절망 속에서 그는 하루 열여섯 시간씩 공부해 무지함의 레몬을 정통함의 레모네이드로 바꾸고자 결심했다. 그렇게 함으로써 그는 자기 자신을 지역 정치인에서 국가적인 유명 인사로 변화시켰다. 그리고 월등히 뛰어난 그의 능력에 〈뉴욕 타임스〉는 그를 '뉴욕에서 가장 사랑받는 시민'이라 불렀다.

내가 지금 말하고 있는 사람은 바로 앨 스미스다. 정치에 대한 독학 프로그램을 시작한 지 10년이 지나 그는 뉴욕 주 정부에서 현존하는 인물 가운데 가장 권위 있는 사람이 되었다. 그는 네 번이나 뉴욕 주지사에 당선되었다. 이 경력은 어느 누구도 달성하지 못한 것이었다. 1928년 그는 대통령 선거에 민주당 후보로 출마했다. 초등학교 이상은 가 본 적도 없는 이 사람에게 컬럼비아 대학과 하버드 대학을 포함한 여섯 곳의 명문 대학에서는 명예 학위를 수여했다. 앨 스미스는 내게, 이러한 일들은 마이너스를 플러스로 바꾸기 위해 하루 열여섯 시간씩 열심히 노력하지 않았다면 있을 수 없었을 일들이라고 말했다. 니체Nietzsche가 말하는 초인의 조건은 '역경을 이겨 낼 뿐 아니라 역경을 사랑할 수 있는 사람'이었다.

위업을 달성한 사람들의 이력에 대해 연구하면 할수록 나는 그 사람들 중 놀라울 정도로 많은 이들이 악조건에서 시작했기 때문에 성공한 것이라는 확신을 가지게 된다. 그들이 가진 악조건은 그들로 하여금 더 큰 노력을 기울이고, 더 큰 보상을 받도록 자극한 것이다. 윌리엄 제임스의 말대로 "우리가 가진 약점, 바로 그것이 뜻밖에 우리를 돕는다." 그렇다. 어쩌면 밀턴은 앞이 보이지 않았기 때문에 훌륭한 시를 지었고, 베토벤Beethoven은 귀가 들리지 않았기 때문에 훌륭한 음악을 작곡했는지도 모른다. 헬렌 켈러의 눈부신 업적은 그녀의 보이지 않는 눈과 들리지 않는 귀 덕분에 가능했다. 만일 차이코프스키Tchaikovsky가 비극적인 결혼 때문에 거의 자살까지 생각할 만큼 좌절하지 않았다면, 만일 그의 인생이 그토록 비참하지 않았다면 그는 불후의 명곡 '비창'을 작곡하지 못했을 것이다. 도스토예프스키Dostoevski와 톨스토이 또한 그렇게 고통스러운 삶을 살지 않았더라면 절대 불멸의 소설을 쓰지 못했을 것이다.

지구상의 생명에 관한 과학적 개념을 바꿔 놓은 어떤 사람은 이렇게 말했다. "만약 내가 그렇게 심한 병자가 아니었다면 내가 이룩한 그 많은 일들을 할 수 없었을 것이다." 자신의 결점이 뜻밖의 도움을 줬다는 찰스 다윈Charles Darwin의 고백이다.

영국에서 다윈이 태어났던 바로 그날, 켄터키 주의 한 숲 속 통나무 집에서는 또 다른 아기가 태어났다. 그 역시 결점의 도움을 받았다. 그의 이름은 링컨, 에이브러햄 링컨이다. 만일 그가 상류계급 집안에서 자라 하버드 법대를 졸업하여 행복한 결혼 생활을 했다면 절대 그의 마음 속 깊은 곳에 자리하고 있던 불멸의 말들을 발견해 내지 못했을 것이다. 절대 잊을 수 없는 게티즈버그에서의 연설과 그 어떤 통치자의 말보다도 아름답고 고귀한 문구인 그의 두 번째 대통령 취임식에서의 신성한 시를 말이다. "누구에게도 악의를 품지 말고, 모든 사람에게 자비심을……."

해리 에머슨 포스딕은 그의 책《통찰력The Power to See it Through》에서 이렇게 말했다.

우리 중 몇몇이 삶의 표어로 삼을 만한 스칸디나비아 속담이 있다.

'북풍이 바이킹을 만들었다.' 안정되고 유쾌한 그리고 어려움 없는 편안한 삶이 사람들을 선하게 혹은 행복하게 만든다는 생각은 도대체 어디서 나온 것인가? 그렇기는커녕, 자기 자신을 동정하는 사람들은 방석 위에 부드럽게 놓여 있을 때조차도 자기 자신을 동정한다. 하지만 역사 속에서 항상 좋고 나쁨에 상관없이 온갖 종류의 환경 속에서 자신에게 주어진 책임을 떠맡은 사람들에게는 명성과 행복이 따랐다. 그런 식으로 북풍은 계속 바이킹을 만들어 오고 있는 것이다.

우리가 너무나도 낙담하여 우리의 레몬을 레모네이드로 바꿀 가망조차 없다는 생각이 든다고 가정해 보자. 그럼에도 우리가 그 일을 시도해 봐야 하는 두 가지 이유가 있다. 득이라면 득이지 손해 볼 것이 없는 그 두 가지 이유는 이것이다.

첫째, 성공할 수도 있다.

둘째, 성공하지 못한다 해도 우리의 마이너스를 플러스로 바꾸고자 하는 단순한 시도는 우리로 하여금 뒤가 아닌 앞을 보게 한다. 부정적인 생각이 긍정적인 생각으로 바뀌는 것이다. 그 시도는 우리가 창조적인 에너지를 발산하고 바빠지게 만듦으로써 지나간 일, 그리고 끝난 일 때문에 슬퍼할 시간이나 생각이 생기지 않도록 할 것이다.

언젠가 세계적으로 유명한 바이올리니스트 올레 불Ole Bull이 파리에서 콘서트를 하고 있을 때 그의 바이올린 A현이 갑자기 끊어지는 일이 있었다. 하지만 그는 나머지 세 현만으로 연주를 마쳤다. 해리 에머슨 포스딕은 말했다. "A현이 끊어지면 나머지 세 현으로 마치는 것, 그것이 인생이다." 그것은 그냥 인생이 아니다. 인생 그 이상이다. 성공한 인생인 것이다!

만약 내게 그렇게 할 만한 힘이 있다면, 윌리엄 볼리도가 한 말을 청동 판에 새겨 이 땅의 모든 학교에 걸어 두고 싶다.

인생에서 가장 중요한 것은 얻은 것을 이용하는 것이 아니다. 바보도 그건 할 수 있다. 진짜 중요한 것은 손해를 이익으로 만드는 것이다. 그러려면 지혜가 필요하다. 그리고 그것이 현명한 사람과 어리석은 사람의 차이를 낳는다.

우리에게 평화와 행복을 가져오는 정신 자세를 갖추고 싶다면,

┤ 마음가짐 6 ├

운명이 레몬을 건네준다면,
그것으로 레모네이드를 만들기 위해 노력하라.

When fate hands us a lemon, let's try to make a lemonade.

7.

2주 안에 우울증을
치료하는 비법

이 책을 쓰기 시작할 무렵, 나는 상금 200달러를 걸고 '걱정을 극복하는 방법'을 주제로 가장 도움이 되고 감동을 줄 수 있는 실제 이야기를 공모했다.

이 공모전의 심사위원으로 이스턴 항공사 사장 에디 리켄베커, 링컨 메모리얼 대학 총장 스튜어트 W. 맥클레런드 박사, 라디오 뉴스 해설가 H. V. 캘튼본 등 세 명이 있었다. 하지만 우리가 받은 사연들 중에는 너무나 훌륭해서 우열을 가리기 힘든 두 이야기가 있었다. 그래서 우리는 상금을 나누기로 했다.

1등상을 공동으로 수상한 두 이야기 중 하나를 소개하겠다. 미주리주 스프링필드 커머셜 가 1067번지에 사는 C. R. 버튼 씨의 이야기다.

아홉 살 때 저는 어머니를 잃었고 열두 살 때 아버지를 잃었습니다. 아버지는 사고로 돌아가셨지만 어머니는 19년 전 어느 날 집을 나가셨고 그 후로 한 번도 볼 수 없었습니다. 어머니는 두 여동생을 데리고 가셨기 때문에 동생들도 다신 만날 수 없었습니다. 집을 나가신 지 7년이 지날 때까지 어머니는 편지 한 통도 보내지 않으셨습니다. 아버지는 어머니가 집을 나가신 지 3년째 되던 해에 사고로 돌아가셨습니다. 아버지와 동업자 한 분은 미주리 시내에 작은 카페를 마련하셨는데, 아버지가 출장을 간 사이에 그 동업자가 카페를 처분하고서는 그 돈을 가지고 도망가 버린 일이 있었습니다. 그래서 아버지 친구 한 분이 아버지에게 빨리 돌아오라는 전보를 보냈고, 아버지는 서둘러 집으로 오시다가 그만 캔자스 주 살리나스에서 자동차 사고로 돌아가시게 된 겁니다. 가난한 데다 나이도 많고 몸도 편찮으신 고모 두 분이 제 형제들 중 셋을 거둬 주셨습니다.

하지만 저와 제 남동생을 원하는 사람은 아무도 없었죠. 우리는 마을 사람들의 동정에 맡겨졌습니다. 저와 동생은 고아라고 불리고 고아 취급을 받는 것에 대한 두려움에 시달렸습니다. 곧 그 두려움은 현실이 되었죠. 한동안 저는 마을의 어느 가난한 집에서 살았습니다. 그러나 그 당시는 모두가 어려웠던 시절이었고 게다가 그 집의 가장이 직장까지 잃어 더 이상 저를 거둬 줄 수 없게 되었습니다.

그래서 이번에는 마을에서 약 18킬로미터 떨어진 농장에 사는 로프틴 부부가 저를 데려가 같이 살게 해 주었습니다. 대상포진이라는 병을 앓고 계셨던 70세의 로프틴 아저씨는 침대에 누워 계셨습니다. 아저씨는 제게 '거짓말하지 않고, 도둑질하지 않고, 말을 잘 들으면'

언제까지나 그곳에 머물러도 좋다고 말했습니다. 그 세 가지 규칙은 제게 성경 말씀과 같이 되었습니다. 저는 그 규칙들을 엄격히 지켰습니다.

저는 학교에 나간 첫 주 동안 집에 돌아와 아기처럼 엉엉 울었습니다. 다른 아이들이 저를 괴롭혔기 때문입니다. 코가 크다고, 벙어리라고 놀리고 저를 '고아 녀석'이라 불렀습니다. 저는 너무 속이 상해 아이들과 싸우고 싶었지만 저를 거둬 주신 농부 로프틴 아저씨는 '피하지 않고 싸우는 사람보다 싸움에 말려드는 것을 피하는 사람이 더 큰 사람이다.'라고 말씀해 주셨습니다. 저는 싸우지 않으려 했지만 어느 날 한 아이가 학교 축사 우리에서 닭똥을 집어다가 제 얼굴에 던졌을 때는 참을 수 없었습니다. 저는 그 아이를 사정없이 두들겨 패 주었습니다. 그러자 두세 명의 친구가 생겼습니다. 친구들은 그 아이가 맞을 짓을 했다고 말했습니다.

저는 로프틴 아주머니가 사 준 모자를 자랑으로 여기고 있었습니다. 하루는 저보다 나이가 많은 한 여학생이 갑자기 제 머리에서 모자를 벗겨 내더니 그 안에 물을 부어 못쓰게 만들었습니다. 그 여학생은 '바보 같은 돌머리가 팝콘처럼 펑 터지지 않게 식혀 주려고' 모자에 물을 채웠다고 말하더군요.

저는 절대 학교에서는 울지 않았지만 집에만 오면 엉엉 울었습니다. 그러던 어느 날 로프틴 아주머니는 제게 한 가지 조언을 해 주었습니다. 그 조언으로 인해 제 모든 근심 걱정은 사라졌고 저의 적들도 친구로 변하게 되었습니다. 아주머니는 '랠프, 네가 그 아이들에게 관심을 가지고 그 아이들을 도울 수 있는 방법을 찾아보렴. 그럼 아이들

237

도 더 이상 너를 괴롭히거나 고아 녀석이라고 부르지 않을 테니 말이다.' 저는 아주머니의 조언을 따라서 열심히 공부했고 곧 반에서 1등을 하게 되었습니다. 그러나 절대 질투의 대상이 되지는 않았습니다. 아이들을 돕는 일을 자처했기 때문입니다.

저는 몇몇 아이들이 글짓기하는 것을 도와주었습니다. 어떤 경우에는 글 한 편을 다 써 주기도 했습니다. 한 친구는 제게 도움을 받는 것을 식구들이 아는 것을 창피하게 여겨서, 종종 자기 엄마한테는 주머니쥐를 잡으러 나간다고 말하고 로프틴 아주머니 댁에 와서는 데려온 개들을 헛간에 묶어 놓고 제 도움을 받으며 같이 공부하기도 했습니다. 저는 또 어떤 친구에게는 독후감을 써 주었고 며칠 밤 동안에는 한 여자아이의 수학 공부를 도와주기도 했습니다.

그 무렵 이웃 사람들에게 죽음이 들이닥쳤습니다. 연로한 두 농부가 세상을 떠났고 한 부인은 남편을 잃었습니다. 저는 네 가정에서 유일한 남자였습니다. 저는 이 미망인들을 2년 동안 도와주었습니다. 학교에서 집에 오는 길에 그들의 농장에 들러 나무도 해 주고, 소들의 젖도 짜 주고, 가축들에게 먹이와 물을 주었습니다. 사람들은 이제 저를 욕하지 않고 고마워했습니다. 모두가 저를 친구로 대했죠.

제가 해군에서 제대해 돌아왔을 때 그들은 진심으로 저를 반겨 주었습니다. 제가 집에 돌아온 첫날에는 200명 이상의 사람들이 저를 보러 와 주었습니다. 어떤 사람들은 130킬로미터 이상 되는 거리를 달려왔는데, 그들의 관심은 정말 진심에서 우러난 것이었습니다. 저는 다른 사람들을 돕느라 바쁘고 행복했기 때문에 걱정거리가 없었고, 13년 동안 '고아 녀석'이라는 말은 한 번도 듣지 못했습니다.

238

C. R. 버튼 씨를 위해 박수를 보내자! 그는 친구를 얻는 법을 알고 있었음은 물론, 걱정을 이기고 삶을 즐기는 법 또한 알고 있었다.

워싱턴 주 시애틀에 사는 고故 프랭크 루프Frank Loope 박사도 그러했다. 그는 23년 동안 관절염으로 환자 신세였다. 하지만 시애틀 스타의 스튜어트 위트하우스는 편지로 내게 이렇게 말했다. "저는 루프 박사와 여러 번 인터뷰를 했는데, 그분처럼 이타적이고 풍요로운 삶을 산 사람은 본 적이 없습니다."

침대에 누워만 있었던 환자가 어떻게 풍요로운 삶을 살 수 있었을까? 두 가지를 추측해 볼 수 있다. 불평과 비난으로 그렇게 할 수 있었을까? 아니다. 그렇다면 자기연민에 빠져 다른 사람들이 관심의 대상이 되고 모두에게 자신의 요구를 들어주길 강요했을까? 아니다. 역시 틀렸다. 그는 웨일스 왕자의 좌우명을 자신의 슬로건으로 삼음으로써 그렇게 할 수 있었다. 'Ich dien.', 즉 '나는 봉사한다.'가 그것이다. 그는 다른 환자들의 이름과 주소를 모아 그들에게 행복과 힘을 주는 편지를 씀으로써 자기 자신과 그들의 기운을 북돋아 주었다. 뿐만 아니라 환자들을 위해 편지 쓰기 모임을 만들어 서로에게 편지를 쓰도록 했다. 마침내 그는 '병상 환자회'라 불리는 전국 단위의 조직을 형성했다. 그는 침대에 누워 있으면서도 한 해 평균 1,400통의 편지를 썼고, 수천 명의 환자들에게 라디오나 책을 전달함으로써 기쁨을 주었다.

다른 수많은 사람과 루프 박사의 가장 큰 차이점은 무엇일까? 바로 이것이다. 루프 박사는 목적과 사명감을 지닌 내면적 열정의 소유자였다. 그는 자기 자신보다 훨씬 더 고귀하고 중대한 어떤 신념을 위해 자신이 쓰일 수 있다는 사실에 기뻐할 줄 아는 사람이었다. 그는 버나드 쇼의 표현처럼 '세상은 왜 나를 행복하게 하는 데 헌신하지 않느냐고 불쾌함과 불만을 털어 놓는 자기중심적이고 편협한 얼간이' 같은 사람이 아니었다.

내가 읽어 보았던 위대한 정신의학자의 글 중 가장 놀라운 말은 다음과 같다. 이 말은 알프레드 애들러Alfred Adler가 했던 것으로, 그는 우울증 환자들에게 이렇게 말하곤 했다. "이 처방을 따르기만 하면 2주 안에 치료될 수 있습니다. 매일매일 어떻게 하면 다른 사람들을 기분 좋게 할 수 있을지 생각해 보십시오."

터무니없는 것처럼 보이는 이 말을 설명하기 위해 애들러 박사의 위대한 책《우리에게 인생은 무엇인가What Life Should Mean to You》의 일부를 인용하면 당신이 이해하는 데 도움이 될 것 같다.

우울증은 다른 사람들을 향해 장기간 지속된 분노와 비난 같다. 관심, 동정, 지지를 얻고 싶어 하지만 그 환자는 바로 자신의 잘못으로 인해 낙담할 뿐이다. 우울증 환자의 최초 기억은 일반적으로 이러하다. "소파에 눕고 싶었지만 형이 거기 누워 있던 것이 기억납니다. 내가 너무 울어서 형은 비켜 줘야만 했죠."

우울증 환자는 흔히 자살을 통해 원한을 풀려고 하는 경향이 있다. 그래서 의사들이 가장 먼저 주의해야 하는 것은 그들에게 자살할 구실을 주지 않는 것이다. 나 자신도 긴장을 풀기 위해 '하기 싫은 일은 절대 하지 않는 것'이 치료의 첫 번째 규칙이라고 환자들에게 제안한다. 무척 조심스러운 태도처럼 보일 수 있지만 나는 이것이 모든 문제의 근원에까지 영향을 미친다고 믿는다. 만일 우울증 환자가 원하는 것을 모두 할 수 있다면 누구를 비난하겠는가? 무엇에 원한을 품겠는가? 나는 환자에게 "극장에 가고 싶거나 휴가를 떠나고 싶으면 그렇게 하세요. 도중에 내키지 않으면 돌아오셔도 됩니다."라고 말한다. 이것은 누구에게나 최상의 상황이다. 이것은 우월함을 얻기 위해 애쓰는 환자에게 만족감을 준다. 그는 마치 신처럼 원하는 것을 할 수 있다. 반면 이것은 환자의 생활방식에 아주 쉽게 들어맞지는 않는다. 환자는 사람들을 위압하고 비난하고 싶어 하는데 만일 다른 사람들이 그의 말에 동의해 버리면 그들을 위압할 방법이 없어진다. 이 규칙은 큰 위안을 주기 때문에 내 환자들 중에 자살을 한 사람은 아무도 없다.

일반적으로 환자들은 이렇게 답한다. "하지만 하고 싶은 게 없는데요." 이 말을 너무나 자주 들었기 때문에 나는 이 대답에 대한 준비가 되어 있다. "그럼 싫어하는 걸 하지 마세요."라고 말하는 것이다. 하지만 가끔 이렇게 대답하는 사람이 있다. "하루 종일 침대에 누워만 있었으면 좋겠어요." 내가 그렇게 하라고 하면 그 환자는 더 이상 그렇게 하고 싶어 하지 않게 된다는 것을 안다. 또한 내가 그렇게 하지 말라고 하면 그 환자는 나와 전쟁을 시작할 것임도 안다. 그래서 나는 항상 동의한다.

이것은 하나의 규칙이다. 다른 규칙은 환자들의 생활 방식을 한층 더 직접적으로 공략한다. 나는 환자들에게 말한다. "이 처방을 따르기만 하면 2주 안에 치료될 수 있습니다. 매일매일 어떻게 하면 다른 사람들을 기분 좋게 할 수 있을지 생각해 보십시오." 이것이 그들에게 무엇을 의미하는지 생각해 보라. 그들은 '어떻게 하면 다른 사람을 걱정하게 만들까?' 하는 생각에 사로잡혀 있다. 그들의 대답은 매우 흥미롭다. 누군가는 이렇게 말한다. "저한테는 너무 쉬운데요. 저는 평생 그래 왔거든요."

하지만 그들은 절대 그렇게 살지 않았다. 나는 그들에게 잘 생각해 보라고 부탁한다. 그들은 잘 생각해 보지 않는다. 나는 그들에게 이렇게 말한다. "잠이 오지 않을 때, 어떻게 하면 다른 사람들을 기분 좋게 할 수 있을지 생각하면서 시간을 보내 보세요. 그렇게 하는 것은 당신의 건강에 큰 도움이 될 겁니다." 다음 날 그들을 만나면 나는 이렇게 묻는다. "제가 제안한 것에 대해 잘 생각해 보셨나요?" 그들의 대답은 이렇다. "어제는 눕자마자 잠들었어요." 물론 이 모든 것은 조금의 우월감도 없이 신중하고, 호의적인 태도로 행해야 한다.

어떤 사람들은 이렇게 대답한다. "저는 절대 그렇게 못할 것 같아요. 너무 걱정이 돼서요." 나는 그들에게 말한다. "걱정을 멈추지 마세요. 단, 때로는 동시에 다른 것들을 생각해 보세요." 나는 언제나 그들의 관심이 친구를 향하게 하고 싶다. 많은 사람이 말한다. "제가 왜 다른 사람들을 기쁘게 해야 하죠? 다른 사람들은 저를 기쁘게 하려고 하지 않는데요." 나는 대답한다. "당신의 건강을 생각해야죠. 다른 사람들도 나중에 이런 고통을 겪을 겁니다." 이렇게 말하는 환자는 극히 드물다. "선생님이 제안했던 것에 대해 잘 생각해 봤습니다." 나는 환자의 사회적인 관심을 증대시키는 것에 모든 노력을 기울인다. 나는 환자가 앓고 있는 병의 근본적인 이유가 다른 사람들과 협력하는 능력의 부족에서 오는 것임을 알고 있고, 그것을 본인도 알게 되길 원한다. 자기 자신을 동료와 동등하고 협조적인 입장으로 결부시키는 순간 그는 치료된다. …… 종교가 강조하는 가장 중요한 과제는 언제나

'네 이웃을 사랑하라.'였다. …… 인생에서 가장 큰 어려움들과 마주하고 다른 사람들에게도 가장 큰 해를 입히는 사람이 바로 주변 사람들에게 관심을 보이지 않는 개인이다. 그러한 개인들 사이에서 인간의 모든 실패가 발생하는 것이다. …… 우리가 인간에게 요구하는 모든 것, 그리고 우리가 인간에게 줄 수 있는 가장 큰 칭찬은 '좋은 직장 동료', '좋은 친구', '사랑과 결혼에 있어서 진정한 배우자'다.

애들러 박사는 우리에게 매일매일 선행을 하라고 강조한다. 그렇다면 무엇이 선행일까? 예언자 마호메트Mahomet는 이렇게 말했다. "선행이란 다른 사람의 얼굴에 기쁨의 미소를 가져다주는 것이다."

매일 선행을 하면 어떻게 그토록 놀라운 결과가 선을 행하는 사람에게 생기는 것일까? 다른 사람들을 기쁘게 하려는 노력은 걱정과 두려움과 우울함을 낳는 바로 우리 자신에 대해 생각하는 것을 멈추게 하기 때문이다.

뉴욕 5번가 521번지에서 문 비서 전문 학교를 운영하는 윌리엄 T. 문 여사는 어떻게 하면 누군가를 기쁘게 할 수 있을지 생각했기 때문에 우울증을 몰아내는 데 2주나 보낼 필요도 없었다. 그녀는 알프레드 애들러보다 한 수 위였다. 아니, 열세 수쯤은 위였다. 그녀는 두세 명의 고아들을 어떻게 하면 기쁘게 할 수 있을지 생각함으로써 2주가 아니라 단하루 만에 우울증을 없애 버렸다. 문 여사의 말에 따르면 일은 이런 식으로 일어났다.

5년 전 12월, 저는 슬픔과 자기연민의 감정에 빠져 있었어요. 몇 년간의 행복한 결혼생활 뒤에 남편을 잃었거든요. 크리스마스 연휴가 다가오던 즈음이라 슬픔은 더욱 깊어졌죠. 살면서 크리스마스를 혼자 보낸 적이 한 번도 없었기 때문에 크리스마스를 맞이하는 것이 두려웠어요. 친구들이 크리스마스를 함께 보내자며 저를 초대했지만 축제 분위기를 즐길 기분이 들지 않았어요. 어떤 파티에 가더라도 제가 흥을 깨게 될 거라는 걸 알고 있었죠. 그래서 친구들의 친절한 초대를 거절했습니다. 크리스마스이브가 가까워질수록 저는 점점 더 자기연민에 사로잡혔습니다.

우리 모두에게 감사할 일들이 많이 있듯 당시 제게도 감사할 일들이 많았던 것이 사실입니다. 크리스마스 전날 저는 오후 세 시에 사무실을 나와 자기연민과 우울함을 떨쳐 버리길 바라면서 5번가를 정처없이 걷기 시작했습니다. 길에는 흥겹고 행복한 사람들로 발 딛을 틈이 없었습니다. 그 모습을 보자 이제는 가 버린, 제 행복했던 날들에 대한 기억이 떠올랐습니다. 외롭고 텅 빈 아파트로 돌아가야 한다는 생각에 견딜 수가 없어지더군요.

저는 당혹스러웠고 어찌할 바를 몰랐죠. 눈물을 참을 수 없었습니다. 한 시간 남짓 그렇게 하염없이 걷다가 버스 터미널 앞에 서 있는 저를 발견했습니다. 가끔 남편과 제가 아무 버스에나 올라타는 모험을 했던 기억이 떠올라 정류장에 가장 먼저 도착한 버스에 올랐습니다. 허드슨 강을 건너 얼마 동안 달리고 있자니 버스 기사의 목소리가 들렸습니다. '마지막 정거장입니다, 아주머니.'

저는 버스에서 내렸습니다. 저는 그 마을의 이름조차 몰랐습니다. 조용하고 평화로운 작은 마을이었습니다. 집으로 돌아가려고 다음 버스를 기다리다가 집들이 있는 길을 따라 걷기 시작했습니다. 교회를 지나다가 '고요한 밤 거룩한 밤'의 아름다운 멜로디를 듣게 되었습니다. 저는 교회 안으로 들어갔습니다. 오르간을 연주하는 사람을 빼고는 아무도 없더군요. 저는 눈에 띄지 않게 의자에 앉았습니다. 화려하게 장식된 크리스마스트리의 전구 불빛이 마치 달빛 아래서 춤추는 무수한 별들처럼 보였습니다. 길게 잡아 늘인 곡의 마지막 화음과 아침부터 아무것도 먹지 않았다는 사실이 저를 나른하게 만들었습니다. 지치고 무거운 짐을 진 자였던 저는 차츰 잠에 빠져들었습니다.

잠에서 깨어났을 때 저는 제가 어디에 있는지 몰랐습니다. 무서웠죠. 제 앞에는 크리스마스트리를 보러 온 것으로 보이는 두 아이가 있었습니다. 그중 어린 여자아이가 손가락으로 저를 가리키며 말했어요. '산타 할아버지가 데리고 왔나 봐.' 제가 깨어나자 이 아이들도 겁을 먹었습니다. 저는 해치지 않으니 무서워하지 말라고 말했지요. 아이들의 옷차림은 말이 아니었습니다. 엄마 아빠는 어디 있느냐고 물었더니 아이들은 '우리는 엄마 아빠 없어요.'라고 하더군요.

이 두 어린 고아들은 저보다 형편이 훨씬 어려웠습니다. 그 아이들을 보자 저의 슬픔과 자기연민이 부끄러워졌습니다. 저는 아이들에게 크리스마스트리를 구경시켜 주고 구멍가게에서 간단한 음식을 먹은 뒤 사탕과 두어 개의 선물을 사 주었습니다. 저의 외로움은 마치 마법을 부린 것처럼 사라졌습니다. 이 두 명의 고아는 제가 오랫동안 찾아 헤매던 진정한 행복과 나 자신을 잊는 법을 전해 준 것입니다. 아이들과 이야기를 나누면서 저는 제가 그동안 얼마나 운이 좋았는지 깨닫게 되었습니다. 부모님의 사랑과 애정으로 환하게 빛났던 제 어린 시절의 크리스마스에 대해 하느님께 감사드렸습니다.

그 두 어린 고아는 제가 그들에게 해 준 것보다 훨씬 많은 것을 제게 주었습니다. 그 경험으로부터 저는 우리 자신이 행복해지기 위해서는 다른 사람들을 행복하게 만들어야 할 필요가 있음을 다시 한 번 깨달았습니다. 행복은 옮아가는 것입니다. 주는 것이 곧 받는 것입니다. 저는 누군가에게 도움을 주고 사랑을 전함으로써 걱정과 슬픔, 자기연민을 정복할 수 있었고 새사람이 된 것 같은 기분을 느꼈습니다. 그 당시뿐만 아니라 그 이후로 저는 새로운 사람이 되었습니다.

나는 자기 자신을 잊고 건강과 행복을 되찾은 사람들에 대한 이야기로 책 한 권을 가득 채울 수도 있다. 예를 들어, 미 해군에서 가장 인기 있는 여성으로 꼽히는 마거릿 테일러 예이츠의 경우를 살펴보자.

예이츠 여사는 소설가다. 하지만 그녀의 추리소설들은 일본군이 진주만을 기습했던 운명적인 아침에 그녀에게 일어난 실제 이야기에 비하면 아무것도 아니다. 예이츠 여사는 심장이 좋지 않아 1년 이상 환자로 지내며 하루 24시간 중 22시간을 침대 위에서 보내야 했다. 그녀가 나섰던 가장 먼 여행은 햇볕을 쬐기 위해 마당에 나가는 것이었다. 그리고 그럴 때마저 걸을 때 가정부의 팔에 몸을 의지해야만 했다. 당시 그녀는 남은 인생도 환자 신세로 보내게 될 것이라 예상했다고 한다. 그녀는 내게 이렇게 말했다. "일본군이 진주만을 기습해서 현실에 안주하는 저의 태도에 충격을 주지 않았다면 저는 다시는 제대로 된 삶을 살 수 없었을 겁니다."

예이츠 부인이 들려준 이야기는 이렇다.

그 일이 일어났을 때 모든 것은 혼돈과 혼란 그 자체였습니다. 폭탄 하나가 집에서 아주 가까운 곳에서 터져 그 충격으로 제가 침대에서 떨어질 정도였으니까요. 군용 트럭들이 히컴 주둔지, 스코필드 병영, 카니오히베이 비행장 등으로 달려가 육군, 해군 병사들의 부인과 아이들을 공립학교로 피신시켰습니다. 적십자사에서는 그 사람들을 수용할 여분의 방이 있는 사람들에게 전화를 걸었습니다. 제 침대 옆에 전화기가 있다는 것을 알고 있었던 적십자사 직원들은 제게 정보 교환소로 쓸 장소를 제공해 달라고 부탁했습니다. 그래서 저는 군인 가족들이 묵고 있는 장소를 알아내 기록해 두었지요. 적십자사에서는 가족들이 어디 있는지 알아내려면 제게 전화를 하라고 모든 군인에게 지시했습니다.

저는 사령관이었던 제 남편 로버트 롤리 예이츠가 무사하다는 것을 알게 되었습니다. 저는 남편의 생사를 알지 못하는 부인들에게 힘을 주기 위해 노력했습니다. 그리고 이미 남편이 전사한 미망인들을 위로하는 데 힘을 쏟았습니다. 하지만 그런 사람은 너무나 많았습니다. 2,117명이나 되는 해군 및 해병대 소속 간부들과 병사들이 전사했고, 960명은 실종 통보를 받았으니까요.

처음에 저는 침대에 누운 상태로 전화를 받았습니다. 그러다가 앉아서 전화를 받게 되었고, 마침내는 너무 바쁘고 흥분해서 제가 아프다는 사실을 잊고 침대에서 벗어나 책상에 앉게 되었습니다. 저보다 훨씬 더 힘든 사람들을 도움으로써 저 자신에 관한 것들을 모두 잊은 것입니다.

그렇게 저는 매일 밤 여덟 시간의 잠자는 시간을 제외하곤 침대 생

247

활을 하지 않았습니다. 만약 일본군이 진주만을 기습하지 않았다면 저는 아마 평생을 반 환자 신세로 보냈을 것입니다. 침대 위에 있을 때는 편했습니다. 시중을 들어 줄 사람이 항상 있었으니까요. 지금 생각해 보면 저는 무의식적으로 건강을 회복할 의지를 잃었던 것입니다.

진주만 기습은 미국 역사상 가장 비극적인 사건 중 하나였지만 제 경우만 놓고 보자면 그것은 제게 일어난 일 중에서 가장 바람직한 것이었습니다. 그 끔찍한 비극을 통해 저는 제가 소유할 수 없을 것이라 여겼던 힘을 갖게 되었습니다. 그리고 저 자신에게 쏟았던 관심을 다른 사람들에게 집중할 수 있도록 만들었습니다. 또 제가 전념해야 할, 크고 없어서는 안 될 중요한 무언가도 생겼습니다. 저는 더 이상 저 자신에 대해 생각하거나 걱정할 시간이 없습니다.

정신과 의사에게 도움을 얻기 위해 찾아가는 사람들의 3분의 1 정도는 마거릿 예이츠가 했던 것처럼 다른 사람들을 돕는 일에 관심을 갖기만 해도 아마 스스로 병을 고칠 수 있을 것이다. 이것은 내 개인적인 생각이 아니라 칼 융Carl Jung이 했던 말에 가깝다. 칼 융만큼 그러한 사실을 잘 알고 있는 사람도 없을 것이다. 그는 이렇게 말했다.

"내 환자들 가운데 약 3분의 1 정도는 임상적으로 정의할 수 있는 신경증 때문이 아닌, 무의미하고 공허한 자신의 삶 때문에 고통 받는 사람들이다."

이 말을 다른 식으로 표현하면, 그들은 인생이라는 길을 가면서 공짜로 차를 얻어 타고 가려고 하지만 줄지어 지나가는 차들 모두가 그들을 그냥 지나쳐 간다. 그래서 그들은 열등하고 무의미한, 그리고 무익한 삶을 가지고 정신과 의사를 찾아가는 것이다. 배는 떠나가고 있는데 부두에 서서 자신들을 제외한 모두를 비난하고 자기중심적인 자신들의 욕구를 채워 달라고 세상에 요구한다.

지금 당신은 혼자 이렇게 말하고 있을지 모른다. "이런 이야기들은 별로 와 닿지 않아. 크리스마스이브에 두세 명의 고아들을 만난다면 나도 관심은 가질 수 있을걸. 그리고 만약에 내가 진주만에 있었다면, 기꺼이 마거릿 테일러 예이츠가 했던 것처럼 했을 거야. 하지만 나랑 상황이 다르잖아. 나는 평범한 사람의 삶을 살고 있다고. 하루에 여덟 시간씩 권태로운 일을 하지. 그렇게 극적인 일은 일어난 적이 없어. 어떻게 내가 다른 사람들을 돕는 데 관심을 가질 수 있겠어? 그리고 내가 왜 그래야 되는 거지? 나한테 무슨 득이 된다고?"

적절한 질문이다. 그 질문에 답을 해 보겠다. 당신의 생활은 단조로울지 몰라도 분명 매일 사람들을 만나고 있다. 그 사람들을 어떻게 대하고 있는가? 그저 바라보고만 있는가, 아니면 그들이 활동하는 이유가 뭔지 찾아보려고 노력하는가? 집배원을 예로 들어 보자. 집배원은 매년 수백만 킬로미터의 거리를 돌아다니며 당신의 집에 편지를 배달해 준다. 하지만 당신은 그 집배원이 어디 사는지 알아보거나 그의 아내, 자식들의 사진을 한 번이라도 보여 달라는 등의 수고를 해 본 적이 있는가? 한 번이라도 그에게 다리가 아프지는 않은지, 일이 지겹지는 않은지 물어본 적이 있는가?

식료품점 점원이나 신문 가판 상인, 길모퉁이에서 당신의 구두를 닦아 주는 사람에게는 어떠한가? 그들도 사람이다. 여러 골칫거리, 꿈들, 그리고 개인적인 야망들로 충만한 사람 말이다. 그들 또한 누군가와 그러한 것들을 공유할 기회를 갖고 싶어 한다. 하지만 당신은 한 번이라도 그들에게 그런 기회를 준 적이 있는가? 한 번이라도 그들을 향한, 아니면 그들의 삶에 간절하고 솔직한 관심을 보인 적이 있는가? 말하자면 그렇다. 이 세상과 당신 자신의 사적인 세상을 더욱 좋게 만드는 데 일조하기 위해 플로렌스 나이팅게일이나 사회개혁가가 될 필요는 없다. 당신이 당장 내일 아침에 만나게 될 사람들에서부터 먼저 시작하면 되니 말이다.

그것이 당신에게 무슨 득이 되느냐고? 행복 그 이상의 것을 가져다준다! 큰 만족감과 당신 자신에 대한 자부심을 줄 것이다! 아리스토텔레스는 이러한 종류의 태도를 '계몽적 이기주의'라고 불렀다. 조로아스터 Zoroaster는 이렇게 말했다. "다른 사람들에게 선을 행하는 것은 의무가 아니다. 그것은 기쁨이다. 그럼으로써 너 자신의 건강과 행복이 증진되기 때문이다." 그리고 벤저민 프랭클린은 이것을 아주 간략하게 요약했다. "다른 사람들에게 좋은 일을 하는 것은 곧 당신 자신에게 가장 좋은 일을 하는 것이다."

뉴욕에 있는 정신상담센터 소장 헨리 C. 링크Henry C. Link는 다음과 같은 글을 썼다. "제 생각에 현대 심리학의 가장 중요한 발견은 자기희생이나 자아실현과 행복을 위한 훈련의 필요성을 과학적으로 증명한 것이라고 할 수 있습니다."

다른 사람들을 생각하는 것은 단지 자기 자신에 대한 걱정을 멀리할 수 있게 해 줄 뿐만 아니라 많은 친구들을 사귀고 큰 즐거움을 맛볼 수 있게 한다. 어떻게 그렇게 할 수 있을까? 언젠가 나는 예일 대학교의 윌리엄 라이언 펠프스William Lyon Phelps 교수에게 그 방법을 물어보았다.

그는 다음과 같이 말했다.

저는 호텔이나 이발소, 또는 상점에 들어가면서 마주치는 모든 사람에게 항상 기분 좋은 말을 건넵니다. 그들을 단지 기계장치의 톱니바퀴가 아닌 사람으로 대우하는 말들을 하려고 노력합니다. 때로는 상점에서 저를 맞이하는 여직원에게 눈이나 헤어스타일이 참 아름답다는 등의 칭찬을 합니다. 이발사에게는 하루 종일 서 있어서 다리가 아프지는 않은지, 이발사 일은 어떻게 시작하게 되었는지, 그 일을 한지는 얼마나 되었는지, 얼마나 많은 사람의 머리를 잘라 주었는지 등도 물어보고, 그가 셈하는 것을 도와주기도 하죠.

나는 사람들에게 관심을 보이면 그들이 기뻐한다는 것을 알게 되었습니다. 저는 항상 제 가방을 들어 주는 기차역의 짐꾼들과 악수를 합니다. 악수를 하면 그 사람은 새로운 기운을 얻고 하루 종일 활기차게 일할 수 있습니다.

몹시 무덥던 어느 여름날, 저는 뉴 헤이븐 철도회사에 있는 식당차에 점심을 먹으러 갔습니다. 식당차 안은 손님들로 가득해 마치 찜통 같았고 종업원들의 행동도 느렸습니다. 한참을 기다린 끝에 메뉴판을 건네받은 저는 이렇게 말했습니다. '오늘 같은 날 주방에서 일하는 사람은 정말 고생이 많겠네요.' 그러자 종업원은 독설을 퍼붓기 시작했습니다. 매우 불쾌해하는 말투였습니다. 처음에 저는 그 사람이 화가 난 줄 알았습니다. 그는 큰 소리로 이렇게 말했습니다. '도대체 어쩌라는 건지, 오는 사람들마다 음식 타박이네요. 주문을 빨리 안 받는다고 뭐라 하고, 덥다고 투덜거리고 비싸다고 불평하고 말이죠. 19년 동안 손님들이 불평하는 소리만 들었는데 찜통 같은 주방에서 일하는 사람을 생각해 주는 선생님 같은 분은 처음이네요. 선생님 같은 손님이 더 많았으면 좋겠어요.'

그 종업원은 제가 주방에서 일하는 흑인 요리사들을 거대한 철도 회사 조직 속의 톱니 같은 하찮은 일원이 아닌, 하나의 사람으로 대한 것에 매우 놀랐습니다. 사람들이 원하는 것은 인간으로서의 작은 관심입니다. 길을 가다가 멋진 개를 산책시키는 사람을 만나면 저는 항상 개가 멋있다고 그 주인에게 한마디 합니다. 그러고 나서 다시 길을 가다가 뒤를 돌아보면 개를 쓰다듬으며 칭찬하고 있는 주인을 볼 수 있습니다. 개에 대한 저의 칭찬이 그 주인으로 하여금 개를 새롭게 보도록 한 것입니다.

언젠가 한 번은 영국에서 양 치는 사람을 만난 적이 있었습니다. 저는 그가 데리고 있는 크고 영리한 목양견을 보고 진심에서 우러난 칭찬을 했습니다. 그리고 그 개를 어떻게 길들였는지 물어보았습니다. 그들과 헤어져 가다가 뒤를 돌아보니 개는 주인의 어깨에 앞발을 올려놓고 주인은 그 개의 머리를 쓰다듬고 있었습니다. 양치기와 그의 개에게 보인 제 작은 관심이 그를 행복하게 만든 것입니다. 그리고 저는 그 개를 행복하게 만들었고 저 자신도 행복하게 했습니다.

짐꾼들과 악수를 하고 뜨거운 주방에서 일하는 요리사들을 걱정해 주며 개 주인에게 개에 대한 칭찬을 아끼지 않는 사람. 그런 사람이 괴로움과 걱정 때문에 정신과 의사의 진료를 받아야 한다고 상상할 수 있겠는가? 그럴 수 없다. 그렇지 않은가? 아니, 당연히 못한다. 그러한 경우를 표현한 중국 속담이 있다. '장미를 건네는 손에는 항상 장미향이 배어 있다.' 이 속담을 예일 대학의 펠프스 교수에게 말해 줄 필요는 없다. 그는 이미 알고 있고, 그 말대로 살았으니 말이다.

당신이 남자라면 다음에 나올 단락에 별 흥미가 없을지도 모르니 읽지 않고 건너뛰어도 좋다. 걱정 많고 불행한 한 소녀가 어떻게 많은 남자들의 구애를 받게 되었는지에 관한 이야기이기 때문이다. 그 소녀는 이제 할머니가 되었다. 몇 년 전, 나는 그녀 부부의 집에서 하룻밤을 묵은 적이 있다. 나는 그녀가 살던 동네에서 강의를 했는데, 그다음 날 그녀는 내가 뉴욕 센트럴 역으로 가는 기차를 놓치지 않도록 거의 90킬로미터나 되는 거리를 차로 태워다 주었다. 대화를 하던 중 화제가 친구를 사귀는 것에 관한 것에 이르렀을 때, 그녀는 이렇게 말했다. "카네기 선생님, 지금까지 남편은 물론 아무에게도 털어놓은 적이 없는 이야기를 들려 드릴게요." (여담이지만 이 이야기는 당신이 상상하는 것만큼 재미있지 않을 수도 있겠다.)

그녀는 필라델피아의 사교계에서 알려진 집안에서 자랐다고 말했다.

제 어린 시절과 젊은 시절의 비극은 우리 집안이 가난하다는 것이었습니다. 저는 사교 모임에 오는 또래 여자아이들처럼 호화롭게 지내지 못했어요. 고급 옷도 입어 보지 못했고, 몸에 맞지 않는 옷과 유행이 지난 옷들만 있었지요. 그때는 너무 창피하고 부끄러워 울다 잠들었답니다. 그러다 자포자기의 심정으로 한 가지 아이디어를 생각해 냈습니다. 저녁 모임에서 만나는 파트너들에게 경험이나 생각, 미래에 대한 계획을 끊임없이 물어보는 것이었죠. 사실 그런 이야기에 특별한 관심이 있어서 물어본 것은 아니었어요. 오로지 파트너가 형편 없는 제 옷을 보지 못하게 하려고 한 것이죠.

그런데 이상한 일이 일어났습니다. 그들이 하는 이야기에 귀를 기 울이고 그들을 더 많이 알게 되자, 그들의 이야기에 관심이 생겼거든 요. 너무 재밌게 듣다가 가끔 제 옷에 관한 생각을 잊어버리기도 했습 니다. 하지만 정말로 놀라운 일은 지금부터입니다. 저는 그들의 이야 기를 잘 들어 주고 그들 자신에 관한 이야기를 하도록 용기를 북돋아 주었습니다. 그것이 그들에게 행복감을 주었고, 차츰 저는 사교 모임 에서 가장 인기 있는 여자가 되었습니다. 저는 그 남자들 중 세 명으 로부터 청혼을 받았습니다."(여성들이여, 바로 이런 식으로 남자들을 대 하면 된다.)

이번 장을 읽은 사람들 중 어떤 이는 이렇게 말할 것이다. "다른 사람 들에게 관심을 가지라는 이런 말은 모두 허튼소리야! 순전히 종교적인 이야기라고! 나한텐 다 부질없는 소리야! 돈은 내 지갑에 넣을 거야. 내 가 가질 수 있는 한 모두 내 손에 넣을 거야. 지금 당장 말이야. 얼간이 같은 다른 바보들은 어떻게 되든 나랑 상관없다고!"

이게 당신의 생각이라면 그것에 대해 뭐라고 할 생각은 없다. 하지만 당신의 생각이 옳다면 역사가 기록되기 시작했을 때부터 모든 위대한 사상가들이나 선생들 즉 예수, 공자, 부처, 플라톤, 아리스토텔레스, 소크 라테스, 성 프란체스코 같은 사람들의 말은 모두 틀린 셈이 된다. 하지만 당신은 종교적인 지도자들의 가르침을 비웃을지도 모르니 무신론자들 의 조언도 참조해 보도록 하자. 우선 케임브리지 대학 교수였고 당대 가장 저명한 학자들 중 한 명이었던 고故 A. E. 하우스만A. E. Hausman의 경우를 살펴보자. 1936년 그는 '시의 제목과 특징'을 주제로 케임브리지 대학에서 강연한 적이 있는데, 그 강연에서 그는 이렇게 말했다. "지금까지 전해지는 말들 가운데 가장 위대한 진리이자 역사상 가장 심오한 도덕적 발견은 다음과 같은 예수의 말입니다. '자기 목숨을 얻으려는 사람은 잃을 것이고, 나를 위해 자기 목숨을 잃는 사람은 얻을 것이다.'"

우리는 목회자들이 그런 이야기를 하는 것을 평생 듣고 살았다. 하지만 하우스만은 자살을 기도했던 무신론자이자 비관론자였다. 그럼에도 그는 자기 자신만을 생각하는 사람은 풍요로운 인생을 살 수 없다고 생각했다. 그런 사람은 불행해진다. 하지만 다른 사람들에게 봉사하기 위해 자신을 잊는 사람은 삶의 기쁨을 발견하게 된다.

A. E. 하우스만의 이야기에서도 느끼는 바가 없다면 20세기 가장 유명한 무신론자의 조언을 들어 보자. 바로 미국의 소설가 시어도어 드라이저Theodore Dreiser다. 드라이저는 모든 종교를 꾸며 낸 이야기라 비웃었고 인생을 '의미 없는 소음으로 가득하고 아무 중요성도 없는, 바보가 지껄이는 이야기'로 여겼다. 그러나 그런 드라이저도 예수가 가르친 가지 위대한 원칙, 다른 사람들을 섬기라는 원칙만큼은 지지했다. 그는 이렇게 말했다. "자신의 짧은 인생에서 조금이라도 기쁨을 얻고자 한다면, 자기 자신뿐 아니라 다른 사람들을 더 이롭게 하기 위한 생각을 하고 계획을 세워야 한다. 왜냐하면 그 자신을 위한 기쁨은 다른 사람들에게서 나오는 것이고, 다른 사람들의 기쁨은 나에게서 나오는 것이기 때문이다."

드라이저의 주장처럼 '다른 사람들을 더 이롭게 하기 위하는 것'이라면 서둘러 그것을 하도록 하자. 시간은 계속 흘러가고 있다. "이 길은 단한 번만 지나갈 수 있다. 그러므로 내가 할 수 있는 모든 좋은 일들과 내가 보여 줄 수 있는 모든 친절은 지금 당장 행해야 한다. 미루거나 소홀히 해서는 안 된다. 이 길은 다시 지나갈 수 없기 때문이다."

걱정을 없애고 평안과 행복을 키우고 싶다면,

| 마음가짐 7 |

다른 이들에게 관심을 가짐으로써 자신을 잊어버려라.
매일 다른 이의 얼굴에 미소가 생기게 하는 선행을 베풀어라.

Forget yourself by becoming interested in others. Do every day
a good deed that will put a smile of joy on someone's face.

| 4부 | 요약정리 |

평화와 행복을 가져오는 7가지 마음가짐

1. 평화와 용기, 건강, 희망에 대한 생각으로 정신을 가득 채워라. "우리의 인생은 우리가 생각하는 대로 만들어진다."

2. 절대로 적에게 앙갚음하려 하지 마라. 그것은 적들보다 당신 자신을 더 해친다. 아이젠하워 장군이 그러했듯이 당신 마음에 들지 않는 사람들을 생각하는 데는 1분의 시간이라도 낭비하지 마라.

3. 1) 사람들이 당신에게 감사할 줄 모른다고 분노하지 말고 아예 그런 기대를 갖지 마라. 예수는 하루에 열 명의 나병 환자를 고쳐 주었지만 그중 오직 한 명만이 감사했음을 기억하자. 우리가 예수보다 더 많은 감사를 받아야 할 이유가 있는가?

2) 행복을 찾는 유일한 길은 감사를 받을 것이라 기대하는 것이 아니라 베푸는 것에서 오는 즐거움 때문에 베푸는 것이다.

3) 감사는 '교육되는' 특징이 있다는 것을 기억하자. 따라서 자녀들이 감사하는 사람이 되기를 원한다면, 그들에게 감사하는 법을 가르쳐야 한다.

4. 당신이 안고 있는 문제 대신, 받고 있는 축복을 헤아려 보라.

5. 다른 이를 모방하지 마라. 자신이 누구인지 알아낸 뒤 그 모습대로 살아라. 부러움은 곧 무지이고, 모방은 곧 자살행위다.

6. 운명이 신 레몬을 건네 준다면, 그것으로 레모네이드를 만들기 위해 노력하라.

7. 다른 이에게 작은 행복을 만들어 주기 위해 노력함으로써 우리 자신의 불행을 잊어버리자. "다른 사람들에게 좋은 일을 하는 것은 곧 당신 자신에게 가장 좋은 일을 하는 것이다."

DALE CARNEGIE

HOW TO STOP WORRYING AND START LIVING

1.

내 부모님은 어떻게
걱정을 극복하셨을까

앞서 말했듯이 나는 미주리 주의 농장에서 태어나고 자랐다. 당시 대부분의 농부들이 그러했듯 우리 부모님도 힘들게 돈을 모으셨다. 어머니는 시골 학교 선생님이었고 아버지는 한 달에 12달러를 벌기 위해 일하는 농장 노동자였다. 어머니는 나의 옷가지뿐 아니라 옷을 세탁하는 비누도 만드셨다.

1년에 한 번 돼지를 팔 때를 빼면 우리 집에는 돈이 거의 없었다. 우리는 집에서 만든 버터와 달걀을 식료품점에 가지고 가서 밀가루, 설탕, 커피 같은 것들과 바꿨다. 열두 살 때, 나를 위해 쓸 수 있는 돈은 1년에 50센트도 채 되지 않았다. 나는 아직도 가족과 독립기념일 행사에 갔던 날 아버지가 내 마음대로 쓰라고 10센트를 주셨던 일을 아직도 잊을 수가 없다. 그때는 이 세상이 다 내 것 같았다.

나는 교실이 하나뿐인 시골 학교에 1마일을 걸어 다녔다. 눈이 깊게 쌓이고 온도가 영하 30도 가까이 떨어졌을 때에도 그렇게 했다. 열네 살이 될 때까지 나는 고무신이나 방한용 덧신을 신어 보지 못했다. 길고도 추운 겨울 내내 발은 항상 젖어 있었고 차가웠다. 어렸을 때는 겨울에도 발이 보송보송하고 따뜻한 가진 사람이 있을 거라고는 상상도 못했다.

부모님은 하루 16시간씩 일하셨지만 우리 가족은 늘 빚과 불운에 시달렸다. 어린 시절 가장 먼저 일어났던 일에 대한 기억은 홍수로 넘친 102번 강이 우리 옥수수 밭과 목초지를 휩쓸고 지나가 모든 것을 엉망으로 만든 것이다. 7년 동안 여섯 번의 홍수가 우리 집 작물들을 망쳐놨다. 돼지들은 매년 콜레라로 죽었고 우리는 그것들을 불에 태웠다. 지금도 눈을 감으면 돼지들이 불에 탈 때 풍겼던 지독한 냄새가 생각난다.

홍수 피해가 없었던 해도 있었다. 옥수수 농사는 풍년이었고, 소를 사다가 옥수수를 먹여 살찌웠다. 하지만 그해 역시 홍수가 닥쳤던 해와 다를 바 없었다. 시카고 축산시장에서 소 값이 떨어졌기 때문이다. 그래서 그렇게 소들을 먹이고 살찌웠지만 소들을 살 때 든 비용보다 고작 30달러를 더 벌었을 뿐이었다. 1년 내내 일해서 30달러라니! 우리는 뭘 해도 손해를 봤다. 아버지가 새끼 노새 몇 마리를 사 오셨던 모습이 아직도 기억난다. 우리는 3년 동안 키운 그 노새들을 테네시 주 멤피스로 실어보냈다. 3년 전에 그 노새들을 샀을 때보다 적은 돈을 받고 말이다.

그렇게 10년 동안 고생해서 죽어라 일했는데도 우리 가족은 수중에 돈 한 푼 없었고 큰 빚까지 지게 되었다. 우리는 농장을 담보로 대출을 받았다. 할 수 있는 일을 다 해 봐도 대출 이자조차 갚을 수 없었다. 대출을 해 준 은행은 아버지를 모욕하고 무시했으며 농장을 빼앗겠다고 으름장을 놓았다. 47세의 아버지가 30년 이상을 열심히 일한 대가로 얻은 것이라고는 빚과 수치심뿐이었다. 아버지는 그 상황을 받아들일 수 없었다. 그리고 식욕도, 건강도 잃으셨다. 하루 종일 밭에서 힘든 육체적 노동을 했음에도 약을 먹어야만 식욕이 생겼다. 살도 빠졌다. 의사는 아버지가 6개월 안에 돌아가실 거라고 어머니에게 말했다. 걱정이 너무도 심했던 아버지는 더 이상 의욕이 없으셨다. 어머니는 내게, 아버지가 말들에게 사료를 주러 가거나 소젖을 짜러 갔다가 제 시간에 돌아오지 않으시면 혹시나 줄에 목을 매고 자살을 하지나 않았을까 두려워하며 축사로 가 보곤 했다는 말씀을 자주 하셨다. 하루는 아버지께서 메리빌에 있는 은행에 갔다가 우리 목장을 처분해 버리겠다는 위협을 들으셨다. 아버지는 집에 돌아오는 길에 강을 건너는 다리 위에서 마차를 세우시고, 마차에서 내린 뒤 한참 동안 서서 강물에 뛰어들어 모든 걸 끝내 버릴까 고민하시기도 했다.

몇 년 후 아버지는 내게 그때 강물에 뛰어들지 않았던 이유에 대해 말씀해 주셨다. 그것은 바로 우리가 하느님을 사랑하고 율법을 잘 지키면 결국 모든 일이 잘될 거라는 어머니의 깊고 변함없는 그리고 기쁨에 넘치는 믿음 때문이었다. 어머니가 옳았다. 결국엔 모든 일이 잘되었다. 아버지는 행복하게 42년을 더 사셨고 89세를 일기로 1941년에 돌아가셨다.

그렇게 고되고 가슴 아팠던 세월 동안 어머니는 단 한 번도 걱정하지 않으셨다. 어머니는 모든 괴로움을 하느님께 맡겼다. 매일 밤, 잠자리에 들기 전에 어머니는 성경책을 읽으셨다. 어머니나 아버지가 종종 읽었던 성경 말씀에 이런 말이 있다. '내 아버지의 집에는 거할 곳이 많도다.

내가 너희를 위하여 거처를 예비하러 가노니 나 있는 곳에 너희도 있게 하리라.' 성경을 읽은 뒤 미주리 주의 외딴 농가에서 우리 가족은 의자 앞에 무릎 꿇고 하느님의 사랑과 보호를 간청하는 기도를 올렸다. 윌리엄 제임스가 하버드 대학의 철학 교수였을 때 그는 이렇게 말했다. "걱정을 없애는 특효약은 당연히 종교적인 신앙심이다."

그 사실을 발견하려고 하버드 대학까지 갈 필요는 없다. 내 어머니는 미주리 농장에서 그것을 발견하셨으니 말이다. 홍수도, 빚도, 끔찍한 불행도 어머니의 행복하고 기쁨에 빛나는, 그리고 승리한 정신을 억압할 수 없었다. 아직도 당시에 어머니가 일하며 부르던 노래가 들리는 것 같다.

평화, 평화, 놀라운 평화,
하늘에 계신 아버지로부터 흘러내려와,
영원히 내 영혼에 넘치기를
헤아릴 수 없는 사랑의 바다 속에서 기도합니다.

어머니는 내가 종교적인 일에 평생을 바치길 바라셨다. 나는 해외 선교사가 되는 것에 대해 진지하게 생각했다. 그러다 대학에 입학했고 차츰 시간이 지나면서 내게 변화가 찾아왔다. 나는 생물학, 철학, 비교종교학을 공부했고, 성경책이 어떻게 만들어졌는지에 관한 책들을 읽었다. 나는 성경이 주장하는 많은 것들에 대한 의문이 생겼고, 당시 시골 목사들이 가르쳤던 편협한 교리들을 의심하기 시작했다. 혼란스러웠다. 마치 월트 휘트먼Walt Whitman이 말한 것처럼 "내 안에서 이상하고 갑작스러운 질문들이 꿈틀거리는 것 같았다."

나는 무엇을 믿어야 할지 알 수 없었다. 삶의 목적도 찾지 못했다. 기도하는 것도 그만두었다. 나는 불가지론不可知論자가 되었다. 나는 모든 인생에는 계획도 목적도 없다고 믿었다. 2억 년 전에 지구상을 배회하던 공룡처럼 인간 역시 신성한 목적을 갖고 있지 않다고 믿었다. 공룡들이 멸종한 것처럼 인류도 언젠가는 사라질 것 같았다. 과학은 태양이 서서히 식고 있으며 그 온도가 10퍼센트만 내려가도 지구상의 어떠한 생명체도 존재할 수 없다는 사실을 가르친다는 것을 나는 알고 있었다. 나는 선하신 하느님이 자신의 형상을 따라 인간을 창조했다는 발상에 코웃음을 쳤다. 수억에 수억을 더한 것만큼이나 많은 태양들이 알 수 없는 힘에 의해 창조된 어둡고 차가운 무생명의 우주 공간을 선회하고 있다고 믿었다. 어쩌면 창조 자체가 없었을지도 모른다. 시간과 우주가 언제나 존재하듯 어쩌면 그 태양들도 영원히 존재했는지 모른다.

내가 지금 이 모든 의문들에 대한 답을 알고 있다고 하는 것 같은가? 그렇지 않다. 그 누구도 우주의 신비, 생명의 신비는 설명할 수 없다. 우리는 불가사의한 것들에 둘러싸여 있다. 당신의 신체 활동 역시 엄청나게 신비한 것이다. 집 안의 전기도 마찬가지고, 벽 틈에서 핀 꽃과 창밖의 푸른 잔디밭도 그러하다. 제너럴 모터스 사의 연구소를 이끄는 천재 찰스 F. 캐터링은 풀이 푸른 이유를 알아내기 위해 매년 3만 달러라는 돈을 앤티오크 대학에 기부하고 있다. 그는 풀이 태양, 물, 이산화탄소를 포도당으로 바꾸는 방법을 알 수만 있으면 문명을 바꿀 수 있다고 주장한다.

심지어 차 안의 엔진이 작동하는 것도 대단히 신비한 것이다. 제너럴 모터스 연구소는 실린더 내의 스파크가 어떻게, 왜 폭발을 일으켜 차를 움직이게 하는지를 알아내기 위해 수년의 시간과 수백만 달러의 돈을 투자하고 있지만, 여전히 그 답은 찾지 못했다.

신체나 전기, 또는 내연 기관의 신비를 이해하지 못한다 해서 그것들을 사용하고 즐기지 못하는 것은 아니듯, 내가 기도와 종교의 신비를 이해하지 못한다고 해서 종교가 가져다주는 풍요롭고 행복한 삶을 즐기지 말아야 하는 것도 아니다. 오랜 시간이 지난 뒤 마침내 나는 미국 철학자인 산타야나George Santayana의 다음과 같은 지혜로운 말의 의미를 깨닫게 되었다. "인간은 삶을 이해하라고 만들어진 것이 아니다. 살아가라고 만들어진 것이다."

나는 예전으로 돌아갔다. 예전의 종교로 돌아갔다고 말하려고 했지만 그 말은 정확하지 않은 것 같다. 나는 기독교 내부 종파를 나누는 교리의 차이들에는 이제 조금의 관심도 두지 않지만, 종교가 내게 미치는 영향에 대한 관심은 엄청나다. 그것은 전기와 양질의 음식과 물이 내게 미치는 영향에 관심을 갖는 것과 같다. 그것들 덕분에 나는 더 풍요롭고, 충만하고, 행복하게 산다. 하지만 종교는 그보다 훨씬 더 큰 도움을 준다. 종교는 내게 정신적인 가치를 준다. 종교는 내게 윌리엄 제임스의 표현처럼 "인생, 더 큰 인생, 더 크고, 더 풍요롭고, 더 만족스러운 인생에 대한 새로운 열정"을 부여한다. 또한 내게 신념, 희망, 그리고 용기를 주며 긴장, 불안, 두려움, 걱정을 없애 준다. 종교는 삶의 목적과 방향을 제시해 주고, 내게 한없는 행복과 넘치는 건강을 준다. 종교는 '소용돌이치는 인생이라는 모래사막 한복판에 마르지 않는 평화의 샘'을 나 스스로 만들어 낼 수 있도록 도와준다.

350년 전에 프랜시스 베이컨Francis Bacon이 했던 말이 맞았다. "얕은 철학은 사람의 마음을 무신론으로 기울인다. 그러나 깊은 철학은 사람의 마음을 종교로 이끈다."

언젠가 사람들이 과학과 종교의 대립에 관해 이야기하던 시절이 생각난다. 그러나 그걸로 끝이었다. 심리학이라는 가장 현대적인 학문에서도 예수가 가르쳤던 것들을 가르친다. 왜 그럴까? 심리학자들은 기도와 강한 종교적 신념이 인간의 모든 질병의 절반 이상을 유발하는 걱정, 근심, 긴장, 두려움 같은 것들을 사라지게 한다는 사실을 깨달았기 때문이다. 심리학자의 대표자 격인 A. A. 브릴A. A. Brill 박사가 말했듯 '종교적으로 신실한 사람은 신경증에 걸리지 않는다'는 사실을 심리학자들은 알고 있다. 만약 종교가 진실이 아니라면 삶은 아무런 의미가 없는, 비극적인 광대극일 뿐이다.

핸리 포드가 사망하기 몇 년 전 나는 그와 인터뷰를 했다. 나는 세계에서 가장 큰 사업체 중 하나를 세우고 경영하는 데 보낸 긴 세월의 피로감 같은 것이 그의 얼굴에 드러나지 않을까 예상했다. 그러나 78세라는 나이에도 너무나 차분하고 평온한 그의 모습에 나는 놀라지 않을 수 없었다. 그에게 혹시 걱정이라는 것을 해 본 적이 있는지 묻자 그는 이렇게 대답했다. "아뇨, 없습니다. 저는 모든 일들은 하느님께서 주관하시고 그분께서는 제 조언 같은 건 필요로 하지 않으신다는 것을 믿고, 모든 것은 하느님이 맡고 계시니 결국은 최선의 결과가 나타날 것이라고 믿습니다. 그런데 걱정할 것이 뭐가 있겠습니까?"

오늘날에는 심지어 정신과 의사들조차 현대적인 복음 전도자들이 되고 있다. 그들이 우리에게 종교적인 삶을 권하는 이유는 우리가 죽은 뒤 지옥에 가는 것을 피하게 하려는 것이 아니라 지금 살고 있는 이 세상의 지옥, 즉 위궤양, 협심증, 신경쇠약, 정신이상 등과 같은 것을 막기 위해서다. 심리학자나 정신과 의사들이 가르치는 것들에 대해 더 알고 싶다면 헨리 C. 링크Henry C. Link 박사가 쓴《종교로의 귀의The Return to Religion》라는 책을 읽어 보기 바란다.

그렇다. 기독교를 믿는 신앙심은 활기와 건강을 준다. 예수는 말했다. "내가 온 것은 너희로 하여금 생명을 얻게 하되 더욱 풍성하게 하려 함이니라." 예수는 메마른 형식과 죽은 예배로 대변되는 당시의 종교를 비난했다. 그는 반역자였다. 그는 새로운 종류의 종교, 세상을 뒤엎겠다고 위협하는 종교를 가르쳤다. 바로 그것 때문에 예수가 십자가에 못 박혀 죽은 것이다. 그는 종교를 위해 인간이 존재하는 것이 아니라 인간을 위해 종교가 존재해야 하는 것이고, 인간을 위해 안식일이 만들어진 것이지 인간이 안식일을 위해 만들어진 것은 아니라고 가르쳤다. 그는 죄에 관한 것보다 두려움에 관해서 더 많이 이야기했다. 잘못된 종류의 두려움이 바로 죄다. 그것은 당신의 건강에 대한 죄임과 동시에 예수가 말했던 '더욱 풍요롭고 충만하며 행복하고 용기 있는 삶'에 대한 죄다. 에머슨은 자기 자신을 일컬어 '기쁨에 관한 학문을 가르치는 교수'라고 했는데, 마찬가지로 예수도 '기쁨에 관한 학문'을 가르치는 사람이었다. 예수는 제자들에게 "기뻐하고 즐거워하라."라고 명했다.

예수는 종교에서 중요한 것은 두 가지뿐이라고 강조했다. 하나는 온 마음을 다해 하느님을 사랑하는 것이고, 다른 하나는 이웃을 내 몸과 같이 사랑하는 것이다. 알고 하든 모르고 하든, 이렇게 하는 사람은 종교적인 사람이다. 오클라호마 주 털사에 사는 나의 장인어른 헨리 프라이스가 그 예다. 그분은 황금률에 따라 인생을 살려고 노력하셨고, 절대로 인색하거나 이기적이거나 부정직한 일들을 할 수 없는 성격이었다. 하

267

지만 장인어른께서는 교회에 다니지는 않으셨고 본인을 불가지론자로 여겼다. 하지만 절대로 그렇지 않았다! 어떤 사람이 기독교인일까? 존 베일리가 했던 답을 들어 보자. 그는 아마도 에든버러 대학에서 신학을 가르쳤던 교수들 중 가장 뛰어난 사람일 것이다. 그는 이렇게 말했다. "기독교인이 된다는 것은 어떤 사상을 지적으로 받아들인다거나 어떤 규칙을 지키는 것이 아니다. 어떤 특정한 '정신'으로 어떤 특정한 '삶'을 사는 사람이 기독교인이다." 만일 이렇게 하는 것이 기독교인이라면 내 장인어른은 진정한 기독교인이다.

현대 심리학의 아버지인 윌리엄 제임스는 그의 친구 토머스 데이비슨에게 편지를 썼다. 시간이 흐름에 따라 '점점 더 하느님이 없이는 살아갈 수 없는' 자기 자신을 발견하게 된다고 말이다.

앞서 나는 심사위원들이 걱정에 관해 내 수강생들이 보낸 이야기들 중 가장 좋은 것을 골라야 함에도, 너무나 뛰어난 두 이야기의 우위를 가릴 수 없어 상금을 반으로 나눠야 했다는 이야기를 했다. 그때 공동으로 1등을 차지했던 이야기 중 두 번째 것을 들려주겠다. 이 이야기는 역경을 통해 '하느님 없이 살아가는 것은 불가능하다'는 사실을 깨닫게 된 한 여성의 잊지 못할 경험담이다. 실명은 아니지만 나는 그녀를 메리 쿠쉬먼이라 부르겠다. 나는 자신의 이야기가 책에 실린 것을 자녀들과 손자 손녀들이 본다면 당황할지도 모르니 가명으로 처리해 달라는 그녀의 요청에 동의했다. 하지만 그녀는 실제 인물이다. 몇 달 전에 그녀는 내 책상 옆에 놓인 팔걸이의자에 앉아 자신의 이야기를 들려주었다. 그 이야기는 이렇다.

경제공황기에 제 남편의 평균 급여는 1주일에 18달러였습니다. 남편이 아팠을 때는 급여를 받지 못했으니 그 정도도 벌지 못할 때가 많았죠. 그런 일은 흔했습니다. 남편에게는 작지만 안 좋은 일들이 계속해서 일어났어요. 볼거리와 성홍열에 걸렸는가 하면 감기도 달고 살았죠. 우리는 우리 손으로 직접 지은 집도 잃게 되었어요. 식료품 가게에 갚아야 할 돈이 50달러였는데 먹여 살려야 할 아이들은 다섯이나 되었죠. 저는 이웃집의 빨래와 다림질을 대신 해 주고 받은 돈으로 구세군 가게에 가서 중고 옷가지를 사다가 아이들 몸에 맞게 손질해서 입혔습니다. 걱정이 많았던 저는 저 자신을 병들게 했어요.

하루는 우리가 50달러를 빚지고 있던 식료품 가게 주인이 열한 살 난 제 아들을 붙들어 오더니 연필 몇 자루를 훔쳤다고 하더군요. 그 주인이 제게 그 이야기를 하는 동안 아들은 눈물만 뚝뚝 흘리고 있었습니다. 저는 아들이 정직하고 예민한 아이라는 걸 알고 있었어요. 그리고 아들이 다른 사람들 앞에서 창피를 당하고 자존심이 상했다는 것도 알 수 있었죠. 작은 일이긴 했지만 그 일로 저는 더 이상 견딜 수 없었습니다. 우리 가족이 견뎌 왔던 그 모든 비참함이 한꺼번에 머릿속에 떠올랐습니다. 미래에 대한 희망은 전혀 보이지 않았어요. 그때 분명 걱정 때문에 순간적으로 정신이 나갔던 것 같습니다. 저는 세탁기를 끄고 겨우 다섯 살이었던 제 딸아이를 데리고 침실로 들어가 창문을 모두 걸어 잠근 뒤 종이와 천 조각으로 창문과 벽에 나 있던 모든 틈새를 틀어막았습니다. 어린 딸이 묻더군요. '엄마, 뭐 해요?' 저는 대답했습니다. '바람이 새어 들어와서 막는 거야.' 그런 뒤 저는 침실에 있는 가스 난방기를 틀었습니다. 불은 붙이지 않은 채 말이죠. 딸아이와 나란히 침대 위에 눕자 딸이 이렇게 말하더군요. '엄마, 이상해요. 우리 조금 전에 일어났잖아요!' 하지만 저는 이렇게 말했습니다. '걱정 마. 잠깐 낮잠 자는 거야.' 저는 난방기에서 가스가 새는 소리를 들으며 눈을 감았습니다. 그때의 가스 냄새는 절대 잊을 수 없을 거예요.

그런데 갑자기 음악 소리가 들리는 것 같았습니다. 자세히 들어보니 부엌에 있는 라디오를 끄는 걸 제가 깜빡했더군요. 하지만 이제 그런 건 상관없었습니다. 그래도 노래는 계속되었고 어느 순간 저는 누군가 찬송가를 부르는 것임을 알게 되었습니다.

죄와 짐 맡은 우리 구주 어찌 좋은 친군지!
걱정, 근심, 무거운 짐 우리 주께 맡기세.
주께 고함 없는 고로 복을 얻지 못하네.
사람들이 어찌하여 아뢸 줄을 모를까.

그 찬송가를 들으며 저는 제가 엄청난 잘못을 저질렀다는 사실을 깨닫게 되었습니다. 제게 닥친 지독한 싸움들을 혼자서 이겨 내려고만 했지 주께 모든 것을 맡기지 않았던 것입니다. 저는 자리를 박차고 일어나 가스를 잠그고 문과 창문을 활짝 열었습니다. 그날 저는 하루 종일 울면서 기도했습니다. 하지만 저를 도와 달라는 기도는 아니었습니다. 대신 마음을 다해 주님이 제게 주신 축복, 즉 건강하고 착하며 굳센 몸과 마음을 가진 훌륭한 다섯 아이들을 제게 주신 그 축복에 대한 감사를 드렸습니다. 그리고 다시는 그렇게 은혜를 모르는 사람이 되지 않겠다는 약속을 하느님께 드렸고, 그 약속은 지금까지 지키

270

고 있습니다.

저희는 집을 잃고 시골 학교에 딸린 월세 5달러짜리 작은 집으로 이사를 가야 했지만 그런 집에서라도 살게 해 주신 하느님께 감사드렸습니다. 적어도 따뜻하게 지낼 수 있고 비를 피할 수 있는 지붕이 있다는 사실에 감사했습니다. 지금보다 더 안 좋은 일들이 일어나지 않게 해 주신 것에 대해서도 진심으로 감사했습니다. 그리고 저는 주님이 저의 그러한 기도를 들어주셨다고 믿습니다. 오래지 않아 상황이 나아졌기 때문입니다. 그렇다고 하룻밤 사이에 좋아진 것은 아닙니다. 하지만 공황 상태에 빠졌던 경기가 활기를 띠게 되자 우리는 조금씩 더 많은 돈을 벌게 되었습니다. 저는 큰 휴양 시설의 물품 보관소에서 일하게 되었고 부업으로 스타킹도 팔았습니다. 혼자 힘으로 대학을 다니기 위해 아들 중 하나는 농장에서 아침저녁으로 열세 마리의 젖소들의 젖을 짰습니다. 지금 아이들은 모두 성인이 되어 결혼을 했고, 제게는 세 명의 착한 손자 손녀들이 있습니다. 가스를 틀어 놓았던 그 끔찍한 날을 떠올릴 때마다 제때 저를 '일어날 수 있게' 해 주신 하느님께 감사하고 또 감사합니다. 그때 그 일을 저질렀다면 어떻게 이런 기쁨들을 맛볼 수 있었을까! 이렇게 많은 멋진 나날들을 영원히 잃을 뻔했구나! 지금은 누군가가 삶을 끝내고 싶다고 하는 소리를 들을 때마다 이렇게 외치고 싶어집니다. '안 돼요! 안 돼!' 우리가 견뎌 내야 할 가장 암담한 순간은 잠시뿐입니다. 그 순간이 지나고 나면 미래가 찾아옵니다.

미국에서는 평균적으로 35분당 한 명이 자살하고, 120초당 한 명은 정신이상자가 된다. 만일 종교와 기도가 주는 위안과 평안을 갖기만 했다면 대부분의 자살, 그리고 정신이상이라는 비극의 상당수는 막을 수도 있었을 것이다.

가장 뛰어난 정신의학자 중 하나인 칼 융은 《영혼을 찾는 현대인Modern Man in Search of a Soul》이라는 그의 책 264쪽에서 다음과 같이 말하고 있다. "지난 30년 동안 지구상의 모든 문명국가 사람들이 내게 상담을 받았다. 나는 수백 명의 환자들을 치료해 왔다. 인생의 후반부, 즉 35세 이상의 모든 환자들 가운데 궁극적으로 인생에 대한 종교적 시각을 갖추는 것 이외의 문제를 가진 사람은 단 한 명도 없었다. 그들이 아픈 이유는 어느 시대건 살아 있는 종교가 신도들에게 항상 쥐 왔던 것을 잃었기 때문이고, 종교적인 시각을 다시 갖추지 못한 사람은 어느 누구도 진짜로 치유되지 않은 것이라 말해도 전혀 과언이 아니다."

이 말은 너무나도 중요한 말이기 때문에 다시 되풀이하겠다. 칼 융 박사는 이렇게 말했다.

지난 30년 동안 지구상의 모든 문명국가 사람들이 내게 상담을 받았다. 나는 수백 명의 환자들을 치료해 왔다. 인생의 후반부, 즉 35세 이상의 모든 환자들 가운데 궁극적으로 인생에 대한 종교적 시각을 갖추는 것 이외의 문제를 가진 사람은 단 한 명도 없었다. 그들이 아픈 이유는 어느 시대건 살아 있는 종교가 신도들에게 항상 쥐 왔던 것을 잃었기 때문이고, 종교적인 시각을 다시 갖추지 못한 사람은 어느 누구도 진짜로 치유되지 않은 것이라 말해도 전혀 과언이 아니다.

데일 카네기 자기관리론

윌리엄 제임스도 이와 거의 비슷한 말을 다음과 같이 했다. "신앙심은 인간이 살아갈 수 있게 하는 원동력이다. 믿음이 전혀 없다는 것은 무너짐을 의미한다." 부처 이후 지금까지 인도의 가장 위대한 지도자였던 마하트마 간디Mahatma Gandhi도 기도가 주는 힘으로 고무되지 않았다면 무너졌을 것이다. 그걸 어떻게 아느냐고? 간디 본인이 그렇게 말했기 때문이다. 그는 이렇게 적었다. "기도가 없었다면 나는 오래전에 미쳐 버렸을 것이다." 수천 명의 사람들이 이와 비슷한 증거가 될 수 있다. 내 아버지도 그렇다. 앞서 언급했듯 아버지는 어머니의 기도와 신앙심이 아니었다면 강물에 뛰어들었을 것이다. 아마도 지금 현재 정신병원에서 비명을 지르며 고통 받는 수천 명의 영혼들은 혼자서 인생의 싸움들을 이겨 내려고 하지 않고 더 큰 힘에 의지하기만 했어도 구원을 받았을 것이다.

고통에 시달리고 우리가 가진 힘이 한계에 다다랐을 때, 우리 가운데 많은 사람은 자포자기의 심정으로 신에게 의지한다. 그래서 '피난처에는 무신론자가 없다.'라는 말도 있는 것이다. 하지만 왜 우리는 절박해질 때까지 기다리는 것일까? 어째서 우리가 가진 힘을 매일매일 회복하지 않는 것일까? 심지어 왜 일요일이 될 때까지 기다리는 것일까? 수년간 나는 습관적으로 일요일이 아닌 평일 오후에 텅 빈 교회에 들르고 있다. 너무도 바쁘게 서두르고 사느라 종교적인 것들에 대해 생각할 시간이 조금도 없다고 느껴지면 나는 스스로에게 이렇게 말한다. "잠깐, 잠깐만. 데일 카네기. 이 작은 친구야. 왜 그렇게 숨 가쁘게 뛰면서 서두르는 거야? 잠깐 멈추고 어느 정도 균형 있게 바라볼 필요가 있어." 그런 때에는 문이 열려 있는, 제일 처음 마주치는 교회에 들른다. 나는 개신교 신자이지만 평일 오후에 종종 5번가에 있는 성 패트릭 성당에 들러,

30년 후면 나는 죽겠지만 모든 교회에서 가르치는 위대한 종교적 진리는 영원하다는 사실을 되새기곤 한다. 나는 눈을 감고 기도한다. 이렇게 하면 초조했던 마음이 진정되고 몸이 편안해지며, 내 관점도 명확해지고 나의 가치 체계가 새로 정립되는 데 도움이 된다는 사실을 알게 되었다. 이런 습관을 당신에게도 권하고 싶다.

이 책을 써 온 지난 6년 동안 나는 남성들과 여성들이 기도를 통해 두려움과 걱정을 이겨 낸 것과 관련된 수백 가지의 실례 및 구체적 사례들을 수집했다. 나의 파일 캐비닛은 그런 사례들의 기록으로 가득 차 있다. 대표적인 사례로 실망에 빠져 용기를 잃은 책 판매원인 존 R. 앤서니의 이야기를 살펴보자. 앤서니 씨는 현재 텍사스 주 휴스턴에서 변호사로 일하고 있고 사무실은 험블 빌딩에 있다. 그는 내게 다음과 같은 이야기를 들려주었다.

22년 전 저는 법률 관련 서적 전문 출판사의 세일즈맨이 되기 위해 제가 운영하던 사법私法 전문 사무실을 정리했습니다. 제가 하는 일은 법률가들에게 법률서를 판매하는 것이었는데, 그 책들은 거의 필수 서적이나 다름없었습니다. 저는 철저하게 그 일을 몸에 익혔습니다. 소비자와 직접 만나 이뤄지는 구매 상담에 관해 잘 알고 있었고 혹시나 있을지 모를 거부 반응에도 설득력 있게 답할 수 있었습니다. 고객을 방문하기에 앞서 저는 변호사로서의 그가 가진 인지도와 그가 하는 일의 성격, 지지하는 정당이나 취미 등을 숙지한 뒤, 그 정보들을 상담 시 충분히 활용했습니다. 하지만 뭔가 문제가 있었습니다. 주문을 따 내지 못했던 것입니다. 저는 점점 용기를 잃었습니다. 며칠,

몇 주가 지나는 동안 저는 두세 배의 노력을 기울였지만 제가 들인 비용을 메울 만큼의 판매 계약을 성사시키지 못했고, 마음속에서는 두려움과 불안함이 자라기 시작했습니다. 고객들을 방문하는 것도 두려웠습니다. 고객들의 사무실에 들어가기 전, 저는 심한 불안감 때문에 사무실 문 밖 복도를 서성이거나 아예 건물 밖으로 나가 건물 주변을 배회해야만 했습니다. 소중한 시간을 그렇게 흘려보내며 순전히 의지력으로 마치 사무실 문이라도 때려 부술 정도의 용기가 생겼다고 억지로 믿은 뒤 나는 떨리는 손으로 문을 조심스레 열었습니다. 그나마도 마음의 절반은 고객이 사무실에 없길 바라면서 말입니다!

판매부장은 제가 더 많은 주문을 받아 오지 않으면 보수를 주지 않겠다고 위협했습니다. 고향에 있는 부인은 자신과 세 아이들이 먹고 살 돈을 보내 달라고 애원했고요. 걱정이 저를 사로잡았죠. 절망은 나날이 커져만 갔고, 무엇을 어떻게 해야 할지도 도무지 알 수 없었습니다. 앞서 말했듯 저는 고향에서 제가 운영하던 사법 사무실을 정리했고 제 고객들을 포기했습니다. 그때 저는 빈털터리였습니다. 제가 묵던 호텔의 숙박비를 낼 돈조차 없었으니까요. 고향으로 돌아갈 차비도 없었지만, 설령 있다 해도 실패한 사람이 되어 고향으로 돌아갈 용기가 나질 않았습니다. 결국 또 한 번의 불운한 하루를 비참하게 마친 뒤, 호텔 방을 향해 무거운 발걸음을 옮기면서 저는 생각했습니다. 이제 끝이다. 실제로 저는 완전히 지쳐 있었습니다. 비탄에 젖고 낙담한 저는 어디를 향해 가야 할지 몰랐습니다. 살아도 그만, 죽어도 그만이었습니다. 태어난 것 자체가 원망스러웠습니다. 그날 밤 저녁식사라곤 한 잔의 뜨거운 우유가 전부였습니다. 하지만 그마저도 제겐 과분

했죠. 그날 밤 저는 절망에 빠진 사람들이 왜 창문을 열고 뛰어내리는지 이해할 수 있었습니다. 용기만 있었다면 저도 그렇게 했을지 모릅니다. 저는 삶의 목적이 무엇인지 생각하기 시작했습니다. 그렇지만 알 수 없었습니다. 도저히 떠오르지 않더군요.

저는 의지할 사람이 아무도 없었기에 하느님께 도움을 청했습니다. 기도를 하기 시작했죠. 저를 둘러싼 어둡고 짙은 절망의 황야를 지날 수 있도록 빛과 지혜를 주시고 인도해 달라고 전능하신 하느님께 간청했습니다. 아내와 아이들을 먹여 살릴 수 있도록 책을 팔아 돈을 벌 수 있게 해 달라고 애원했습니다. 기도를 마치고 눈을 떴는데 텅 빈 호텔방 화장대 위에 기드온 성경이 놓여 있는 것이 보였습니다. 저는 그 성경책을 펼쳐 예수님의 그 아름답고도 영원한 약속을 읽었습니다. 오랜 세월 동안 외롭고, 걱정 많고, 지쳐 버린 수많은 이들에게 힘을 주었음에 틀림없는 그 약속은 걱정을 멀리하는 방법에 관해 예수님이 제자들에게 하신 말씀이었습니다.

"목숨을 부지하기 위해 무엇을 먹을까 혹은 마실까 염려하지 말고, 몸을 위해 무엇을 입을까 걱정하지 말라. 목숨이 음식보다 중하지 아니하느냐? 몸이 의복보다 중하지 아니하느냐? 공중의 새를 보라. 심지도 않고, 거두지도 않고, 곳간에 모아들이지도 아니하나 하늘에 계신 너희의 아버지께서 그것들을 먹이신다. 너희는 새보다 귀하지 아니하느냐? …… 그런즉 너희는 먼저 하느님의 나라와 하느님의 의를 구하여라. 그리하면 이 모든 것을 너희에게 더하여 주실 것이리라."

기도를 하고 이러한 말씀을 읽는 순간 기적이 일어났습니다. 저를 초조하게 만들었던 불안감이 사라진 것입니다. 근심, 두려움, 걱정들

276

이 마음을 따뜻하게 만드는 용기와 희망과 승리의 믿음으로 바뀌었습니다. 비록 호텔 숙박비를 치를 돈도 없었지만 저는 행복했습니다. 근심으로부터 자유로워진 저는 침대로 가서 마치 몇 년 동안 잠을 자 본 적이 없는 사람처럼 깊은 잠에 빠졌습니다.

다음 날 아침, 저는 고객들이 사무실 문을 열 때까지 기다릴 수가 없었습니다. 비가 와서 쌀쌀하기는 했지만 아름다웠던 그날, 저는 저의 첫 번째 고객의 사무실 문을 향해 대담하고 자신 있는 걸음으로 성큼성큼 다가갔습니다. 단호하고 침착하게 손잡이를 잡아 문을 연 저는 당당히 고개를 들고 활기차게, 그리고 적절히 정중한 태도로 활짝 웃으며 고객 앞으로 다가가 이렇게 말했습니다. '안녕하십니까, 스미스 씨! 저는 올 아메리칸 로북 컴퍼니의 존 R. 앤서니라고 합니다!', '아, 그러세요.' 그 역시 웃으며 저를 반겨 주었습니다. 자리에서 일어난 그는 제게 악수를 청하며 이렇게 말했습니다. '만나서 반갑습니다. 앉으시죠!'

그날 저는 제가 그전의 몇 주 동안 판매한 양보다 더 많은 실적을 올렸습니다. 그날 저녁 저는 개선장군처럼 당당하게 호텔로 돌아왔습니다! 마치 새사람이 된 것 같았습니다. 실제로도 저는 새사람이었습니다. 새롭고도 의기양양한 정신 자세를 갖게 되었으니 말입니다. 그날 밤엔 뜨거운 우유로 저녁을 대신하지 않았습니다. 당연하지 않겠습니까! 저는 애피타이저와 후식을 곁들인 스테이크를 먹었습니다. 그날 이후로 제 판매 실적은 급증했습니다.

절망에 빠졌던 21년 전 그날 밤, 텍사스 주 아마릴로에 있는 작은 호텔에서 저는 다시 새롭게 태어났습니다. 제 외부적인 상황은 그다음 날이나 실패를 거듭했던 그전 몇 주나 똑같았습니다. 하지만 제 내

277

면에서는 엄청난 일이 일어났습니다. 갑자기 하느님과 나의 관계를 알게 되었으니까요. 그저 하나의 인간에 불과한 사람은 쉽게 좌절할 수 있지만, 내면에 하느님의 힘을 가지고 살아가는 사람은 패배를 모릅니다. 저는 그 사실을 알고 있습니다. 제 삶에서 그 힘이 작용하는 것을 보았기 때문입니다.

'구하라, 그리하면 너희에게 주실 것이요, 찾으라, 그리하면 찾아 낼 것이요, 문을 두드리라, 그리하면 너희에게 열릴 것이니.'

일리노이 주 하이랜드 8번가 1421번지에 사는 L. G. 버드 부인은 엄청난 비극이 닥쳤을 때 무릎을 꿇고 "오, 주여, 제 뜻이 아닌 당신 뜻대로 하옵소서."라고 말하면 평온과 침착함을 찾을 수 있음을 알게 되었다. 지금 내 앞에 놓여 있는 편지에 그녀는 이렇게 썼다.

어느 날 저녁 집 전화벨이 울렸습니다. 저는 전화벨이 열네 번이나 울리고 나서야 전화를 받을 용기가 생겼습니다. 분명히 병원에서 걸려 온 전화임을 알고 있었던 저는 무서웠습니다. 제 어린 아들이 죽어간다는 소리를 듣게 될까 두려웠기 때문입니다. 아들은 뇌막염을 앓고 있었습니다. 이미 항생제도 써 봤지만 그것 때문에 체온만 불안정해질 뿐이었습니다. 의사는 염증이 뇌까지 퍼졌을까 봐 걱정했습니다. 그렇게 되면 뇌종양으로 발전해 사망할 수 있기 때문입니다. 전화는 제가 두려워하던 바로 그 전화였습니다. 병원에서 걸려 온 그 전화에서 의사는 우리에게 즉시 와 달라고 말했습니다.

아마 당신도 남편과 제가 대기실에 앉아 있는 동안 겪었던 고통을 상상할 수 있을 겁니다. 다른 사람들은 모두 아기를 안고 있었지만 우리만 빈손으로 앉아서 어린 아들을 다시 안아 볼 수 있을지 걱정하고 있었습니다. 마침내 의사의 호출을 받고 진료실에 들어가 그의 표정을 본 우리의 마음에는 공포가 가득 밀려 왔습니다. 의사가 한 말은 더욱 무서웠습니다. 그는 아들이 살 수 있는 확률은 25퍼센트라고 말하며, 혹시 다른 의사를 알고 있으면 그와 상담해 보라고 이야기했습니다.

집으로 오는 길에 남편은 울음을 터뜨렸고, 주먹으로 자동차 핸들을 내리치며 이렇게 말했습니다. "여보, 나는 우리 아이 절대 포기 못해." 남자가 우는 모습을 보신 적이 있나요? 그건 썩 유쾌한 경험은 아닙니다. 우리는 차를 세우고 대화를 나눈 뒤 교회에 가서 기도하기로 결정했습니다. 아이를 데려가는 것이 하느님의 뜻이라면 그 뜻에 따르겠다고 말입니다. 저는 교회 의자에 앉아 눈물을 흘리며 기도했습니다. "제 뜻이 아닌 당신 뜻대로 하시옵소서."

이 말을 입 밖에 내는 순간, 기분이 한결 나아졌습니다. 오랫동안 느껴 보지 못했던 평온이 찾아왔습니다. 집으로 오는 내내 저는 이 말을 반복했습니다. "오, 주여, 제 뜻이 아닌 당신 뜻대로 하옵소서." 그날 저는 1주일 만에 처음으로 깊은 잠을 잤습니다. 며칠 뒤 전화를 건 의사는 아들 바비가 고비를 넘겼다는 소식을 전해 주었습니다. 지금은 네 살이 된 아들을 튼튼하고 건강하게 해 주신 하느님께 감사드립니다.

종교는 여성들이나 아이들, 목회자들을 위한 것이라고 생각하는 남자들이 있다. 그들은 본인들이 자신의 싸움을 혼자 이겨 낼 수 있는 '남자

279

중의 남자'라는 사실을 자랑으로 여긴다. 이들이 만일 세계에서 가장 유명한 '남자 중의 남자'들 중에도 매일 기도하는 이들이 있다는 사실을 알게 된다면 정말 깜짝 놀랄 것이다. 예를 들어 '남자 중의 남자' 잭 뎀프시는 내게 기도하기 전에 절대 잠자리에 들지 않고, 감사 기도를 하지 않고서는 식사하는 법이 없다고 했다. 그는 시합 전 훈련 기간 동안에는 매일, 시합 당일에는 매 라운드마다 종이 울리기 전에 항상 기도를 한다고 얘기했다. 그는 "기도는 용기와 자신감을 가지고 싸움에 임할 수 있도록 도와줍니다."라고 말했다.

미국 메이저리그 명감독인 '남자 중의 남자' 코니 맥Connie Mack은 내게 기도하지 않고는 잠을 잘 수 없다고 말했다.

'남자 중의 남자' 에디 리켄베커Eddie Rickenbacker는 기도로 자신의 삶이 구원받았다고 내게 말했다. 그는 매일 기도한다. 제너럴 모터스 사와 U. S. 스틸 사의 고위관리를 지냈고 국무장관을 역임했던 '남자 중의 남자' 에드워드 R. 스테티니우스Edward R. Stettinius는 내게 매일 아침저녁으로 지혜와 인도를 구하는 기도를 한다고 했다. 당대 최고의 자본가였던 '남자 중의 남자' J. P. 모건은 토요일 오후에 혼자 월스트리트 입구에 있는 트리니티 교회에 가서 무릎을 꿇고 기도를 드린다.

'남자 중의 남자' 드와이트 아이젠하워Dwight Eisenhower가 영미 연합군의 최고 사령관직을 맡기 위해 영국으로 가게 되었을 때 비행기에 가지고 탄 단 한 권의 책은 바로 성경책이었다. '남자 중의 남자' 마크 클라크Mark Clark 장군은 전쟁을 치르는 동안 매일 성경을 읽고 무릎 꿇어 기도했다고 한다. 장제스 총통과 '엘 알라메인 전투의 영웅' 몽고메리Montgomery 장군도 마찬가지였고, 트라팔가 해전의 넬슨Nelson 제독도 그랬다. 워싱턴Washington 장군, 로버트 E. 리Robert E. Lee, 스톤월 잭슨Stonewell Jackson, 그리고 수많은 군 지휘자들도 그랬다. 이러한 '남자 중의 남자'들은 다음과 같은 윌리엄 제임스의 말속에 담긴 진리를 발견했던 것이다. '인간과 하느님 사이에는 상호관계가 있다. 우리의 가장 깊은 운명은 하느님의 영향에 우리 자신을 맡김으로써 실현된다.'

수많은 '남자 중의 남자'가 그 사실을 발견해 내고 있다. 현재 미국에는 7,200만 명의 기독교 신자들이 있다. 이는 역사상 가장 많은 수다. 앞서 말한 것처럼 과학자들도 종교에 의지한다. 알렉시스 캐럴 박사가 그렇다. 그는《인간, 그 신비Man, the Unknown》라는 책을 썼고 모든 과학자들에게 있어 최고의 영예라 할 수 있는 노벨상을 수상했다. 캐럴 박사는 〈리더스 다이제스트〉에 기고한 글에서 이렇게 말했다.

기도는 인간이 만들어 낼 수 있는 가장 강력한 형태의 에너지다. 그 힘은 지구의 중력만큼이나 실제적이다. 의사로서 나는 모든 치료가 실패로 돌아간 후에, 차분히 기도하는 노력을 통해 질병과 우울증으로부터 벗어나 호전된 사람들을 보았다. …… 기도는 라듐처럼 빛을 발산하고 스스로 힘을 발생시키는 에너지원이다. …… 인간은 기도를 통해 자기 자신을 모든 에너지의 무한한 원천으로 향하게 함으로써 자신의 유한한 에너지를 증대시키고자 한다. 기도할 때 우리는 전 우주를 회전시키는 무궁무진한 원동력에 우리 자신을 연결시킨다. 우리는 이 힘의 일부가 우리가 필요로 하는 곳에 나뉘기를 기도한다. 단순히 요구하는 것만으로도 우리의 인간적 결함은 채워지며 우리는 강해지고 회복된다. …… 하느님께 뜨거운 기도를 드릴 때마다 우리의 영혼과 육체는 더 나은 상태로 변화한다. 남자건 여자건 단 한순간이라도 기도를 하면 반드시 좋은 결과가 생긴다.

버드 제독은 '전 우주를 회전시키는 무궁무진한 원동력에 우리 자신을 연결시킨다.'는 말이 무엇을 의미하는지 알고 있었다. 그의 그러한 능력은 그의 인생에서 가장 견디기 힘든 시련을 극복할 수 있게 해 주었다. 그는 이 이야기를 자신의 책《얼론》에서 한 바 있다.

1934년 그는 남극 한가운데 있는 로스 보빙堡氷 만년빙 아래 파묻혀 있는 임시 오두막 안에서 다섯 달을 보냈다. 그는 남위南緯 78도 아래에 살아 있는 유일한 생명체였다. 오두막 위에서는 폭설이 굉음을 냈고 기온은 영하 63도까지 떨어졌다. 그는 끝없는 어둠 속에 완전히 고립되어 있었다. 엎친 데 덮친 격으로 그런 상황 속에서 그는 난로에서 새어 나오는 일산화탄소에 서서히 중독되고 있다는 것을 알게 되었다! 그가 무엇을 할 수 있었겠는가? 도움을 청할 수 있는 가장 가까운 곳도 약 200킬로미터나 떨어져 있었기 때문에 그가 있는 곳까지 오려면 서너 달이나 걸릴 것이었다. 그는 난로와 환기장치를 고쳐 보려 했지만 가스는 여전히 새어 나왔다. 그는 가끔씩 정신을 잃고 쓰러지기도 했고, 완전히 의식을 잃고 바닥에 누워 있곤 했다. 먹을 수도 없었고 잠도 잘 수 없었던 그는 너무나 쇠약해진 나머지 침대를 벗어나기도 힘들었다. 살아서 그다음 날 아침을 맞이할 수 있을지 걱정스러운 날도 많았다. 그는 자신이 그 오두막 안에서 죽고, 그칠 줄 모르고 계속 내리는 눈 속에 묻힐 것이라고 생각했다.

그의 목숨을 살린 것은 무엇이었을까? 깊은 절망에 빠져 있던 어느

데일 카네기 자기관리론

날, 그는 일기장을 꺼나 자신의 인생철학을 적어 보려고 했다. 그는 이렇게 적었다. '우주 안에서 인간은 혼자가 아니다.' 그는 하늘 위의 별들, 별자리와 행성들의 규칙적인 회전을 떠올렸다. 그리고 때가 되면 언제나 변함없는 태양이 남극처럼 황량한 지역에도 빛을 비출 것이라는 생각을 했다. 그래서 그는 일기에 이렇게 적었다. '나는 혼자가 아니다.'

바로 이 깨달음, 지구 끝 얼음 구덩이 속에 있을지라도 자신은 혼자가 아니라는 이 깨달음이 리처드 버드를 살린 것이다. "그것 덕분에 내가 견딜 수 있었다는 것을 알고 있습니다." 그는 이렇게 말하며 덧붙였다. "일생 동안 자신 안에 내재되어 있는 능력을 전부 발휘할 수 있는 사람은 없습니다. 우리 안에는 한 번도 사용된 적 없는 깊은 힘의 원천이 존재합니다." 리처드 버드는 그러한 힘의 원천을 계발하고 그러한 능력을 발휘하는 법을 배운 것이다. 하느님께 의지함으로써 말이다.

글렌 A. 아놀드Glenn A. Arnold 씨는 버드 제독이 남극의 만년설 속에서 배운 것과 똑같은 교훈을 일리노이 주 옥수수 밭 한가운데서 깨달았다. 일리노이 주 칠러코시의 베이컨 빌딩에서 보험 중개업을 하는 그는 자신이 걱정을 극복한 방법에 대한 연설을 이렇게 시작했다.

8년 전 저는 이게 제 인생에서 마지막이라 생각하고 우리 집 현관문 자물쇠를 열쇠로 잠갔습니다. 그러고서 차에 올라 강을 향해 출발했죠. 저는 실패자였습니다. 그로부터 한 달 전, 제가 꾸린 작은 세상이 완전히 망했거든요. 제 전기 설비 사업이 암초에 부딪힌 것입니다. 집에서는 어머니가 오늘내일하고 계셨고 아내는 둘째를 임신한 상태였습니다. 병원비는 늘어 갔습니다. 사업을 시작하면서 우리는 자동차나 가구를 포함한 모든 것을 저당 잡힌 상태였습니다. 심지어 제 앞으로 들어 놓은 보험을 담보로 돈을 빌리기까지 했습니다. 그런데 모든 것이 사라진 것이었습니다. 저는 더 이상 견딜 수가 없었고, 그래서 차에 올라타 강으로 향했던 겁니다. 비참한 그 상황을 끝내 버리려고 말입니다.

시골길을 얼마 동안 달리던 저는 길가에 차를 세우고 땅바닥에 주저앉아 어린아이처럼 엉엉 울었습니다. 그러다 생각하기 시작했습니다. 쓸데없이 걱정만 하는 대신 건설적인 생각을 하려고 노력했습니다. 내 상황이 얼마나 안 좋은가? 더 나빠질 수도 있는가? 정말로 아무런 희망도 없는 것인가? 개선하기 위해 내가 할 수 있는 일은 무엇인가?

바로 그 자리에서 저는 모든 문제를 주님께 맡기고 그것을 처리해 달라고 부탁했습니다. 저는 기도했습니다. 간절히 기도했습니다. 마치 제 목숨이 기도에 달려 있는 것처럼 말입니다. 실제로 그렇기도 했고요. 그러자 이상한 일이 일어났습니다. 제가 가지고 있던 문제들을 저 자신보다 강한 힘에 의지하자마자 몇 달 동안 느껴 보지 못한 마음의 평화가 찾아온 것입니다. 30분 정도 그곳에 앉아 울면서 기도했나 봅니다. 그리고 나서 저는 집으로 돌아와 아이처럼 편안히 잠이 들었습니다.

다음 날 아침 저는 확신을 가지고 잠에서 깨어났습니다. 주님의 인도하심에 의지하고 있었던 저는 더 이상 아무것도 두렵지 않았습니다. 그날 아침 저는 당당하게 고개를 들고 집 근처 백화점을 향해 걸어갔습니다. 전기기구 매장에 가서 판매직 일자리를 구하고 있다고 자신 있게 말했습니다. 채용될 것을 알고 있었고 실제로도 그렇게 됐습니다. 전쟁으로 설비 산업이 무너지기 전까지는 제 실적에 아무 문제가 없었습니다. 그 후 저는 생명보험 판매업을 시작했습니다. 여전히 위대하신 주님의 인도를 받으면서 말입니다. 그게 겨우 5년 전의 일입니다. 지금은 빚을 모두 갚은 상태입니다. 제게는 세 명의 아이들과 화목한 가정이 있고, 집도 마련했습니다. 차도 새로 구입했고 제 이름으로 된 생명보험에 2만 5,000달러나 들어 놓았습니다.

돌이켜보면 그때 제가 모든 것을 잃고 너무나 절망해 강으로 갔던 것이 정말 다행이라 생각됩니다. 그 비극을 통해 하느님께 의지하는 법을 배울 수 있었기 때문입니다. 그리고 지금 저는 전에는 상상할 수 없었던 마음의 평화와 자신감을 갖고 있습니다.

신앙심이 우리에게 그러한 평안과 차분함, 불굴의 정신을 불러일으키는 이유는 무엇일까? 그 질문에 대한 답은 윌리엄 제임스에게 들어보자. 그는 이렇게 말했다. "물결이 이는 수면 위에 거센 파도가 쳐도 바다 깊은 곳은 언제나 평온하다. 그러므로 더 광대하고 더 영속적인 실제를 붙잡는 사람은 개인적인 운명의 끊임없는 흥망성쇠를 비교적 중요하지 않은 것으로 여긴다. 따라서 정말 종교적인 사람은 흔들리지 않고 침착하며 그날에 주어지는 어떤 의무에도 차분하게 임할 준비를 한다."

걱정스럽고 근심스러운 일이 있다면 하느님께 의지해 보는 것은 어떨까? 임마누엘 칸트Immanuel Kant가 말했던 것처럼 "우리에겐 그러한 믿음이 필요하니 하느님에 대한 믿음을 받아들이자." 지금 당장 우리 자신을 '전 우주를 회전시키는 무궁무진한 원동력에 연결'시켜 보는 것은 어떤가? 당신이 종교적인 사람이 아니라 할지라도, 또는 종교적 회의론자라 할지라도, 기도는 당신이 생각하는 것보다 훨씬 큰 도움을 줄 수 있다. 기도는 실제적이기 때문이다. 실제적이라는 말은 무슨 뜻일까? 그것은 신을 믿든 믿지 않든, 모든 사람이 공통적으로 갖고 있는 아주 기본적인 세 가지 심리적 욕구를 기도가 채워 줄 수 있다는 것을 의미한다.

첫째, 기도는 우리를 괴롭히는 것이 무엇인지 정확히 말로 표현할 수 있게 해 준다. 우리는 애매하고 모호한 상태로 남아 있는 문제를 해결하는 것은 거의 불가능하다는 사실을 4장에서 이미 살펴보았다. 어떻게 보면 기도는 우리가 가진 문제를 종이에 적는 것과 매우 흡사하다. 도움을 요청하려면 반드시 그 문제를 말로 표현해야 한다. 그것은 하느님께 도움을 청할 때도 마찬가지다.

둘째, 기도는 우리에게 우리가 짊어진 짐을 혼자 지는 것이 아니라 나눠서 진다는 느낌을 갖게 한다. 우리에게 주어진 가장 무거운 짐, 가장 고통스러운 괴로움을 혼자 감당할 만큼 강한 사람은 거의 없다. 때로 우리의 걱정거리들이 너무 사적인 성격의 것이라 가장 가까운 친척이나 친구들에게도 털어놓지 못할 때가 있다. 그럴 때에는 기도가 답이다. 정신과 의사들은 우리가 억눌리고 긴장했을 때, 그리고 정신적인 고통에 빠져 있을 때 그러한 우리의 괴로움을 다른 사람들에게 말하는 것이 치료에 좋다고 말한다. 다른 사람들에게 말할 수 없을 때에는 언제든지 하느님께 말할 수 있다.

셋째, 기도는 실행이라는 능동적 원칙이 시행되도록 한다. 기도는 행동하기 위한 첫 번째 단계다. 무언가를 성취하게 해 달라고 하루도 빠짐없이 기도하는 사람은 그에 대한 덕을 본다. 다시 말해, 성취하기 위한 조치를 취하게 된다는 말이다. 세계적으로 유명한 과학자 알렉시스 캐럴 박사는 이렇게 말한다. "기도는 인간이 만들어 낼 수 있는 가장 강력한 형태의 에너지다." 그러니 기도를 해 보는 것은 어떨까? 하느님이든, 알라신이든, 신령님이든 불러 보라. 자연의 신비한 힘이 우리를 돌봐 준다는데 신에 대한 정의를 가지고 다툴 이유가 무엇이겠는가?

지금 당장 이 책을 덮고 침실로 가서 문을 닫은 뒤, 무릎을 꿇고 당신 마음의 짐을 풀어 놓는 것은 어떨까? 만일 당신이 신앙이 없는 사람이라면 700년 전에 성 프란체스코가 작성한 이 아름다운 기도문을 외울 수 있게 해 달라고 전능하신 하느님께 간청해 보자.

주여, 저를 평화의 도구로 써 주소서.
미움이 있는 곳에 사랑을
다툼이 있는 곳에 용서를
의혹이 있는 곳에 믿음을
절망이 있는 곳에 희망을
어둠이 있는 곳에 빛을
슬픔이 있는 곳에 기쁨을 가져오는 자 되게 하소서.

오, 거룩하신 주여.
위로받기보다는 위로하고
이해받기보다는 이해하며
사랑받기보다는 사랑하게 해 주소서.
저희는 줌으로써 받고
용서함으로써 용서받으며
죽음으로써 영생을 얻기 때문입니다.

DALE CARNEGIE
HOW TO STOP WORRYING AND START LIVING

1.

죽은 개는 아무도
걷어차지 않는다

1929년, 미국 교육계에 큰 반향을 불러일으킨 사건이 발생했다. 전국
에서 학식을 갖춘 사람들이 그 사건을 직접 보기 위해 시카고로 부리나
케 달려왔다. 몇 년 전에 로버트 허친슨Robert Hutchins이라는 이름의 젊
은 청년이 식당 종업원, 벌목꾼, 가정교사, 빨랫줄 판매원으로 일하면서
공부한 끝에 예일 대학을 졸업했다. 그로부터 8년이 지난 지금, 그는 미
국 대학 중 네 번째로 부유한 시카고 대학교의 총장 취임을 앞두고 있었
다. 나이 서른에 말이다. 믿기 어렵지 않은가! 나이 많은 교육자들은 고개
를 가로저었다. 산사태 같은 혹평들이 그 '걸출한 젊은이'에게로 쏟아졌
다. 너무 젊다느니, 경험이 없다느니, 교육관이 비뚤어져 있다느니 하며
이러쿵저러쿵 말들이 많았다. 심지어 언론들도 그런 공격에 가세했다.

그가 취임하던 날, 로버트 허친슨의 아버지에게 한 친구가 말했다.

"오늘 아침 신문에서 아드님을 비난하는 사설을 읽고 큰 충격을 받았습니다."

허친슨의 아버지는 대답했다. "맞네, 너무 심하긴 하더군. 하지만 기억해 두게. 죽은 개는 아무도 걷어차지 않는다네."

그렇다. 중요한 사람일수록 그 사람을 걷어차는 사람들은 더 큰 만족을 얻는다. 후에 에드워드 8세(지금은 윈저 공)가 된 웨일스의 왕자는 경험을 통해 그 사실을 절실히 깨달았다. 당시 그는 데본셔에 있는 다트머스 대학에 다니고 있었다. 그 대학은 미국으로 치면 아나폴리스에 있는 해군사관학교에 해당한다. 왕자가 열네 살쯤 되었을 때의 어느 날, 어느 해군 장교가 울고 있는 그를 발견하고 무슨 문제가 있는지 물어보았다. 왕자는 처음에 대답하길 꺼려했지만 결국 사실을 털어 놓았다. 사관생도들이 발로 그를 걷어찬다는 것이었다. 사관학교 총장은 그 학생들을 불러 왕자가 불평해서 그러는 것이 아니라고 설명한 뒤, 왕자에게 거칠게 대하는 이유를 알고 싶다고 말했다.

한참을 망설이며 꼼지락대던 생도들이 결국 이야기한 이유는 이것이었다. 그들은 나중에 왕자가 왕이 되고 자신들은 부함장이나 함장이 되었을 때, 자신들이 예전에 왕을 걷어찬 적이 있다고 말할 수 있기를 바랐던 것이었다.

그러므로 당신이 걷어차이고 비난을 받게 되면, 걷어차는 사람은 그렇게 함으로써 자신이 중요한 입장이 된다고 생각하기 때문에 걷어찬다는 것을 기억하기 바란다. 그것은 대부분 당신이 무언가를 성취하고 있고 주목받을 가치가 있다는 것을 의미한다. 자기보다 더 교양 있고 성공한 사람들을 깎아내림으로써 천박한 만족감을 느끼는 사람들은 많다. 예를 들어 이 장을 쓰고 있는 동안 나는 한 여성으로부터 구세군의 창설자 윌리엄 부스William Booth 장군을 비난하는 편지를 받았다. 내가 전에 방송에서 부스 장군을 칭찬하는 발언을 했더니 그런 편지를 보낸 것이다. 그녀는 가난한 사람들을 돕기 위해 사람들로부터 모금한 800만 달러를 부스 장군이 횡령했다고 말했다. 물론 이 비난은 말도 안 되는 것이다. 하지만 이 여성이 기대한 것은 그것의 진위 여부가 아니라, 자신보다 훨씬 높은 자리에 있는 사람을 비방함으로써 얻을 수 있는 천박한 만족감이었다. 나는 그녀의 불쾌한 편지를 쓰레기통에 던져 버렸고, 그런 여자와 결혼하지 않게 해 주신 하느님께 감사했다. 그녀의 편지는 부스 장군에 대해 아무것도 보여 주지 않았지만 그녀 자신에 관해서는 많은 것을 알려 주었다. 쇼펜하우어는 오래전에 이렇게 말했다. "천한 사람들은 위인들의 잘못이나 어리석음에서 큰 기쁨을 얻는다."

예일 대학의 총장을 지낸 사람을 천하다고 생각할 사람은 거의 없을 것이다. 하지만 전 예일 대학 총장 티모시 드와이트는 분명히 미국 대통령 선거에 출마한 어떤 사람을 비난함으로써 큰 기쁨을 얻었다. 드와이트 총장은 만일 그 사람이 대통령에 당선된다면 "우리의 부인과 딸들이 합법적인 매춘의 희생자가 되어 말짱한 정신으로도 치욕당할 것이고, 허울은 좋아 보이지만 속은 더럽혀져 우아하고 덕이 있는 사람들로부터 버림받을 것이며, 하느님과 사람들로부터 혐오의 대상이 되는 꼴을 보게 될 것"이라고 경고했다.

거의 히틀러를 비난하는 것처럼 들리지 않는가? 하지만 그게 아니었다. 그것은 토머스 제퍼슨Thomas Jefferson을 규탄하는 말이었다. 어떤 토머스 제퍼슨을 말하는 거냐고? 설마 독립선언문의 저자이자 민주주의의 창시자로서 불후의 명성을 가진 그 토머스 제퍼슨을 말하는 것은 아니겠지? 맞다. 바로 그 사람을 비난했던 말이다.

'위선자', '사기꾼', '살인자와 다를 바 없는 사람'이라고 비난받았던 미국인은 또 누구일 것 같은가? 한 신문에는 그 사람을 단두대에 눕히고 커다란 칼로 머리를 자르려 하는 풍자만화가 실리기도 했다. 그가 말을 타고 지나가면 사람들은 그에게 야유를 퍼붓고 욕을 해 댔다. 그는 누구였을까? 바로 조지 워싱턴이다.

하지만 그 일은 오래전에 일어난 일이다. 그때 이후로 인간의 본성은 개선되었을지도 모른다. 어디 한번 살펴보자. 1909년 4월 6일, 개썰매를 타고 북극점에 도달하여 세계를 경악케 했고 흥분케 한 탐험가인 로버트 피어리Robert Peary 제독의 이야기다. 수 세기 동안 많은 사람은 그 일을 이루기 위해 고통을 받았고 굶주렸으며 죽어 갔다. 피어리 자신도 추위와 배고픔 때문에 거의 죽을 뻔했고, 여덟 개의 발가락은 심한 동상에 걸려 잘라 내야만 했다. 수많은 불행 속에서 그는 정신이 이상해지는 것이 아닌지 걱정하기도 했다.

워싱턴에 있던 그의 해군 상관들은 피어리가 커다란 인기와 명성을 얻자 약이 올랐다. 그래서 그들은 피어리가 과학 탐사를 한다는 이유로 돈을 모금해 '북극에서 게으름 피우고 놀면서 지낸다.'라고 비난했다. 그리고 아마 그들은 실제로도 그렇게 믿었을 것이다. 믿고 싶은 것을 믿지 않기란 거의 불가능하기 때문이다. 피어리를 욕되게 하고 방해하려는 그들의 결심이 너무도 강해서 피어리는 매킨리 대통령이 직접 명령하고 나서야 북극에서의 일을 계속할 수 있었다.

피어리가 워싱턴에 있는 해군본부 사무실의 사무직원이었다면 그런 비난을 받았을까? 아닐 것이다. 그는 다른 사람들의 질투를 살 만큼 중요한 위치의 사람이 되지 못했을 것이다.

그랜트 장군은 피어리 제독보다도 더 좋지 않은 경험을 했다. 1862년 그랜트 장군은 북군 최초로 결정적인 대승을 거뒀다. 어느 오후에 거둔 그 승리로 그랜트는 하루아침에 국가적인 우상이 되었다. 그 승리는 멀리 떨어진 유럽에까지 큰 반향을 일으켰고, 메인 주에서부터 미시시피 강둑에 이르기까지 교회의 종소리가 울려 퍼지고 축포가 터졌다. 하지만 그런 위대한 승리를 거둔 지 6주도 채 지나지 않아 북군의 영웅 그랜트는 체포되었고 부대의 통수권도 빼앗겼다. 그는 수치심과 절망감으로 눈물을 흘렸다.

그랜트 장군의 승리가 최고조에 달했을 때 체포된 이유는 무엇일까? 그가 교만한 상관들의 시기와 질투를 불러 일으켰기 때문이었다.

부당한 비판 때문에 걱정이 된다면,

| 방법 1 |

부당한 비판은 종종 칭찬의 다른 모습임을 기억하라.
죽은 개는 아무도 걷어차지 않는다.

Remember that unjust criticism is often a disguised compliment.
Remember that no one ever kicks a dead dog.

데일 카네기 자기관리론

2.

부당한 비판에
상처받지 않는 방법

    예전에 나는 '날카로운 눈'의 소유자 스메들리 버틀러Smedley Butler 소장과 인터뷰를 한 적이 있다. '저승사자'로 불리던 그 버틀러와 말이 다! 그를 기억하는가? 그는 미 해병대 지휘관들 중에서 가장 화려하고 허세가 심했던 사람이었다.

    그는 내게 자신이 젊었을 때는 지나칠 정도로 인기를 얻고 싶은 열망에 사로잡혔고 누구에게나 좋은 인상을 주고 싶어 했다고 털어 놓았다. 당시 그는 사소한 비난에도 괴로워하고 마음 아파했지만, 30년 동안의 해병대 생활로 자신의 가죽이 단단해졌다고 고백했다. "저는 그동안 온갖 꾸지람과 모욕은 다 들어 봤습니다. 똥개라느니 뱀이라느니, 스컹크라느니 하는 비난도 받았지요. 상관들에게 욕도 많이 먹었습니다. 입에 담지 못할 욕이란 욕은 다 들었지요. 그것 때문에 괴롭냐고요? 천만에요! 지금은 그런 욕을 들어도 한 귀로 듣고 한 귀로 흘려버립니다."

'날카로운 눈' 버틀러는 비판에 너무 무감각한 덕분에 흔들리지 않았는지도 모른다. 하지만 한 가지는 확실하다. 대부분의 사람들은 사소한 조롱과 공격을 너무 심각하게 받아들인다는 것이다. 몇 년 전, 성인 교육 공개수업에 참석했던 뉴욕 〈선〉지의 취재기자가 나와 내 일에 대한 비방 기사를 썼던 기억이 난다. 그때 내가 화가 났을까? 나는 그것을 사적인 모욕으로 받아들였다. 나는 그 잡지사의 집행위원회 위원장 질 호지스Gil Hodges에게 전화를 걸어 그 기자로 하여금 조롱하는 기사 말고 사실을 보도하는 기사를 실게 해 달라고 요구했다. 죄에 맞는 처벌을 받게 하고자 한 것이다.

지금은 그때 그런 식으로 행동했던 나 자신이 부끄럽다. 이제 와 생각해 보면 그 잡지를 구매했던 사람의 절반은 그 기사를 보지도 않았을 것이고, 그 기사를 읽은 사람들 중 절반은 별 악의 없는 웃음거리 정도로 여겼을 것이며, 그 기사를 읽고 고소해하던 사람들도 얼마 지나지 않아 그 내용을 까맣게 잊어버렸을 것이다.

요즘 나는 사람들이 당신과 나에 대해 생각하거나 우리에 대한 말을 신경 쓰지 않는다는 것을 실감한다. 사람들은 아침식사 전후에도, 그 후로도 계속해서 자정이 10분 지난 시간까지도 오로지 자기 자신에 대해서만 생각한다. 사람들은 당신이나 내가 죽었다는 소식보다 자신의 사소한 골칫거리에 1,000배는 많은 관심을 기울일 것이다.

설사 가장 친한 친구 여섯 명 가운데 한 명 꼴로 사람들이 당신이나 나를 속이고 비웃음거리로 만들거나, 배신하고 등 뒤에 칼을 꽂거나 함

296

정에 빠뜨린다 할지라도 자기연민에 빠지지는 말자. 대신 그것이 바로 예수에게 일어났던 일이었음을 상기하자. 예수의 가장 가까운 친구 열두 명 중 한 명은 지금 돈으로 약 19달러 남짓한 액수의 유혹에 그를 배신했다. 그의 가장 가까운 친구 열두 명 가운데 또 다른 한 명은 예수가 곤경에 처하려는 순간에 대놓고 세 번이나 그를 알지 못한다고 부인했다. 그것도 맹세까지 해 가면서 말이다. 여섯 명 중 한 명! 그것이 바로 예수에게 일어났던 일이다. 당신이나 내가 이보다 더 나은 결과를 기대해야 할 이유가 무엇이란 말인가?

나는 비록 사람들이 나를 부당하게 비난하지 못하도록 만들 수는 없어도 그보다 훨씬 더 중요한 무언가는 할 수 있다는 사실을 수년 전에 깨달았다. 그것은 바로 그 부당한 비난이 나를 괴롭히게 할 것인지 말 것인지를 내가 결정할 수 있다는 것이다.

이것에 관해 좀 더 구체적으로 이야기해 보자. 나는 지금 모든 비난을 무시해 버리라고 주장하는 것이 아니다. 절대 그렇지 않다. 오직 부당한 비난만을 무시하는 일에 대해 이야기하는 것이다. 언젠가 나는 프랭클린 루스벨트의 부인인 일리노어 루스벨트 여사에게 부당한 비난에 어떻게 대처하는지 물어본 적이 있다. 그녀가 그런 비난을 많이 받았음은 알라신도 아는 사실이다. 아마도 그녀는 백악관에 살았던 어떤 영부인보다도 열렬한 친구들과 지독한 적들이 많았던 여성일 것이다.

그녀는 자신이 어렸을 때는 거의 병적으로 소심해서 사람들이 무슨 말을 할지 두려워했다고 털어놓았다. 비난이 너무 두려운 나머지 하루는 그녀의 고모인 시어도어 루스벨트Theodore Roosevelt의 누나에게 조언을 구했다. "바이 고모, 저는 이러이러하게 하고 싶은데 사람들이 뭐

297

라고 할까 무서워요."

시어도어 루스벨트의 누나는 그녀를 똑바로 바라보며 이렇게 말했다. "마음속으로 네가 옳다고 생각하면 사람들이 하는 말에 절대 신경 쓰지 말거라." 일리노어 루스벨트는 나중에 백악관에 살게 되었을 때 그 한 마디의 조언이 지브롤터의 바위처럼 자신을 지켜 주었다고 말했다. 그녀는 내게 모든 비난을 피할 수 있는 유일한 방법은 드레스덴에서 만든 도자기 인형처럼 선반 위에 가만히 있는 것이라고 말했다. "마음속으로 옳다고 생각되는 것을 하세요. 무슨 수를 써도 당신은 비난받을 겁니다. 해도 비난을 받고, 안 해도 비난을 받습니다." 이것이 그녀의 조언이다.

고故 매튜 C. 브러시Matthew C. Brush가 월 가 40번지에 있는 아메리칸 인터내셔널 코퍼레이션의 사장으로 있을 때, 나는 그에게 다른 사람들의 비난에 민감하게 반응한 적이 있는지 물어보았다. 그는 이렇게 대답했다.

그럼요. 젊은 시절에는 아주 민감했죠. 조직의 모든 직원들이 저를 완벽한 사람으로 생각하길 바랐습니다. 그렇지 않으면 불안해졌죠. 처음에 저는 제게 불만을 표현하는 사람을 만족시키려 노력했습니다. 하지만 그 사람을 가라앉히려 했던 행동은 다른 누군가를 화나게 하곤 했습니다. 그래서 이번엔 이 사람과 화해하려고 뭔가를 하면 그것이 또 다른 몇 사람을 자극하는 꼴이 되고 말았죠. 마침내 저는 제가 개인적인 비난을 피하기 위해 다른 사람들의 상한 감정을 진정시키거나 달래려 하면 할수록 적들만 늘어난다는 사실을 알게 되었습니다. 그래서 결국 저 자신에게 이렇게 말했습니다. '다른 사람들보다 높은 자리에 있는 사람에게는 비난이 따르기 마련이다. 그러니 익숙해지자.' 그 생각은 제게 엄청난 도움이 되었습니다. 그때부터 항상 저는 제가 할 수 있는 최선의 것을 다한 뒤, 비처럼 쏟아지는 비난이 등줄기를 타고 흘러내리게 할 게 아니라 우산을 펴 들고 그것이 서서히 사라질 때까지 기다리기로 했습니다.

딤스 테일러Deems Taylor는 그보다 조금 더 나아갔다. 그는 비난의 빗줄기가 몸을 타고 내려와도 그저 웃어넘기기만 했다. 그것도 대중 앞에서 말이다. 일요일 오후, 뉴욕 필하모닉 오케스트라 콘서트 실황을 들려주는 라디오 방송에서 그는 중간 휴식 시간에 곡을 해설하고 있었다. 그런데 한 여성이 그에게 '거짓말쟁이, 매국노, 독사, 멍청이'라고 쓴 편지를 보냈다. 테일러는 그의 책《인간과 음악에 관하여Of Men and Music》에서 이렇게 말하고 있다. '나는 그녀가 그런 식의 해설을 좋아하지 않았나 하는 의심이 든다.' 그다음 주 방송에서 테일러는 수백만의 청취자들에게 그 편지를 읽어 주었다. 그리고 며칠 뒤에는 그 여성으로부터 '나는 당신의 여전히 거짓말쟁이이고 배신자이며 독사, 멍청이라는 생각을 바꾸지 않는다.'라고 쓴 또 다른 편지를 받았다고 말했다. 비난에 대해 그런 식으로 대응하는 사람을 우리는 칭찬하지 않을 수 없다. 그의 침착함, 흔들림 없는 자세, 그리고 유머 감각에 박수를 보낸다.

찰스 슈워브는 프린스턴 대학의 전교생 앞에서 강연했을 때, 자신이 얻은 교훈들 중 가장 중요한 것에 대해 고백했다. 그 교훈은 슈워브의 제강공장에서 일했던 한 나이 많은 독일인에게서 배운 것이었다. 전쟁이 한창이던 당시 그 독일인은 다른 노동자들과 전쟁에 대한 논쟁을 벌이다가 그들에 의해 강물에 내던져지고 말았다. 슈워브는 이렇게 말했다. "그가 진흙과 물을 뒤집어 쓴 채 제 사무실로 들어왔길래, 강물에 집어 던진 사람들에게는 뭐라고 말했는지 물었더니 그는 '그냥 웃었지요.'라고 대답하더군요."

슈워브는 나이 많은 독일인의 그 말을 좌우명으로 삼았다고 말했다. '그저 웃는다.' 이 좌우명은 당신이 부당한 비난의 희생양이 되었을 때 특히 도움이 된다. 당신에게 말대꾸하는 사람에게는 뭐라 할 수 있지만 '그저 웃는'사람에게 과연 무슨 말을 할 수 있겠는가?

링컨 역시 자신에게 쏟아진 모든 신랄한 비난들에 일일이 대꾸하는 것이 어리석은 일임을 깨닫지 못했다면 남북전쟁 당시 중압감을 못 이기고 쓰러져 버렸을 것이다. 그가 자신을 비판하는 사람들을 어떻게 처리했는지에 관해 쓴 글은 문학사의 보석이자 하나의 고전이 되었다. 맥아더 장군은 전쟁 당시 그 글을 군 사령부에 있는 자신의 책상 위에 걸어 두었고, 윈스턴 처칠도 그 글을 액자에 넣어 고향인 차트웰에 있는 자신의 서재 벽에 걸어 두었다고 한다. 그 글은 다음과 같다.

나를 향한 모든 공격에 대해 답변하지는 아니더라도 그것을 일일이 읽어 보려고 애쓴다면, 그것은 다른 모든 일을 손에서 놓는 것과 같다. 나는 내가 알고 있는 한 가장 좋은 방법을 택했고, 최선을 다하고 있으며, 끝까지 그렇게 할 것이다. 결과가 좋으면 내게 무슨 말을 하든 전혀 상관없다. 결과가 좋지 않으면 그때는 열 명의 천사가 내가 옳았음을 선언한다 해도 아무 도움이 되지 않을 것이다.

당신과 내가 부당한 비판을 받을 때 기억해야 할,

| 방법 2 |

최선을 다하라.
그리고 오래된 우산이라도 펼쳐서 비판의 빗줄기가 당신의 목덜미를 타고 흘러내리며 당신을 괴롭히지 못하게 하라.

Do the very best you can;
and then put up your old umbrella and keep the rain of criticism
from running down the back of your neck.

3.

내가 저질렀던
어리석은 행동들

내 서류 정리용 파일 캐비닛에는 'FTD'라고 적힌 폴더가 있다. 'FTD'
는 '내가 저질렀던 어리석은 행동들Fool Things I Have Done'의 줄임말이
다. 나는 그 폴더에 내가 범했던 바보짓들을 글로 적어 보관해 두었다.
그런 기록들을 비서에게 불러 주고 받아 적게 할 때도 있었지만 때로는
내가 저지른 짓들이 너무 개인적이고 너무 바보 같아서 부끄러운 나머
지 내가 손수 적기도 했다.

나는 15년 전에 'FTD' 폴더에 넣어 둔 나에 대한 비판 몇 개를 지금도
기억한다. 내가 나 자신에게 철저하게 솔직했다면 캐비닛은 지금 'FTD'
기록들로 넘쳤을 것이다. 나는 사울 왕이 지금으로부터 3,000년 전에
했던 말에 진심으로 공감한다. '나는 너무나도 많은 바보짓을 저질렀고

잘못을 범했다.' 'FTD' 폴더를 꺼내 스스로 작성한 그 비판들을 다시 읽는 것은 내가 직면할 거친 어려움들을 처리하는 데 도움이 된다. 그 어려움이란 바로 데일 카네기, 나 자신을 관리하는 것을 말한다.

나는 내게 닥친 불행들을 다른 사람들 탓으로 돌리곤 했다. 그러나 점점 나이를 먹고, 희망 사항이긴 하지만 더 현명해지고 난 뒤, 내 불행의 거의 대부분은 결국 나 자신 때문이라는 사실을 알게 되었다. 많은 사람은 나이가 들면서 그런 사실을 깨닫는다. 세인트헬레나 섬에 유배되었던 나폴레옹은 이렇게 말했다. "나 외에는 내 몰락을 책임질 수 있는 사람이 아무도 없다. 나 자신이야말로 내게 있어 가장 큰 적이자, 내 비참한 운명의 원인이었다."

자기평가와 자기관리의 면에서 달인의 경지를 보여 주었던 한 사람에 대해 이야기해 보겠다. 그의 이름은 H. P. 하웰H. P. Howell이다. 1944년 7월 31일, 그가 뉴욕에 있는 앰배서더 호텔 가게에서 갑자기 사망했다는 뉴스가 전국에 속보로 전해졌을 때 월스트리트는 충격에 휩싸였다. 그는 월 가 56번지에 있는 전미상업신탁은행의 이사회 회장이자 몇몇 대형 기업체에서 임원직을 맡고 있었기 때문이었다. 정규 교육을 거의 받지 못하고 자란 그는 시골 구멍가게의 점원으로 사회생활을 시작했지만 후에 U. S. 스틸 사의 신용담당관이 되었고 계속해서 큰 영향력을 펼치던 중이었다.

수년간 저는 그날 맺은 모든 약속을 보여 주는 약속기록부를 작성해 왔습니다." 언젠가 내가 성공의 이유를 설명해 달라고 청했을 때 그가 했던 말이다. "우리 가족은 저를 위해 토요일 밤에는 아무런 계획도 세우지 않습니다. 매주 토요일 저녁에는 제가 한 주 동안 실행한 업무에 대해 자기성찰, 재검토, 평가 등을 하는 데 전념한다는 사실을 알고 있기 때문입니다. 저녁식사를 마치고 나면 저는 혼자 방으로 들어가 약속기록부를 펼쳐 놓고 월요일 아침부터 있었던 모든 상담, 토론, 회의 등에 대해 깊이 생각해 봅니다. 그리고 스스로에게 이렇게 묻습니다. '그때 내가 저지른 실수는 무엇이었나? 잘한 행동은 뭐였나? 그리고 어떤 식으로 해야 더 좋은 성과를 낼 수 있는가? 그 경험으로부터 내가 얻을 수 있는 교훈은 무엇인가?' 저는 매주 이루어지는 이런 반성이 때로는 저를 매우 불쾌하게 한다는 사실을 알게 되었습니다. 때로는 제가 저지른 터무니없는 실수들 때문에 깜짝 놀라기도 했고요. 물론 세월이 흐르면서 그런 실수들도 줄어들었죠. 해마다 계속된 이런 자기분석 시스템은 그간 제가 시도했던 어떤 방식보다도 제게 큰 도움이 되었습니다.

아마도 H. P. 하웰은 그 아이디어를 벤저민 프랭클린에게서 빌려왔을 것이다. 한 가지 다른 점은 프랭클린은 토요일까지 기다리지 않았다는 것이다. 그는 매일 밤마다 자기 자신을 면밀히 검토했다. 그는 자신에게 열세 가지의 심각한 결점이 있다는 사실을 발견했다. 그 결점들 중 세 가지는 첫째, 시간을 낭비하는 것, 둘째, 사소한 일에 조바심 내는 것, 셋째, 사람들 말에 반박하고 논쟁하는 것이었다. 현명했던 벤저민 프랭클린은 이러한 결점을 고치지 않으면 성공할 수 없다는 사실을 깨달았다. 그래서 그는 매일 그가 가진 결점들 중 하나를 가지고 싸웠고 그 난타전의 승자는 누구였는지 항상 기록해 두었다. 다음 날엔 또 다른 나쁜 습관과 싸울 준비를 갖추고 링 위에 올랐다. 프랭클린은 자신의 결점과의 그러한 싸움을 2년 이상 매주 벌였다. 그가 미국이 낳은 인물들 가운데 가장 사랑받고 가장 영향력 있는 사람이 된 것은 놀랄 일이 아니다!

미국 작가인 앨버트 허바드Elbert Hubbard는 이렇게 말했다. "모든 사람은 하루에 적어도 5분 동안 바보 같은 짓을 한다. 지혜라는 것은 그 시간을 넘기지 않는 것이다."

하찮은 사람은 사소한 비판에도 벌컥 화를 내지만 현명한 사람은 자신을 비난하고 꾸짖는 사람과 '길을 비키라며 서로 다투는' 사람에게서도 배우려고 노력한다. 월트 휘트먼은 이 말을 다음과 같이 표현했다. "당신을 칭찬해 주고 부드럽게 대하며, 당신을 위해 비켜서 주는 사람들에게서만 교훈을 얻었는가? 당신을 인정하지 않거나 당신에게 대응할 태세를 갖춘 사람, 또는 길을 비키라며 당신과 다투는 사람들로부터 더 큰 교훈을 얻지는 않았는가?"

적들이 우리 또는 우리의 일을 비판할 때까지 기다리지 말고 먼저 해치우자. 우리 자신에게 가장 엄격한 비평가가 되자. 적들이 말 한마디 할 기회도 갖지 못하도록 약점을 찾아내 고치자. 찰스 다윈은 그렇게 했다. 실제로 그는 비판을 하면서 15년을 보냈다. 이야기는 이렇게 진행된다. 불멸의 저서《종의 기원The Origin of Species》의 초고를 완성했을 때, 그는 창조에 관한 자신의 혁신적인 개념을 출판하면 지식층과 종교계가 뒤흔들릴 것임을 깨달았다. 그래서 그는 자기 자신의 비평가가 되어 수집한 자료를 점검하고, 추론 과정을 엄밀히 조사하고, 자신이 내놓은 결론을 비판하면서 15년을 보냈다.

누군가가 당신을 '빌어먹을 멍청이'라고 비난했다고 가정해 보자. 당신은 어떻게 할 것 같은가? 화를 낼까? 분노할까? 링컨은 이렇게 했다. 링컨의 국방장관 에드워드 M. 스탠튼Edward M. Stanton은 한때 링컨을 '빌어먹을 멍청이'라고 불렀다. 스탠튼이 분개한 이유는 링컨이 자신의 업무에 간섭했기 때문이었다. 링컨은 한 이기적인 정치인의 부탁에 못 이겨 특정 군부대를 이전한다는 결정 사항에 서명을 했다. 스탠튼은 링컨의 명령을 따르지 않았을 뿐 아니라 그런 결정을 내린 링컨은 빌어먹을 멍청이라고 욕했다. 그래서 어떻게 됐을까? 스탠튼이 한 말을 전해 들은 링컨은 조용히 이렇게 말했다. "스탠튼이 나를 보고 빌어먹을 멍청이라고 했다면 나는 빌어먹을 멍청이가 분명해. 그는 거의 매번 옳거든. 그에게 가서 그의 이야기를 직접 들어봐야겠어."

링컨은 스탠튼을 만나러 갔다. 스탠튼은 그 명령이 잘못되었음을 링컨에게 납득시켰고 링컨은 그 명령을 철회했다. 이처럼 링컨은 진심에서 우러나고 지식에 기초한, 그리고 도움을 주기 위한 비판은 환영했다.

당신이나 나도 그런 종류의 비판은 기꺼이 받아들여야 한다. 우리가 하는 일이 전부 다 옳을 수는 없을 뿐 아니라 네 번 중에 세 번 이상 옳기는 기대조차 할 수 없기 때문이다. 시어도어 루스벨트 대통령도 자신이 기대할 수 있는 것은 그 정도가 전부라고 말했다. 이 시대의 가장 깊이 있는 사상가인 아인슈타인 역시 당시에 그가 내린 결론의 99퍼센트는 잘못된 것이었다고 털어놓았다!

프랑스의 작가 라 로슈푸코La Rochefoucauld는 이렇게 말했다. "우리에 관해서는 우리 자신의 의견보다 적들의 의견이 진실에 더 가깝다."

나는 이 말이 맞는 경우가 많다는 것을 알고 있다. 하지만 내가 나 자신을 주시하지 않으면, 누군가가 나를 비난하기 시작했을 때 나는 즉시 그리

306

고 자동적으로 방어적인 자세를 취한다. 나를 비난하는 사람이 무슨 말을 하려 하는지 생각도 하기 전에 말이다. 그럴 때마다 나는 나 자신이 싫어진다. 우리 모두는 우리를 향한 비난, 또는 칭찬이 정당한 것인지의 여부와 관계없이 비난은 불쾌해하고 칭찬은 무작정 받아들이는 경향이 있다. 인간은 논리적인 동물이 아니다. 인간은 감정의 동물이다. 인간의 논리는 마치 감정이라는 깊고 어둡고 사나운 바다 위에서 요동치는 뗏목과 같다.

누군가가 우리에게 싫은 소리 하는 것을 듣더라도 우리 자신을 지키려 하지 말자. 그건 바보들이나 하는 짓이다. 독창적이고 겸손하며 명석해지자! 우리를 비난하는 사람들을 당혹하게 만들고 다른 이들로부터 갈채를 받을 수 있도록 이렇게 말하자. "내 흠을 잡는 사람이 나의 다른 결점들까지 알았다면, 지금보다 훨씬 더 심하게 나를 비난했을 겁니다."

이전 장들에서 나는 부당한 비난을 받았을 때 어떻게 해야 하는지에 관해 이야기했다. 그러나 이건 다른 개념이다. 부당하게 비난받았다는 생각 때문에 화가 치밀어 오를 때 잠깐 멈춰서 이렇게 말하는 것은 어떨까? "잠깐, 나는 완벽이랑은 거리가 멀지. 아인슈타인도 자신이 99퍼센트는 잘못되었다고 인정했는데 나는 적어도 80퍼센트는 틀리겠지. 내가 이런 비난을 받는다는 것이 당연한 것인지도 몰라. 그렇다면 고마워해야지. 그렇다면 이 비판에 고마워하고, 그것에서 뭔가를 얻을 수 있도록 노력해 보자."

펩소던트 컴퍼니의 회장 찰스 럭맨Charles Luckman은 밥 호프를 방송에 내보내기 위해 1년에 수백만 달러를 지출한다. 그는 프로그램을 칭찬하는 편지는 읽지 않고 비판적인 편지만 보기를 고집한다. 그 편지로부터 무언가를 배울 수 있을 거라는 사실을 알기 때문이다.

사업 경영과 운영에 어떤 문제가 있는지 찾아내기 위해 포드 사는 최근 직원들의 여론을 수렴했고 직원들에게 회사를 비판해 달라고 요청했다.

나는 서슴없이 자신에 대한 비판을 요구했던 전직 비누 판매원을 알고 있다. 처음 그가 콜게이트 사의 비누를 팔기 시작했을 때는 주문이 많지 않았다. 그는 일자리를 잃게 될까 걱정이었다. 비누 자체나 가격에는 아무 문제가 없음을 알았던 그는 틀림없이 자기 자신에게 문제가 있을 것이라고 생각했다. 그는 판매에 실패하면 무엇이 잘못되었는지 알아내려고 한참을 서성이곤 했다. 너무 애매하게 말했나? 열정이 부족했나? 때로는 상점으로 다시 들어가서 이렇게 말하기도 했다. "저는 비누를 팔기 위해서가 아니라, 당신의 조언과 비판을 듣고 싶어서 다시 오게 됐습니다. 조금 전 제가 당신에게 비누를 팔려고 했을 때 제가 잘못한 점을 말씀해 주시지 않겠습니까? 당신은 저보다 훨씬 경험도 많으니 제 잘못된 점을 솔직히 말해 주셔도 됩니다. 일부러 조심스럽게 말씀하시지 말고 있는 그대로 알려 주십시오."

이러한 태도 덕분에 그는 수많은 친구와 더불어 이루 값을 매길 수 없이 소중한 조언들을 얻을 수 있었다. 그에게 무슨 일이 일어났을 것이라고 생각하는가? 그는 세계에서 가장 큰 비누 제조회사인 콜게이트-팜올리브-핏 솝 컴퍼니의 사장이 되었다. E. H. 리틀E. H. Little이 바로 그의 이름이다. 아무나 H. P. 하웰, 벤저민 프랭클린, E. H. 리틀이 했던 것처럼 할 수 있는 것이 아니다. 그러니 지금, 아무도 안 볼 때 살짝 거울을 보고 스스로에게 물어보라. 당신은 그런 부류의 사람에 속하는가?

비판에 대한 걱정을 떨쳐 버릴 수 있는

우리가 저지른 미련한 행동들을 기록하고 스스로를 비판하라. 완벽하길 바라는 것은 무리다. E. H. 리틀이 그랬던 것처럼 편견 없고 유용하며 건설적인 비판을 요청하도록 하자.

Let's keep a record of the fool things we have done and criticize ourselves. Since we can't hope to be perfect, let's do what E. H. Little did let's ask for unbiased, helpful, constructive criticism.

| 6부 | 요약정리 |

타인의 비판을 걱정하지 않는 방법

---

1. 부당한 비판이란 종종 칭찬의 변형임을 잊지 마라. 그것은 대개 당신이 부러움과 질투를 불러일으켰음을 의미한다. 죽은 개는 아무도 걷어차지 않는다는 것을 기억하라.

2. 최선을 다하라. 그리고 오래된 우산이라도 펼쳐서 비판의 빗줄기가 당신의 목덜미를 타고 흘러내리며 당신을 괴롭히지 못하게 하라.

3. 우리가 저지른 미련한 행동들을 기록하고 스스로를 비판하라. 완벽하길 바라는 것은 무리다. E. H. 리틀이 그랬던 것처럼 편견 없고 유용하며 건설적인 비판을 요청하도록 하자.

DALE CARNEGIE

HOW TO STOP WORRYING AND START LIVING

1.

하루 1시간 더
활동하는 비결

　이 책은 걱정을 막는 방법에 관한 책인데 왜 나는 피로를 막는 방법에 대해 쓰고 있는 것일까? 이유는 간단하다. 피로는 종종 걱정을 유발하거나, 그렇지 않으면 적어도 걱정을 유발할 여지를 만들기 때문이다. 어떤 의학도라도 피로는 감기와 수백 가지의 질병들에 대한 신체적 저항력을 감소시킨다고 말할 것이다. 그리고 어떤 정신병리학자든 피로는 불안과 걱정과 같은 감정에 대한 저항력을 떨어뜨릴 것이라고 이야기할 것이다. 그러므로 피로를 막는 것은 걱정을 막는 데 도움이 된다.

　내가 '걱정을 막는 데 도움이 된다.'라고 말했나? 조심스럽게 말하면 그렇다. 에드먼드 제이콥슨Edmund Jacobson 박사는 이보다 더욱 강하게 표현한다. 그는 긴장 완화와 관련하여《점진적 이완Progressive Relax-

데일 카네기 자기관리론

ation》과 《긴장을 풀어야 한다You Must Relax》라는 두 권의 책을 썼다. 그리고 시카고 대학 임상심리학연구소 소장으로서 의학적 치료를 위한 긴장 완화의 활용법에 대해 오랫동안 연구해 왔다. 그는 어떤 신경적 혹은 정서적 상황도 "완벽한 이완 상태에서는 존재할 수 없다."라고 단언했다. 다른 말로 하자면 편안한 상태에서는 걱정을 계속할 수 없다는 뜻이다. 그러므로 피로와 걱정을 막기 위해 지켜야 할 첫 번째 규칙은 이것이다. 자주 쉬어라. 피로해지기 전에 휴식을 취하라.

이것이 왜 중요한가? 피로는 매우 놀라운 속도로 축적되기 때문이다. 미 육군은 반복되는 실험을 통해 이 사실을 발견했다. 수년간의 군사 훈련으로 다져진 젊은 사람들도 한 시간에 10분씩은 군장을 내려놓고 휴식을 취해야 행군을 더 잘할 수 있고 더 오랫동안 견딜 수 있었던 것이다. 그래서 육군 병사들은 실제로 이 방법으로 훈련을 한다.

당신의 심장은 미 육군의 심장만큼이나 기민하다. 당신의 심장은 매일 기차의 유조탱크 하나를 가득 채울 만큼의 혈액을 당신의 몸으로 밀어낸다. 24시간 동안 심장이 소모하는 에너지는 20톤 무게의 석탄을 바닥에서 1미터 정도의 높이로 들어 올리는 힘과 맞먹는다. 심장은 이렇게 믿을 수 없을 정도의 일을 50년, 70년, 혹은 90년 동안 한다. 심장은 어떻게 그것을 견딜 수 있는 것일까? 하버드 의과대학의 월터 B. 캐논 Walter B. Cannon 박사는 이렇게 설명한다. "대부분의 사람들은 심장이 쉬지 않고 일한다고 생각하지만, 실제로는 한 번 수축한 이후 일정한 휴지기가 있습니다. 통상적인 수준으로 1분에 70번 박동한다고 가정하면, 심장은 사실상 24시간 중에서 9시간 정도만 일하는 것입니다. 전체적으로 보면 심장의 휴식기는 하루에 총 15시간이나 됩니다."

제2차 세계대전을 겪을 당시 윈스턴 처칠은 60대 후반에서 70대 초반의 나이였음에도 해마다 하루 16시간씩 일하며 대영제국의 전쟁을 지휘했다. 경이적인 기록이다. 그의 비결은 무엇이었을까? 그는 매일 아침 11시까지 침대에서 서류를 읽고, 명령을 내리며, 전화를 하고 중요한 회의를 갖는 등의 업무를 처리했다. 점심 식사 이후에는 다시 침대로 가서 한 시간 동안 잠을 잤고, 저녁에 한 번 더 침대로 가서 저녁식사를 하는 8시 전에 두 시간 동안 잠을 잤다. 그는 따로 피로를 풀지 않았다. 그럴 필요가 없었다. 피로가 쌓이는 것을 미리 막았기 때문이다. 그는 자주 휴식을 취했기 때문에 자정이 한참 지난 시각까지 기운찬 상태로 일을 계속할 수 있었다.

존 D. 록펠러Jone D. Rockefeller에게는 두 가지 특별한 기록이 있다. 그는 당시까지 세계적으로 유례없이 엄청난 재산을 모은 데다가 98세까지 장수했다. 어떻게 그것이 가능했을까? 물론 가장 큰 이유는 장수할 수 있는 형질을 물려받았기 때문이다. 또 다른 이유로는 매일 정오에 사무실에서 30분 동안 낮잠을 잤던 그의 습관을 들 수 있다. 그가 사무실에 있는 소파에서 잠을 잘 때는 미국 대통령이라 할지라도 그와 통화할 수 없었다!

대니얼 W. 조슬린Daniel W. Josselyn은 그의 훌륭한 저서《피로의 원인 Why Be Tired》에서 이렇게 말한다.

휴식은 아무것도 하지 않는 것이 아니다. 휴식은 회복이다.

짧은 휴식은 회복시키는 힘이 크기 때문에 단 5분 동안 낮잠을 자더라도 피로를 미리 막는 데 도움이 된다! 농구계의 원로 코니 맥은 경기가 있기 전에 낮잠을 자 두지 않으면 5회쯤 되었을 때 완전히 지쳐 버린다고 내게 말했다. 하지만 단 5분이라도 잠을 자 두면 피로감 없이 연속으로 두 경기도 뛸 수 있다고 한다.

나는 12년 동안이나 영부인으로 있었던 일리노어 루스벨트에게 어떻게 그런 힘든 일정을 소화할 수 있었는지 물어보았다. 그녀는 대중을 만나거나 연설을 하기 전에 의자나 큰 소파에 앉아 눈을 감고 20분 동안 휴식을 취하곤 했다고 말했다.

언젠가 나는 매디슨 스퀘어가든에 있는 대기실에서 진 오트리와 인터뷰한 적이 있다. 그는 그곳에서 열리는 로데오 세계선수권 대회에서 가장 인기 있는 스타였다. 나는 그의 대기실에 군용 간이침대가 있는 것을 보았다. 진 오트리는 이렇게 말했다. "저는 매일 오후 침대에 누워 경기 사이사이에 한 시간씩 낮잠을 잡니다. 저는 할리우드에서 영화를 찍을 때면 종종 커다란 안락의자에 편하게 앉아 10분씩 하루에 두세 번 정도 눈을 붙입니다. 그렇게 하면 엄청나게 기운이 납니다."

에디슨은 그의 엄청난 활력과 인내력은 자고 싶을 때마다 잠을 자는 습관 덕분에 가능한 것이라고 했다. 나는 헨리 포드가 80번째 생일을 맞이하기 직전에 그와 인터뷰를 가졌는데, 기운차고 건강한 그의 모습에 놀라지 않을 수 없었다. 그 비결을 물었더니 그는 이렇게 말했다. "저는 앉을 수 있을 때는 절대 서 있지 않습니다. 그리고 누울 수 있을 때는 절대 앉아 있지 않습니다."

현대 교육의 아버지인 호레이스 만Horace Mann도 세월이 지나면서 그와 똑같이 했다. 안티오크 대학의 학장으로 있을 때 그는 학생들과 상

315

담을 하면서도 소파에 누워 있곤 했다.

나는 어느 할리우드 영화감독에게 이와 비슷한 방법을 써 보도록 권한 적이 있는데, 그 효과는 기적에 가까웠다고 그가 고백했다. 내가 말하는 그 사람은 할리우드에서 가장 뛰어난 감독들 중 한 명인 잭 처톡 Jack Chertock이다. 몇 년 전 나를 만나러 왔을 당시 그는 MGM 영화사에서 단편영화팀을 맡고 있었다. 지칠 대로 지친 그는 강장제, 비타민, 약 등 안 써 본 것이 없었지만, 그 어느 것도 도움이 되지 않았다. 나는 그에게 매일매일 휴가를 떠나 보라고 권했다. 어떻게? 작가들과 사무실에서 회의를 하는 동안 몸을 쭉 펴고 휴식을 취하는 것이 그것이었다.

2년이 지나 내가 다시 그를 보게 되었을 때 그는 말했다. "기적이 일어났어요. 이건 저를 치료하던 의사들이 한 말입니다. 전에 단편영화 아이디어 회의를 할 때에는 긴장하고 굳은 상태로 앉아 있었거든요. 지금은 그런 회의를 하는 동안 사무실에 있는 소파에 누워 있는데, 20년 동안 경험해 보지 못한 편안함을 느끼고 있습니다. 일하는 시간은 전보다 두 시간 더 늘었지만 피곤해지는 일은 거의 없죠."

당신은 이것들을 어떻게 적용할 수 있을까? 만약 당신이 속기 타이피스트라면 에디슨이나 샘 골드윈이 했던 것처럼 사무실에서 낮잠은 잘 수 없을 것이고, 당신이 회계사라면 상관에게 재무보고 회의를 하는 동안 소파에 누워 있을 수도 없을 것이다. 하지만 작은 도시에 살고 있고 점심을 먹으러 집에 갈 수 있다면, 점심식사 후 10분 정도는 낮잠을 잘 수 있을 것이다. 조지 C. 마셜 장군이 바로 그렇게 했다. 전시에 미 육군을 지휘하느라 바빴던 그는 정오에라도 휴식을 취해야겠다고 생각했다. 만일 당신이 50세를 넘긴 나이이고 너무 바빠서 그렇게도 못하겠다면,

지금 당장 가입 가능한 모든 생명보험을 들어 놓기 바란다. 요즘엔 죽음이 아무 때나, 불쑥 찾아온다. 그리고 당신의 아내는 당신이 남긴 보험금을 타서 더 젊은 남자와 결혼하고 싶어 할지도 모르는 일이다!

만약 정오에 낮잠을 잘 여건이 안 되면 적어도 저녁식사 전에 한 시간 정도 누워 있을 수는 있을 것이다. 그렇게 해 봐야 음료수 한 잔 값도 안 된다. 그리고 장기적인 안목으로 봤을 때 5,467배는 더 효과적이다. 다섯 시나 여섯 시, 일곱 시쯤에 한 시간 정도 자면 하루에 한 시간을 더 활동할 수 있다. 왜 그럴까? 어떻게 그럴 수 있지? 저녁식사 전에 자는 한 시간과 밤에 자는 여섯 시간을 합치면 일곱 시간인데, 그 일곱 시간의 잠은 연속으로 여덟 시간을 자는 것보다 낫기 때문이다.

육체노동자들은 휴식을 많이 취하면 취할수록 더 많은 일을 할 수 있다. 프레드릭 테일러Frederick Taylor는 베들레헴 철강회사에서 과학 관리 기술자로 일하는 동안 그 사실을 증명해 보였다. 그는 노동자 한 사람당 하루에 거의 12.5톤의 선철을 화물 차량에 실어 올리는데, 정오가 되면 몹시 지쳐 버린다는 사실을 알게 되었다. 그는 피로와 관련된 모든 요인을 과학적으로 조사했고, 그 결과 이 사람들이 하루 동안 옮겨야 할 선철의 무게는 한 사람당 12.5톤이 아니라 47톤이라는 사실을 밝혔다! 그의 계산에 따르면 그 사람들은 현재 옮기는 양의 거의 네 배에 가까운 선철을 옮기면서도 지치지 않아야 했다. 하지만 어떻게 그것을 증명할 것인가!

테일러는 슈미트라는 사람을 선택해 스톱워치에 따라 일하도록 했다. 슈미트는 스톱워치를 가지고 그를 감독하는 사람의 다음과 같은 말을 들으며 일했다. "이제 선철을 들고 걸어가세요. …… 이제 앉아서 쉬세요. …… 이제 걸어가세요. …… 이제 쉬세요."

무슨 일이 일어났을까? 슈미트는 다른 사람들이 한 사람당 12.5톤을 옮기는 동안 47톤을 옮겼다. 그리고 그는 실제로 프레드릭 테일러가 베들레헴 사에 있던 3년 동안 그 속도에 미치지 못한 적이 단 한 번도 없었다. 슈미트가 그렇게 할 수 있었던 이유는 지치기 전에 휴식을 취했기 때문이다. 그는 한 시간에 약 26분 정도를 일했고 34분 정도는 휴식을 취했다. 일하는 시간보다 많이 쉬었던 것이다. 그러면서도 그는 다른 사람들보다 거의 네 배에 가까운 일을 소화했다! 이것이 그저 떠도는 소문에 불과한 것일까? 그렇지 않다. 프레드릭 윈슬로우 테일러가 쓴《과학적 관리의 원칙Principles of Scientific Management》라는 책의 41~62쪽을 보면 직접 확인할 수 있다.

다시 한 번 말하겠다. 군인들처럼 자주 휴식을 취해라. 당신의 심장이 그러하듯, 지치기 전에 휴식을 취해라. 그러면 당신은 하루에 한 시간을 더 활동할 수 있다.

2.

피로의
원인과 대처법

놀랍고도 중요한 사실 한 가지가 있다. 그것은 정신노동만으로는 당신이 절대 피곤해지지 않는다는 것이다. 우습게 들릴지 모르겠다. 하지만 몇 년 전, 인간의 두뇌가 피로의 과학적 정의인 '작업 능력 감소'에 이르지 않고 얼마나 오랫동안 일할 수 있는지 알아내는 실험을 했던 과학자들은 깜짝 놀라고 말았다. 뇌가 활동하고 있을 때 뇌로 공급되는 혈액에서는 피로 증상이 전혀 나타나지 않았기 때문이다. 일하고 있는 노동자의 혈관에서 채취한 혈액 속에는 피로독소와 피로생성물이 가득하다는 사실을 알 수 있다. 하지만 앨버트 아인슈타인의 뇌에서 피 한 방울을 채취해서 살펴보면 저녁이 되더라도 피로독소를 전혀 찾아볼 수 없을 것이다.

뇌에 관해 말하자면, 뇌는 '8시간, 심지어 12시간 동안 활동을 하고도 처음과 마찬가지로 기민하게' 일할 수 있다. 뇌는 절대 지치지 않는다. 그렇다면 당신을 피곤하게 만드는 것은 무엇일까?

정신병리학자들에 따르면 대부분의 피로는 정신적, 그리고 감정적 태도에서 비롯된다. 영국에서 가장 저명한 정신병리학자로 꼽히는 J. A. 해드필드J. A. Hadfield는 그의 책《힘의 심리학The Psychology of Power》에서 이렇게 말하고 있다.

우리가 느끼는 피로의 대부분은 정신적인 것에서 기인한다. 실제로 육체적인 원인 때문에 피로해지는 경우는 매우 드물다.

미국에서 가장 저명한 정신의학자로 꼽히는 A. A. 브릴 박사는 이보다 더욱 강하게 말한다. "건강한 상태의 사무직 노동자가 피곤해지는 이유는 100퍼센트 심리적 요인들이다. 그 심리적 요인들이란 곧 감정적인 요인들을 의미한다."

어떤 종류의 감정 요인들이 사무직, 또는 앉아서 일하는 노동자를 피곤하게 하는 것일까? 기쁨? 만족감? 아니다! 절대 그렇지 않다! 권태, 분개, 인정받지 못하고 있다는 느낌, 헛수고라는 생각, 서두름, 근심, 걱정. 이러한 감정적 요인들이 앉아서 일하는 노동자를 피곤하게 하며, 감기에 걸리기 쉽게 만들고, 노력의 대가를 감소시키며, 신경성 두통으로 조퇴하게 하는 것이다. 그렇다. 우리의 감정이 신체에 신경성 긴장을 일으키기 때문에 우리가 피곤해지는 것이다.

메트로폴리탄 생명보험사는 피로와 관련한 정보 자료에서 그러한 점을 지적했다. 이 대형 생명보험사는 이렇게 말한다. "고된 노동 그 자체로 인한 피로는 숙면이나 휴식을 통해 없앨 수 있다. …… 걱정, 긴장, 그리고 감정적 혼란, 이 세 가지가 피로의 가장 큰 원인이다. 육체적 또는 정신적 노동이 원인으로 여겨질 때에도 이 세 가지가 진짜 원인인 경우가 많다. …… 긴장한 근육은 일하고 있는 근육이라는 사실을 기억하라. 긴장을 완화시켜라! 중요한 직무를 위해 힘을 아껴 둬라."

지금 당신이 있는 바로 그 자리에서 하던 일을 멈추고 스스로의 건강을 진단해 보자. 이 글을 읽으면서 당신은 인상을 찌푸리고 있는가? 미간에 긴장이 느껴지는가? 의자에 편하게 앉아 있는가? 어깨를 웅크리고 있는가? 얼굴 근육이 긴장되어 있는가? 당신의 몸 전체가 낡은 봉제인형처럼 축 처지거나 힘이 빠져 있지 않다면, 지금 이 순간 당신의 신경과 근육은 긴장하고 있다. 당신은 지금 신경성 긴장과 피로를 만들어 내고 있는 것이다.

왜 우리는 정신노동을 하면서 이렇게 쓸데없는 긴장을 만들어 내는 것일까? 조슬린은 이렇게 말한다. "내가 생각하는 가장 큰 장애물은 거의 모든 이들이 노력하고 있다는 기분이 들어야 열심히 일하는 것이고, 그렇지 않으면 제대로 하고 있지 않다고 믿는 것이다." 그래서 우리는 집중할 때 인상을 쓴다. 어깨를 웅크린다. 두뇌의 활동에 아무런 도움도 되지 않는데도 근육이 노력하고 있다는 몸짓을 하도록 요구한다.

놀랍고도 비극적인 진실 하나가 있다. 수많은 사람이 돈을 낭비할 생각은 조금도 없으면서도 본인들의 에너지는 싱가포르 항구에서 술에 취해 비틀거리는 일곱 명의 선원들처럼 분별없이 낭비하고 허비한다는 것이 그것이다.

이러한 신경성 피로의 해답은 무엇인가? 휴식! 휴식! 휴식! 일을 하면서도 쉴 수 있는 방법을 배워라!

쉬울 것 같은가? 그렇지 않다. 어쩌면 당신은 평생 길들여진 습관을 바꿔야 할지도 모른다. 하지만 충분히 노력할 만한 가치가 있다. 왜냐하면 이것은 당신의 인생에 대변혁을 가져다 줄 것이기 때문이다! 윌리엄 제임스는 그의 수필 《휴식의 복음서The Gospel of Relaxation》에서 이렇게 말했다.

> 미국인들에게 나타나는 과도한 긴장과 변덕스러움, 숨 막힘과 격렬함, 고통 등은 …… 나쁜 습관일 뿐, 그 이상도 그 이하도 아니다.

긴장은 습관이다. 휴식도 습관이다. 그리고 나쁜 습관은 고칠 수 있고, 좋은 습관을 들일 수 있다.

당신은 어떻게 휴식을 취하는가? 마음의 휴식을 먼저 취하는가, 아니면 신경의 휴식을 먼저 취하는가? 이 두 가지로 시작하는 휴식은 없다. 당신은 언제나 근육의 휴식부터 시작한다!

한번 해 보자. 어떤 식으로 이루어지는지 볼 수 있도록 눈에서부터 시작하자. 이 문단을 다 읽고 끝부분에 이르면 등을 기대고 앉아 눈을 감고, 당신의 눈을 향해 조용히 이렇게 말해 보자. "됐어, 이제 그만 긴장 풀어. 그만 찡그려도 돼. 됐어, 이제 그만." 몇 분간 아주 천천히 이 말을 반복한다…….

몇 초 후에 눈 주위 근육들이 그 말에 반응하기 시작하는 것을 느끼지 못했는가? 마치 어떤 손이 긴장을 풀어 주는 것 같은 느낌을 받을 것이다. 이처럼 놀랍게, 당신은 1분 사이에 휴식의 기술에 관한 요점과 비밀을 전부 맛보았다. 턱, 안면 근육, 목, 어깨, 몸 전체에도 똑같이 할 수 있다. 그러나 신체에서 가장 중요한 기관은 눈이다. 시카고 대학의 에드먼드 제이콥슨 박사는 심지어 눈 근육을 완전히 이완시킬 수만 있다면 모든 고뇌를 잊을 수 있다고 말하기까지 했다! 신경성 긴장을 완화하는 데 눈이 그토록 중요한 이유는 신체가 소비하는 신경성 에너지의 4분의 1을 눈이 소비하기 때문이다. 그것은 또한 시력에 문제 없는 많은 사람들이 '눈의 피로' 때문에 고통을 받는 이유이기도 하다. 그들은 눈을 긴장시키고 있는 것이다.

유명한 소설가 비키 바움Vicki Baum은 어렸을 때 한 노인을 만났는데, 그녀는 자신이 살면서 얻은 교훈 가운데 가장 중요한 것을 그 노인으로부터 배웠다고 말했다. 길을 가던 그녀는 넘어져 무릎에 상처를 입고 손목을 다쳤는데, 한 노인이 그녀를 일으켜 주었다. 한때 서커스 단원이었던 그 노인은 그녀의 몸을 털어 주며 말했다. "네가 다친 이유는 힘을 빼는 법을 몰랐기 때문이야. 오래 신어 헐렁해진 양말처럼 부드러워야 한단다. 이리 와 보렴. 어떻게 하는지 가르쳐줄게."

그 노인은 비키 바움과 다른 아이들에게 넘어지는 법, 공중제비, 재주넘는 법을 가르쳐 주었다. 그리고 그는 항상 이렇게 강조했다. "자기 자신을 오래된 양말이라고 생각해야 해. 그러려면 힘을 빼야 한다!"

당신은 시간이 나는 대로 아무데서나 휴식을 취할 수 있다. 다만 휴식을 취하려고 노력해선 안 된다. 휴식이란 모든 긴장과 노력이 없는 것을 말한다. 안락함과 편안함을 생각하라. 눈과 얼굴의 근육들이 이완된다는 생각으로 시작하면서 이런 말을 반복하라. "됐어, 이제 그만 긴장을 풀어." 당신의 안면 근육에서 흘러나온 에너지가 몸의 중심을 향해 가는 것을 느껴 보라. 자신을 아무런 긴장도 느끼지 않는 아기라고 생각하라.

이것은 유명한 소프라노 가수 갈리쿠르치Galli-Curci가 사용했던 방법이다. 헬렌 젭슨Helen Jepson은 갈리쿠르치가 공연 전에 온몸의 근육을 이완시키고 턱에 힘을 빼 실제로 입을 벌리고 의자에 앉아 있던 모습을 자주 보았다고 내게 말했다. 탁월한 습관이다. 그렇게 하는 것은 그녀가 무대에 오르기 전에 지나치게 긴장하는 것을 막고, 피곤함 또한 예방해 주었다.

다음은 휴식을 취하는 법을 배우는 데 도움이 될 다섯 가지 제안이다.

첫째, 데이비드 헤럴드 핑크David Harold Pink 박사가 쓴 《신경성 긴장으로부터의 해방Release from Nervous》과 같이 이런 주제에 관한 가장 좋은 책들을 읽어라. 대부분의 공공도서관에 이 책이 있을 것이다. 이 책을 구입하고 싶다면 근처 서점에 가거나 출판사에 직접 주문할 수도 있다. 내가 권하고 싶은 또 한 권의 책은 대니얼 W. 조슬린이 쓴 《피로의 원인》이다.

둘째, 짬짬이 휴식을 취하라. 당신의 몸이 낡은 양말처럼 축 처지도록 하라. 나는 내 몸이 얼마나 축 처져야 하는지 환기할 수 있도록 내가 일하는 책상 위에 낡은 밤색 양말을 올려놓았다. 양말이 없으면 고양이도 괜찮다. 햇볕을 받으며 잠자고 있는 새끼 고양이를 손으로 들어 본 적이 있는가? 그렇게 하면 고양이의 양 끝이 젖은 신문처럼 축 늘어진다. 심지어 인도의 요가 수행자들은 휴식의 기술을 터득하고 싶으면 고양이를 연구하라고 말한다. 나는 지친 고양이나 신경쇠약에 걸린 고양이, 불면증이나 걱정, 위궤양으로 고생하는 고양이는 한 번도 본 적이 없다. 고양이처럼 쉬는 법을 배운다면 당신도 그런 불행들을 피할 수 있을 것이다.

셋째, 가능한 한 편한 자세로 일하라. 신체의 긴장이 어깨를 쑤시게 하고 신경성 피로를 유발한다는 사실을 기억하라.

넷째, 하루에 너댓 번씩 자신을 점검하고 이렇게 말하라. '실제보다 더 힘들게 일하고 있는 것은 아닌가? 내가 하고 있는 일과 전혀 상관없는 근육을 사용하고 있지는 않은가?' 이렇게 하는 것은 당신이 휴식을 취하는 습관을 들이는 데 도움이 될 것이다. 데이비드 헤럴드 핑크 박사는 이렇게 말한다. "심리학을 가장 잘 아는 사람들은 반드시 이 습관을 가지고 있습니다."

다섯째, 하루를 마감하면서 자신을 점검하라. "나는 지금 정확히 얼마나 피곤한가? 피곤하다면, 그것은 내가 한 정신노동 때문이 아니라 일하는 방식 때문이다." 대니얼 W. 조슬린은 이렇게 말한다. "나는 하루를 마감할 때 내가 얼마나 피곤한가가 아니라 얼마나 피곤하지 않은가로 그날의 성과를 가늠한다. 두드러지게 피곤하다고 느껴질 때나 내 피로한 신경이 짜증으로 나타나는 날이면 나는 의심의 여지없이 그날이 양적으로나 질적으로 비능률적인 하루였음을 알 수 있다." 미국에서 활동하는 모든 사업가들이 그와 같은 교훈을 배운다면 '고혈압'으로 인한 사망률은 바로 감소할 것이고 ,피로와 걱정으로 건강을 해친 사람들이 정신요양소나 정신병원을 가득 채우는 일도 없어질 것이다.

3.

가정주부가 피로를 풀고
젊음을 유지하는 방법

지난 가을 어느 날, 나와 같이 일하는 사람 한 명이 세상에서 가장 이례적인 의학 강좌에 참석하기 위해 보스턴으로 갔다. 의학? 그렇다고 하는 것이 적절하겠다. 그 모임은 1주일에 한 번 보스턴 진료소에서 열리고, 모임에 참석하는 환자들은 입장에 앞서 정기적이고도 철저한 검진을 받는다. 하지만 사실상 이 강좌는 심리치료 강좌다. 공식적으로는 응용심리학 강좌라고 불리긴 하지만(전에는 초창기 회원이 제안한 이름인 '사고제어강좌'로 불렸다.), 그것의 실제 목적은 걱정으로 인해 병든 사람들을 치료하는 것이다. 그리고 이 환자들의 대다수는 정서적으로 불안한 가정주부들이다.

걱정하는 사람들을 위한 그런 강좌는 어떻게 시작되었을까? 1930년 조지프 H. 프랫Joseph H. Pratt 박사는(참고로 그는 윌리엄 오슬러 경의 제자였다.) 외관상으로는 신체에 아무런 이상이 없는데도 보스턴 진료소를 찾는 외래환자들이 많다는 것을 알게 되었다. 그러면서도 그 환자들은 실제로 육체가 겪을 수 있는 모든 증상을 갖고 있었다. 한 여성은 '관절염'으로 손이 심하게 손상되어 손가락 하나 까딱할 수 없었다. 또 다른 여성은 '위암'에 걸렸을 때 나타나는 증상으로 인해 극심한 고통을 겪고 있었고, 다른 여성들도 요통, 두통, 만성피로를 갖고 있거나 명확치 않은 아픔과 고통을 호소했다. 그들은 실제로 그러한 고통을 느꼈다. 그러나 가장 철저한 건강검진을 해도 이 여성들에게 신체적으로 어떤 문제가 있는지는 발견할 수 없었다. 예전 의사들은 이럴 경우 대부분이 상상의 산물, 즉 '마음의 병'이라고 말하곤 했다.

하지만 프래트 박사는 그런 환자들에게 "집에 가서 잊어버리라."라고 말해 봐야 아무런 소용이 없다는 것을 깨닫게 되었다. 그는 그 여성들 대부분이 환자가 되길 바라지 않는다는 것을 알고 있었다. 그리고 만약 자신이 가진 병을 잊기가 그렇게 쉬웠다면 그들 스스로 그렇게 했을 것이다. 그렇다면 어떻게 해야 했을까?

그래서 그는 의학적 효과를 의심하는 사람들이 방관자적인 태도로 일제히 의구심을 가졌음에도 이 강좌를 개설했다. 그리고 강좌는 기적적인 성과를 가져왔다! 강좌가 시작된 후 18년 동안, 강좌에 참석한 수천 명의 환자들이 '치유'된 것이다. 어떤 환자들은 마치 교회에 나가듯 수년간 꾸준히 참석하기도 했다. 내 보조원은 9년 동안 그 강좌에 빠짐없이 참석한 한 여성과 대화를 나눴던 적이 있다. 그녀는 처음 그 진료소를 찾았을 때 자신이 유주신(遊走腎)이라는 병과 함께 몇 가지 심장 질환을 앓고 있다고 굳게 믿고 있었다. 극도로 걱정하고 긴장했던 그녀는 이따금 눈앞이 캄캄해지며 시력을 잃기도 했다. 그러나 지금의 그녀는 자신감 있고 활기차며 매우 건강한 상태다. 마흔 살 남짓으로밖에 보이지 않는 그녀의 무릎 위에서는 손자가 잠을 자고 있었다. 그녀는 이렇게 말했다. "저는 죽고 싶을 만큼 가족 문제에 대해 많은 걱정을 했습니다. 하지만 이 강좌에 참석하면서 걱정이라는 게 무의미한 것임을 알게 되었고, 걱정을 멈추는 법을 배웠죠. 그리고 지금 저는 제 인생이 평화롭다고 솔직하게 말할 수 있습니다."

그 강좌에서 의료 고문을 맡고 있는 로즈 힐퍼딩Rose Hilferding 박사는 걱정을 덜어 줄 가장 좋은 치료법은 '신뢰할 수 있는 누군가에게 당신이 가진 괴로움들을 털어놓는 것'이라고 말했다. "우리는 그것을 정화법이라고 부릅니다. 이곳에 온 환자들은 그들의 괴로움들이 마음속에서 떨어져 나갈 때까지 그것들에 대해 충분히 이야기할 수 있습니다. 걱정거리를 혼자서 고민하고 혼자만 간직하면 심한 신경성 긴장이 발생합니다. 우리 모두는 우리가 가진 괴로움을 공유하고, 걱정을 다른 사람들과 나눠야 합니다. 우리는 이 세상에 기꺼이 들어 줄, 그리고 이해해 줄 수 있는 누군가가 있음을 느껴야 합니다."

내 보조원은 걱정거리를 털어놓는 것이 한 여성에게 얼마나 큰 위안이 되었는지를 목격했다. 그녀는 가정사에 대한 걱정이 있었는데, 처음 말문을 열 때는 마치 금방 튀어 오를 듯한 용수철 같았지만 계속 이야기를 하면서 차츰 차분해지기 시작했다. 상담이 끝날 무렵에는 실제로 그녀가 웃고 있었다. 문제가 해결된 것이었을까? 그렇지 않다. 문제는 그렇게 쉬운 것이 아니었다. 변화를 일으킨 것은 누군가에게 이야기하고,

약간의 조언과 약간의 인간적 동정을 얻었다는 바로 그 사실이었다. 말 속에 있는 엄청난 치료의 가치가 실제로 변화를 일으킨 것이다!

정신분석학은 어느 정도 이러한 말의 치유력에 기초하고 있다. 프로이드 시대 이후 정신분석학자들은 환자가 이야기를, 그저 이야기만 할 수 있어도 내면의 근심을 제거할 수 있다는 사실을 알고 있었다. 이런 일은 왜 생기는 것일까? 아마도 우리는 대화를 통해 우리가 가진 문제에 대해 좀 더 나은 통찰력을 갖게 되고, 더 나은 시각을 가질 수 있기 때문일 것이다. 아무도 완전한 해답은 알지 못한다. 그러나 '숨김없이 털어놓아 마음의 짐을 더는 것'이 거의 즉각적으로 위안을 준다는 사실은 모두 다 알고 있다.

그러니 지금부터 우리가 감정적인 문제를 겪게 된다면 그것을 털어놓을 누군가를 찾아보는 것은 어떨까? 물론 눈에 보이는 모든 사람에게 우는소리를 하고 불평하면서 폐를 끼치고 다니라는 말은 아니다. 친척, 의사, 변호사, 목사, 아니면 신부 등 우리가 신뢰할 수 있는 누군가를 정해서 약속을 잡아 보자. 그런 뒤 그 사람에게 이렇게 말해 보자. "당신의 조언을 듣고 싶습니다. 제게 문제가 있는데 제 말을 잘 들어주셨으면 좋겠습니다. 당신이라면 제게 조언을 해 주실 수 있을 겁니다. 당신은 이 문제에 대해 제가 볼 수 없는 시각에서 보실 수 있으니까요. 만약 조언을 해 주실 수 없다면 제가 말하는 동안 그냥 앉아서 들어주시는 것만으로도 제게 엄청난 도움이 될 것입니다."

그러나 만약 당신 주변에 털어놓을 상대가 정말 없다고 느껴진다면 '생명의 전화'를 추천하고자 한다. 이 단체는 보스턴 진료소와는 아무런 관련이 없다. 세상에서 가장 독특한 단체 중 하나인 이 단체는 원래 자살 예방을 목적으로 결성되었지만, 시간이 지남에 따라 불행하거나 정서적인 어려움에 처한 사람들을 상담하는 일에까지 활동 범위를 넓혔다. 나는 한동안 '생명의 전화'를 찾는 사람들과 상담해 주는 로나 B. 보넬Lonna B. Bonnell 양과 얼마 동안 대화를 나눴다. 그녀는 이 책의 독자들이 편지를 보내면 기꺼이 답장을 하겠노라고 내게 말했다. 당신이 뉴욕 5번가 505번지에 있는 '생명의 전화'에 편지를 보낸다면 그 편지와 당신의 고민들은 절대 비밀로 유지된다. 솔직히, 가능하다면 직접 이야기할 수 있는 사람을 찾아가라고 권하고 싶다. 그렇게 해야 더 큰 위안을 얻을 수 있기 때문이다. 그러나 그것이 불가능하다면 이 단체에 편지를 써 보는 것도 괜찮을 것이다.

어떤 문제에 관해 마음껏 이야기하는 것은 당시 보스턴 진료소 강좌에서 가장 중요한 치료요법 중 하나로 사용되었다. 그 수업에서 입수한 몇 가지 아이디어를 소개하겠다. 가정주부로서 당신이 집에서도 할 수 있는 것들이다.

첫째, '영감을 준' 글들을 모아 둘 공책이나 스크랩북을 마련하라. 그 안에 개인적으로 마음에 들거나 당신의 기운을 북돋아 주는 시, 짤막한 기도문, 또는 인용구를 붙여 놓을 수 있다. 그러면 비가 내려 활력을 잃은 어느 오후 같은 때, 그 책에서 우울함을 없애 줄 방법을 찾을 수 있을지도 모른다. 보스턴 진료소를 찾는 많은 환자들은 수년간 그런 공책들을 간직하고 있다. 그들은 그 공책이 정신적인 '활력소'라고 말한다.

둘째, 다른 사람들의 단점에 대해 너무 오랫동안 생각하지 마라! 당신 남편에게도 물론 흠이 있을 것이다! 당신 남편이 성자 같았다면 당신과 결혼하지도 않았을 것이다. 그렇지 않은가? 점점 잔소리가 심해지고 사나은 얼굴이 되어 가던 그 강좌의 한 여성은 이 질문 하나에 바로 마음을 고쳤다. "당신의 남편이 죽는다면 어떻게 하시겠습니까?" 그 생각에 큰 충격을 받은 그녀는 즉시 자리에 앉아 남편의 장점 목록을 작성했다. 그러자 상당히 많은 장점을 적을 수 있었다. 나중에 당신이 구두쇠 같은 폭군과 결혼했다는 생각이 들 때 이 여성이 한 것처럼 해 보면 어떨까? 남편의 장점을 읽고 나면 당신이 만나고 싶어 했던 남자가 바로 당신 남편이라는 사실을 알게 될 것이다!

셋째, 이웃에게 관심을 가져라! 당신의 집 주변에서 함께 살아가는 사람들에게 호의적이고 건전한 관심을 보여라. 자신이 너무 '배타적'인 성격이라 친구가 없다고 고민하던 한 여성이 있었다. 그녀는 자신이 만나게 되는 사람에 대해 이야기를 꾸며 보라는 말을 들었다. 그녀는 전차에서 자신의 눈앞에 보이는 사람들의 배경과 상황을 짜 맞추기 시작했다. 그 사람들의 삶이 어땠을지 상상해 보려고 노력하면서 말이다. 어느새 그녀는 어디를 가나 사람들에게 말을 걸고 있었고, 요즘 그녀는 자신의 '고통'에서 치유되어 행복하고 빈틈없는 매력적인 사람으로 살고 있다.

넷째, 오늘 밤 잠자리에 들기 전에 내일 할 일에 대한 일정을 정리하라. 많은 주부들이 끊임없이 되풀이되는 집안일에 시달리고 쫓기는 느낌을 받는다는 사실을 그 강좌에서 발견했다. 주부들의 일이란 끝이 없다. 그들은 항상 시간에 쫓긴다. 이런 쫓기는 느낌과 걱정을 없애기 위해 밤마다 그다음 날의 일정을 정리하라는 제안이 나온 것이다. 어떤 일이 일어났을까? 피로감은 훨씬 줄고 더 많은 일을 할 수 있었고 자부심과 성취감을 느꼈으며, 시간이 남아 쉴 시간은 물론 자신을 '치장할' 시간도 생겼다(모든 여성은 하루 중 자신을 치장하고 예쁘게 꾸밀 시간을 가져야 한다. 어디까지나 내 개인적인 생각이지만, 자신이 예쁘다고 생각하는 여성은 '신경과민'에 걸리는 경우가 거의 없다).

다섯째, 마지막으로 긴장과 피로를 피하라. 휴식! 휴식! 긴장과 피로보다 당신을 늙어 보이게 만드는 것은 없다. 그 어떤 것도 당신의 생기와 용모를 그렇게 지독하게 망가뜨리지 못한다. 내 보조원은 보스턴 사고 제어 강좌에 참석해 그곳의 책임자인 폴 E. 존슨Paul E. Johnson 교수가 하는 강의를 들으며 한 시간 가량 앉아 있었다. 내용은 우리가 이전 장에서 이미 살펴 본 휴식의 원칙을 실제로 적용하는 것이었다. 그리고 휴식에 대한 실습 과정이 10분 정도 지나자 강좌에 참석했던 내 보조원은 의자에 똑바로 앉은 채로 거의 잠이 들고 말았다! 이렇게 몸을 이완시키는 것을 강조하는 이유는 무엇일까? 다른 의사들과 마찬가지로 그 강좌를 진행하는 사람들 역시 누군가로부터 걱정을 없애기 위해서는 우선 온몸의 긴장을 빼야 한다는 사실을 알고 있었기 때문이다.

그렇다. 가정주부인 당신은 휴식을 취해야 한다! 당신에게는 눕고 싶을 때 누울 수 있고, 마룻바닥에도 누울 수 있다는 커다란 이점이 있다. 이상한 일이지만, 어느 정도 딱딱한 바닥이 푹신한 침대보다 누워서 휴식을 취하기에 더 알맞다. 바닥은 침대보다 더 단단하게 받쳐 주므로 척추에도 좋다.

자, 이제 집에서도 할 수 있는 운동 몇 가지를 소개하겠다. 1주일 정도 해 보고 당신의 외모와 마음가짐에 어떤 변화가 있는지 확인해 보기 바란다!

1. 피곤하다고 느낄 때마다 바닥에 엎드린다. 최대한 몸을 쭉 편다. 몸

을 돌리고 싶으면 돌려도 좋다. 그렇게 하루에 두 번씩 한다.

2. 눈을 감는다. 존슨 교수가 추천한 것처럼 이런 식으로 말해 보려고 하는 것도 좋다. "머리 위에서는 태양이 빛난다. 하늘은 파랗고 영롱하다. 자연은 평온하게 온 세상을 감싸고 있다. 그리고 나, 자연의 아이인 나는 우주와 함께 노래한다." 이렇게 하는 것이 싫다면 기도를 하라. 기도를 하는 것이 사실은 더 나은 방법이다.

3. 오븐에 고기를 굽고 있다거나 시간이 없어 누울 수 없는 상황이라면 의자에 앉아 있는 것만으로도 거의 비슷한 효과를 볼 수 있다. 딱딱하고 허리를 곧게 세울 수 있는 의자가 휴식을 취하는 데 가장 적합하다. 앉아 있는 이집트 조각상처럼 똑바로 의자에 앉아, 손은 손바닥을 아래로 가게 하여 허벅지 위에 놓는다.

4. 이제 천천히 발가락에 힘을 줬다가 빼고, 다리 근육에 힘을 줬다가 뺀다. 천천히 이런 식으로 몸 위쪽으로, 목에 이를 때까지 한다. 그다음 머리를 마치 축구공 돌리듯 묵직하게 돌린다. 당신의 근육에 계속해서 말을 건다. "됐어, 이제 그만 긴장 풀어."

5. 천천히, 고른 숨을 쉬면서 신경을 가라앉힌다. 가슴 깊은 곳에서부터 숨을 쉬어라. 인도의 요가 수행자들이 한 말이 맞다. 규칙적인 호흡은 신경을 가라앉히는 최선의 방법 중 하나다.

6. 얼굴의 주름과 찌푸린 얼굴을 생각해 그것들을 매끄럽게 만들어라. 미간과 입꼬리에 느껴지는 걱정 주름을 펴라. 이렇게 하루에 두 번만 하면 마사지를 받으러 피부관리실에 갈 필요가 없을 것이고, 주름은 아마도 완전히 사라질 것이다!

4.

피로와 걱정을 예방하는
4가지 좋은 업무 습관

좋은 업무 습관 1 | 당장 처리해야 할 일과 관계없는 문서는 책상에서 치워라

시카고 앤드 노스웨스턴 철도회사의 사장 롤랜드 L. 윌리엄스Roland L. Williams는 이렇게 말한다. "책상에 여러 가지 일과 관련된 서류를 높이 쌓아 놓은 사람은 당장 처리해야 할 일과 관련된 서류만 남기고 나머지는 치워 버려야 합니다. 그러면 훨씬 쉽고 정확하게 자신의 일을 처리할 수 있다는 것을 알게 될 것입니다. 나는 이것을 '올바른 책상 관리'라고 부르는데 이것이 능률을 높이는 첫걸음입니다."

워싱턴 D. C.에 있는 국회도서관에 가 보면 천장에 적힌 짧은 글귀를 볼 수 있다. 그 글귀는 시인 알렉산더 포프Alexander Pope가 지은 것이

다. '질서는 하늘의 제1 법칙이다.'

사업의 제1 법칙도 질서여야 한다. 하지만 현실은 어떤가? 보통 직장인의 책상에는 몇 주 동안 들여다보지도 않은 서류들이 뒤죽박죽 쌓여 있다. 실제로 뉴올리언스에 있는 한 신문사의 경영자는 비서에게 자신의 책상을 정리하라고 시켰는데, 거기에서 2년 동안 찾지 못했던 타자기가 나왔다는 말을 내게 한 적이 있다!

단순히 회신하지 않은 편지와 보고서, 메모들이 책상 위에 널려 있는 것을 보는 것만으로도 혼란, 긴장, 걱정이 생기기에 충분하다. 이보다 더 나쁜 결과가 생길 수도 있다. '할 일은 많고 시간은 없다'는 생각이 끊임없이 들기 때문에 긴장감과 피로에 빠질 뿐 아니라 고혈압, 심장질환, 위궤양까지 생기기도 한다.

펜실베이니아 대학 의과대학원 교수 존 H. 스톡스John H. Stokes 박사는 미국의학협회가 주관하는 전국대표자회의에서 '기관 질환의 합병증으로서의 기능성 신경증'이라는 제목의 논문을 발표했다. 논문에서 그는 '환자의 정신 상태에서 확인해야 할 것'이라는 표제로 열한 가지 상황을 열거했는데, 그 목록의 첫 번째 항목은 '꼭 해야 한다는 의무감. 끝없이 펼쳐진 일들'이다.

하지만 책상을 치운다든가 결단을 내린다든가 하는 그런 단순한 행동이 어떻게 해서 앞서 말한 고혈압이나 의무감, '끝없이 펼쳐진 일들'이라는 압박감을 피하는 데 도움이 된다는 것일까? 저명한 정신의학자 윌리엄 L. 새들러William L. Sadler 박사는 이 단순한 방법을 이용해서 신경쇠약에 걸리는 것을 피했던 환자에 대해 이야기했다. 그 사람은 시카고에 있는 대기업 임원이었다. 새들러 박사를 찾아왔을 때 그는 긴장하고 신경질적이었으며 걱정이 많은 상태였다. 건강이 나빠지고 있다는 사실을 알고 있었지만 일을 그만둘 수 없었다. 그는 도움이 필요했다.

새들러 박사는 이렇게 말했다. "이 사람이 자신의 이야기를 제게 들려주고 있었는데 전화가 왔습니다. 병원에서 온 전화였죠. 나는 그 일을 다음으로 미루지 않고 그 자리에서 바로 결론을 내렸습니다. 저는 가능하면 항상 바로 그 자리에서 문제를 처리했죠. 전화를 끊기 바쁘게 다시 전화벨이 울렸습니다. 이번에도 긴급한 용건이었기 때문에 통화할 시간이 필요했습니다. 그 남자의 이야기를 세 번째로 방해한 것은 위독한 환자에 대한 조언을 듣기 위해 나를 찾아온 내 동료였습니다. 동료와 대화를 마친 뒤, 기다리게 해서 미안하다는 이야기를 하려고 상담자를 보았습니다. 하지만 그는 이미 밝아져 있었습니다. 표정이 완전히 달라져 있었죠."

"미안해하지 않으셔도 됩니다. 선생님!" 상담자는 새들러에게 말했다. "제게 그간 어떤 문제가 있었는지를 지난 10분 동안 알게 된 것 같습니다. 사무실로 돌아가서 제 업무습관을 살펴봐야겠습니다. 그런데 가기 전에, 혹시 선생님 책상 속을 봐도 괜찮을까요?"

새들러 박사는 책상 서랍을 열었다. 업무에 필요한 용품 말고는 아무것도 없었다. 그 환자는 물었다. "아직 마치지 못한 일들은 어디에 보관하시죠?"

"다 끝냈죠." 새들러가 말했다.

"그러면 회신하지 않은 편지들은 어디에 보관하십니까?"

"회신했죠. 저는 답장하기 전까지는 편지를 내려놓지 않는 규칙을 가지고 있습니다. 편지를 받음과 동시에 비서에게 답장을 받아 적게 하지요."

6주 후, 이 대기업 임원은 새들러 박사를 자신의 사무실로 초대했다. 그는 변했다. 그의 책상도 그랬다. 그는 책상 안에 끝내지 못한 일들이 하나도 없다는 것을 보여 주기 위해 서랍을 열었다. 그리고 이렇게 말했다. "6주 전까지 저는 사무실 두 개에 서로 다른 책상 세 개가 있었습니다. 그리고 할 일이 너무 많아 감당할 수가 없었습니다. 일은 끝이 없었죠. 그런데 선생님과 상담한 뒤 이 사무실로 돌아와 보고서들과 오래된 서류들을 정리했더니 한 트럭 분량이 되더군요. 이제 저는 하나의 책상에서 일을 하고, 일이 생기는 즉시 처리하기 때문에 마치지 못한 일들이 산더미처럼 쌓여 끊임없이 괴롭고 긴장하거나 걱정하는 일은 없습니다. 하지만 가장 놀라운 것은 제 건강이 완전히 회복되었다는 것입니다. 제 건강은 이제 아무 문제가 없습니다!"

미연방 대법원장이었던 찰스 에번스 휴즈Charles Evans Hughes는 "사람들이 쓰러지는 것은 과도한 노동 때문이 아니라 에너지의 분산과 걱정 때문이다."라고 말했다. 그렇다. 에너지의 분산, 그리고 일을 끝내지 못할 것 같다는 걱정이 원인인 것이다.

좋은 업무 습관 2 | 중요한 순서대로 일하라

전국적 규모의 시티즈서비스 컴퍼니의 창립자 헨리 L. 도허티Henry L. Doherty는 아무리 많은 봉급을 주더라도 거의 찾을 수 없는 두 가지 능력이 있다고 말했다. 값을 매길 수 없을 정도로 그렇기 귀중한 두 가지 능력 중 하나는 생각하는 능력이고, 둘째는 중요도 순서대로 일하는 능력이다.

찰스 럭맨은 아무것도 가진 것 없이 시작해 12년 만에 펩소던트 컴퍼니의 사장이 되었다. 그는 1년에 10만 달러의 급여를 받았고 재산은 100만 달러에 달했다. 그는 자신의 성공이 헨리 L. 도허티가 말했던 바로 그 '돈으로 얻을 수 없는 두 가지 능력' 덕분이라고 단언하며 이렇게 말했다. "제 기억이 닿는 아주 오래전부터 저는 새벽 다섯 시에 일어났습니다. 그때가 가장 아이디어가 잘 떠오르는 시간이기 때문이죠. 그래서 저는 그 시간에 하루 일정을 계획하고, 중요한 순서대로 일할 수 있도록 계획을 세웁니다."

미국에서 가장 성공한 보험 판매원으로 꼽히는 프랭클린 베트거는 일정을 계획하기 위해 다섯 시까지 기다리지 않는다. 그는 전날 밤에 그다음 날의 계획을 세우고, 판매할 보험의 양에 대해 스스로 목표를 세운다. 만일 목표한 만큼 팔지 못하면 남은 것은 그다음 날의 목표에 더해지는 식으로 목표량을 정한다.

오랜 경험을 통해 나는 항상 중요한 순서대로 일을 할 수만은 없다는 사실을 알고 있다. 하지만 중요한 일을 먼저 하도록 계획을 세우는 것이 임시변통으로 일하는 것보다 더할 수 없이 낫다는 사실 또한 안다.

만일 조지 버나드 쇼가 중요한 일을 먼저 한다는 원칙을 엄격히 지키지 않았다면 그는 아마 작가로서 성공하지 못하고 일생을 은행원으로 살았을 것이다. 그는 하루에 다섯 장의 글을 쓴다는 계획을 세웠다. 9년 동안 그가 벌어들인 돈은 다 해 봐야 고작 30달러, 그러니까 거의 하루에 1센트밖에 벌지 않은 셈이지만, 그 계획이 있었기에 그는 9년이라는 고통스러운 시간 동안 매일 다섯 장의 글을 써 나갈 수 있었다. 심지어 소설 속의 로빈슨 크루소도 하루를 시간 단위로 나누어 무엇을 할지 계획을 적어 두었다.

좋은 업무 습관 3 | 문제가 생겼을 때, 결정하는 데 필요한 사실들을 알고 있다면 그 자리에서 즉시 문제를 해결하라. 결정을 미루지 마라.

예전 내 강좌의 수강생이었던 H. P. 하웰은 내게 자신이 U. S. 스틸사의 이사였을 당시의 일을 이야기해 주었다. 그가 참석한 이사회는 자주 일을 미뤘고, 많은 안건들을 논의했지만 미결된 것들이 수북이 쌓여 있었다. 그 결과 이사회 회원들은 검토해야 할 보고서만 잔뜩 안고 집으로 돌아가야만 했다.

결국 하웰은 이사회를 설득해 한 번에 하나의 문제를 다루자고 했다. 그러자 회의시간이 지연되는 일도 없었고 결정이 미뤄지는 일도 없었다. 문제의 해결을 위해서는 추가적인 사실들이 필요할 수도 있고, 어떤 것을 해야 한다거나 하지 말아야 하는 것이 있을 수도 있었다. 하지만 각각의 문제들은 다음 안건으로 넘어가기 전에 결론에 도달했다. 그 결과는 놀랄 만큼 유익했다고 하웰은 말했다. 협의해야 할 사항들을 적어 두는 표도 달력도 깨끗해졌다. 사람들은 더 이상 보고서들을 잔뜩 안고 집으로 돌아가지 않아도 되었고, 해결하지 못한 문제들 때문에 걱정해야 할 이유도 사라졌다.

이것은 U. S. 스틸사 이사회뿐 아니라 당신과 내게도 유익한 규칙이다.

좋은 업무 습관 4 | 조직하고, 위임하며, 관리하는 법을 익혀라

많은 비즈니스맨들은 책임을 다른 사람들에게 위임할 줄 모르고 혼자 모든 것을 해결하려 함으로써 스스로 자기 무덤을 파는 경향이 있다.

그 결과 세세한 일들에 파묻혀 혼란스러워진다. 촉박하다는 느낌과 걱정, 불안감, 긴장감에 사로잡힌다. 책임을 위임하는 법을 익히기란 쉽지 않다. 나도 안다. 그것은 내게도 대단히, 정말로 대단히 어려운 일이었다. 나는 또한 엉뚱한 사람에게 권한을 위임했을 때 끔찍한 일이 발생한다는 사실도 경험을 통해 알고 있다. 하지만 권한을 위임한다는 것이 어렵긴 해도, 책임자라면 걱정, 긴장, 피로감을 피하기 위해 반드시 그렇게 해야 한다.

사업을 크게 세워 놓은 뒤에도 그것을 조직화하고, 위임하며, 관리하는 법을 익히지 못한 사람은 대개 50대나 60대 초반에 심장 질환으로 세상을 뜨는 경우가 적지 않다. 심장 질환은 긴장과 걱정으로 야기되는 것이다. 구체적인 사례를 원하는가? 멀리 갈 것도 없이, 눈에 띄는 일간지 부고란을 살펴보라.

5.

피로, 걱정, 분노를
일으키는 주범

피곤을 느끼는 주 원인 중 하나는 바로 지루함이다. 예를 들어 당신 동네에 사는 평범한 '앨리스'라는 사람의 경우를 살펴보자. 어느 날 밤, 앨리스는 완전히 녹초가 되어 집으로 돌아왔다. 그녀는 피곤해 보였고 실제로도 피곤했다. 머리도 아프고 허리도 아팠다. 너무 지쳐 저녁도 먹지 않고 바로 잠을 자고 싶었지만 어머니의 간청에 못 이겨 식탁에 앉았다. 전화벨이 울렸다. 남자 친구였다! 같이 춤추러 가자고 제안한다! 그녀의 눈이 반짝거렸다. 활력이 솟구쳤다. 방으로 달려가 엷은 앨리스블루 컬러의 치마를 입고 나간 그녀는 새벽 세 시까지 춤을 췄다. 마침내 집으로 돌아온 그녀는 조금도 지친 기색이 없었다. 뿐만 아니라 너무 기분이 좋아진 나머지 잠이 오지 않을 정도였다.

341

8시간 전에 지쳐 보였던 앨리스는 정말로 피곤했던 것일까? 물론 그랬다. 그녀는 지루한 일, 어쩌면 지루한 삶에 지쳐 있었다. 이런 앨리스는 세상에 수백만 명이 있다. 어쩌면 당신도 그중 하나일 것이다.

일반적으로 격렬한 육체 활동보다 감정의 태도가 훨씬 더 큰 피로를 유발한다는 것은 잘 알려진 사실이다. 몇 년 전, 철학박사 조지프 E. 바맥Joseph E. Barmack은 〈심리학 논집Archives of Psychology〉에 권태가 어떻게 피로를 유발하는지에 관한 보고서를 발표했다. 바맥 박사는 한 집단의 학생들로 하여금 의도적으로 재미없게 만든 일련의 실험에 참여하게 했다. 결과는 어땠을까? 그 학생들은 피로와 졸음을 느꼈고 두통, 눈의 피로를 호소했으며 짜증을 냈다. 심지어 속이 뒤집힌다는 학생들도 있었다. 이런 것들이 모두 '상상' 때문이었을까? 그렇지 않다. 이 학생들의 신진대사를 검사해 보니, 지루함을 느낀 사람은 실제로 혈압과 산소 소비가 감소한다는 것을 알 수 있었다. 그리고 일에 흥미와 만족을 느끼기 시작함과 동시에 몸 전체의 신진대사가 향상되었다.

우리는 재미있고 신나는 일을 할 때 피곤을 잘 느끼지 못한다. 예를 들어 나는 최근에 캐나디언 로키 산맥에 있는 루이스 호수 근처로 휴가를 갔는데, 코랄 크리크 강가에서 송어를 잡으며 며칠을 보냈다. 나는 내 키보다 높이 자란 덤불을 헤치며 나아갔고 통나무에 걸려 넘어졌는가 하면, 쓰러져 있는 고목들을 타고 넘기도 했지만 이런 힘든 일들을 8시간 이상 했음에도 전혀 피곤하지 않았다. 왜 그랬을까? 그 일이 무척 흥미롭고 신났기 때문이다. 송어 여섯 마리를 잡은 나는 큰 성취감을 얻었다. 하지만 낚시에 지루함을 느꼈다면 내 기분이 어땠을까? 해발 2,100미터 높이에서 그렇게 힘든 일을 했으니 지치고도 남았을 것이다.

심지어 등산처럼 그렇게 고단한 활동을 할 때에도, 힘들게 움직여서 생기는 피로감보다는 지루함 때문에 생기는 피로감이 훨씬 크다. 미니애폴리스 농공저축은행의 은행장 S. H. 킹맨S. H. Kingman 씨는 내게 이 말의 정확한 사례가 될 만한 사건을 이야기해 주었다. 1943년 7월, 캐나다 정부는 캐나다 산악회에 왕실 소속 특수부대원들에게 산악등반 훈련을 시켜 줄 산악가이드를 제공해 달라고 요청했다. 킹맨 씨는 그 군인들을 훈련시키기 위해 뽑힌 산악가이드들 중 한 사람이었다. 그는 내게 자신을 포함해 42세부터 49세까지의 연령층으로 구성된 가이드들이 그 젊은 군인들을 상대로 어떻게 빙하와 설원을 가로지르는 장거리 도보여행을 하고 12미터 높이의 깎아지른 듯한 절벽을 로프와 위태로운 손잡이에 의지해서 올라갔는지 말해 주었다. 그들은 캐나디언 로키산맥 리틀 요호 골짜기에 있는 마이클 봉峯, 바이스프레지던트 봉, 그리고 이름이 알려지지 않은 그 밖의 여러 봉우리들을 올랐다. 산악등반을 한 지 15시간이 지나자 이 원기왕성한 젊은 군인들(그들은 6주간의 힘든 특공훈련을 바로 얼마 전에 마친 상태였다.)은 완전히 녹초가 되었다.

특공 훈련으로는 단련되지 않은 근육을 사용했기 때문에 지쳤던 것일까? 특공 훈련을 경험해 본 사람이라면 이런 말도 안 되는 질문에 조소와 야유를 던질 것이다! 그들은 산악훈련이 지겨웠기 때문에 그렇게 지친 것이었다. 그들은 식사를 하기도 전에 잠에 빠져들 정도로 피곤해했다. 그러면 그 군인들보다 두세 배 나이가 많은 산악가이드들도 피곤했을까? 그렇다. 하지만 녹초가 될 정도는 아니었다. 그들은 저녁을 먹고 나서도 잠들지 않고 몇 시간 동안 그날 경험한 일에 대해 얘기를 나눴다. 그들은 흥미가 있었기 때문에 지치지 않은 것이다.

컬럼비아 대학의 에드워드 손다이크Edward Thorndike 박사는 젊은 사람들을 대상으로 피로에 관한 실험을 실시했다. 그는 실험 대상자들에게 끊임없이 흥밋거리를 제공하여 거의 1주일동안 잠을 잘 수 없게 만들었다. 이런저런 조사를 마치고 손다이크 박사는 이렇게 말했다. "작업 능력을 감소시키는 단 하나의 진정한 원인은 바로 지루함입니다."

만일 당신이 정신노동을 필요로 하는 직업을 가진 사람이라면 업무량 때문에 피곤해지는 경우는 드물다는 것을 알 것이다. 당신이 피곤한 이유는 당신이 하지 않은 업무의 양 때문이다. 예를 들어, 당신이 끊임없이 방해받은 지난주를 생각해 보라. 편지에 답장도 못하고 약속도 깨졌다. 여기저기서 문제가 발생했다. 그날은 되는 일이 하나도 없었다. 아무것도 해 놓은 것이 없는데 녹초가 되어 집에 돌아왔다. 게다가 머리도 깨질 듯 아팠다.

그다음 날은 사무실에서 하는 모든 일들이 잘되었다. 전날에 했던 것보다 40배는 더 많은 일들을 했다. 그런데도 당신은 눈처럼 새하얀 치자나무 꽃처럼 상쾌한 기분으로 집에 돌아왔다. 다들 그런 경험이 있을 것이다. 나도 그렇다.

여기서 배워야 할 교훈은? 바로 이것이다. 우리의 피로는 흔히 일 때문이 아니라 걱정과 좌절, 화 때문에 생긴다. 이 장을 쓰는 도중에 나는 제롬 컨Jerome Kern의 코미디 뮤지컬 〈쇼 보트Show Boat〉를 보러 다녀왔다. 코튼 블라섬 호의 선장인 캡틴 앤디는 철학적인 독백을 하는 중에 이렇게 말한다. "일을 즐기는 이들은 운이 좋은 사람들이다." 그런 사람들은 더 활기차고 행복하게 일하면서 걱정과 피로가 덜하기 때문에 운이 좋다. 흥미가 있는 곳에 활력도 있다. 잔소리가 심한 부인과 열 블록을 걷는 것이 사랑스러운 애인과 10킬로미터를 걷는 것보다 피곤한 일일지도 모른다.

그렇다면 어떻게 해야 할까? 당신이 할 수 있는 일은 뭐가 있을까? 이와 관련해 오클라호마 주 털사에 있는 한 석유회사에서 일하는 어느 속기사가 사용한 방법을 소개하겠다. 그녀는 매달 사나흘 정도를, 정말 생각만 해도 지루하기 짝이 없는 일을 하며 보낸다. 그것은 석유 계약에 관한 양식에 숫자와 통계치를 기입하는 일이다. 너무나 지루한 일이라 그녀는 그 일을 재밌게 만들어 보려고 노력했다. 어떻게 했을까? 그녀는 매일 자기 자신과 시합을 했다. 오전에 기입하는 양식의 수를 세어 두었다가 오후에는 그것보다 더 많이 하려고 노력했다. 그리고 그날 하루 동안의 총 개수를 센 뒤 그다음 날에는 그보다 더 많은 양을 하려고 애썼다. 그 결과는 어땠을까? 얼마 지나지 않아 그녀는 부서 내의 그 어떤 속기사보다 많은 양의 양식을 작성할 수 있었다. 이렇게 함으로써 그녀가 얻은 것은 무엇일까? 칭찬? 감사? 승진? 급여 인상? 모두 아니다. 그녀는 지루함 때문에 생기는 피로를 막을 수 있었다. 그것은 그녀에게 심적인 자극을 주었고, 지루한 일을 흥미롭게 만들기 위해 최선을 다했기 때문에 더 큰 활력과 더 큰 열정이 생겼으며 여가시간에 훨씬 더 큰 행복을 느낄 수 있었다. 이 이야기가 사실이라는 것은 내가 장담할 수 있다. 내가 그녀와 결혼했기 때문이다.

이번에는 일이 재미있는 것처럼 행동하는 것이 이익이 된다는 것을 알게 된 또 다른 속기사에 관한 이야기다. 그녀는 싸우듯이 일하곤 했다. 그 이상도 이하도 아니었다. 그녀의 이름은 벨리 G. 골든Vallie G. Golden이고 일리노이 주 엘머스트 사우스케닐워스 가 473번지에 산다.

345

그녀가 내게 써서 보낸 이야기는 다음과 같다.

제가 일하던 사무실에는 속기사가 네 명이었는데, 각각 몇몇 사람들의 편지를 써 주고 있습니다. 가끔은 할당된 편지들에 정신없이 바쁘기도 했지요. 그러던 어느 날 차장님 한 분이 제가 쓴 편지를 다시 써 오라고 요구했고, 저는 그것에 반발했습니다. 다시 쓸 필요 없이 편지를 수정하면 되지 않겠냐고 했더니 그는 편지를 다시 쓰지 않으면 다른 사람을 찾아보겠다고 되받아치는 것이었습니다! 저는 정말 화가 치밀어 올랐어요! 하지만 그 편지를 다시 쓰기 시작하니 불현듯, 기회만 된다면 제가 하는 이 일에 기꺼이 뛰어들 사람들이 아주 많을 것이라는 생각이 떠올랐습니다. 게다가 저는 바로 그 일을 하기 때문에 돈을 받고 있는 것이란 생각도 들었습니다. 저는 기분이 나아졌고, 일을 즐기자고 마음먹었습니다. 비록 그 일이 싫었지만 말이죠. 그러자 중요한 것을 발견하게 되었습니다. 일을 즐기듯이 하면 어느 정도는 정말 즐기게 된다는 것, 그리고 일을 즐기면 더 빨리 할 수 있다는 것을 말입니다. 그래서 요즘엔 늦게까지 일할 필요가 거의 없습니다. 이런 새로운 태도로 인해 훌륭한 직원이라는 평판도 얻었습니다. 그리고 개인 비서가 필요하게 된 부장들 중 한 분이 제게 그 자리를 제의했습니다. 제가 불평 없이 기꺼이 초과근무를 한다는 이유로 말입니다! 마음가짐의 변화가 가진 힘은 제게 있어 엄청나게 중요한 발견이었습니다. 정말 놀라운 효과였죠!

골든 양에게 기적을 만들어 준 방법은 한스 바이힝거Hans Vaihinger

교수가 제안한 '마치 ~인 것처럼'이라는 행동 방침이다. 그는 우리에게 '마치 행복한 것처럼', '마치 ~한 것처럼' 행동하라고 가르친다.

만일 당신이 자신의 일에 대해 '마치 재미있는 것처럼' 행동한다면 그 작은 행동으로 인해 당신의 일은 실제로 재미있는 것이 될 것이고, 당신의 피로와 긴장, 걱정 역시 감소할 것이다.

몇 년 전 할런 A. 하워드Harlan A. Howard는 자신의 인생을 완전히 뒤바꾸는 결정을 했다. 권태로운 직업을 흥미로운 것으로 만들고자 결심한 것이다. 그의 일은 정말 지루했다. 고등학교 식당에서 다른 아이들이 공놀이를 하거나 여학생들과 노닥거리는 동안 그는 접시를 씻고, 판매대를 닦고 아이스크림을 덜어 주는 일을 했다. 할런 하워드는 자신의 일이 너무도 싫었지만 그 일을 할 수밖에 없었다. 그래서 그는 아이스크림을 연구하기로 마음먹었다. 어떻게 만들어지는지, 무슨 재료가 사용되는지, 왜 어떤 아이스크림은 다른 것들보다 맛있는지를 말이다. 아이스크림과 관련된 화학을 공부한 그는 그 고등학교 화학 수업에서 명인이 되었다. 그러면서 식품화학에 큰 흥미를 갖게 된 그는 매사추세츠 주립대학에 입학해 식품화학을 전공했다. 어느 날 뉴욕 코코아 거래소는 100달러의 상금을 걸고 대학생들을 상대로 코코아와 초콜릿 활용에 관한 논문을 공모했다. 그 상금을 누가 받았을 것이라고 생각하는가? 맞다. 할런 하워드였다.

일자리를 구하기가 어려웠던 그는 매사추세츠 주 앰허스트 노스플레즌트 가 750번지에 있는 자신의 집 지하실에 개인 연구실을 열었다. 그 일이 있고 얼마 지나지 않아 새 법안이 통과되었다. 우유 안에 들어 있는 박테리아의 수를 확인해야 한다는 법률이었다. 할런 A. 하워드는 곧 앰허스트에 있는 14개 우유회사를 위해 박테리아 수를 확인하는 일을 하게 되었고 두 명의 조수도 고용했다.

지금부터 25년이 지나면 그는 어디에 있을까? 현재 식품화학과 관련된 사업을 운영하는 사람들은 그때쯤이면 은퇴를 했거나 아니면 세상을 떠났을 것이다. 그리고 그들의 자리는 창의와 열정을 내뿜는 젊은이들이 차지하게 될 것이다. 지금부터 25년 후, 할런 A. 하워드가 파는 아이스크림을 사 먹던 같은 반 친구들 중 몇몇은 일자리를 구하지 못해 낙담하며 정부를 욕하고 자신들에게 기회가 없었다며 불평하고 있을 테지만, 할런 하워드는 자신의 직업이 속한 분야를 이끌고 있을지 모른다. 만일 그가 지루한 일을 흥미로운 것으로 만들고자 결심하지 않았다면 그에게도 기회는 없었을 것이다.

예전에 자신의 단조로운 일에 지루함을 느꼈던 또 다른 젊은이가 있었다. 그는 공장에 있는 선반 앞에 서서 볼트 조이는 일을 했다. 그의 이름은 샘이었다. 샘은 일을 그만두고 싶어 했지만 다른 일을 구하지 못할 것이 두려웠다. 이 지루한 일을 할 수밖에 없었던 그는 그것을 재미있는 것으로 만들고자 했다. 그래서 그는 자신의 옆에서 기계를 조작하는 기계공과 시합을 벌였다. 그들 중 한 사람은 기계로 볼트의 거친 표면을 제거하고 다른 사람은 볼트를 적당한 지름으로 깎아 다듬어야 했다. 그들은 때때로 서로의 기계를 바꿔 일한 뒤 누가 더 많은 볼트를 생산해 냈는지 확인했다. 샘의 작업 속도와 정확성에 좋은 인상을 받은 공장 감독은 곧 그에게 더 나은 일거리를 주었다. 이것이 그의 계속된 승진의 출발점이었다. 30년 후 샘, 그러니까 새뮤얼 보클레인은 볼드윈 로코모티브 웍스의 사장이 되었다. 하지만 만일 그가 지루한 일을 재미있는 것으로 만들고자 결심하지 않았다면 아마 평생 기계공으로 남아 있었을 것이다.

유명한 라디오 뉴스 해설가 H. V. 캘튼본H. V. Kaltenborn은 예전에 내게 자신이 어떻게 지루한 일을 재미있는 것으로 만들었는지를 이야기해 주었다. 그는 스물두 살 때 가축 수송선에서 소들에게 먹이와 물을 주는 일을 하며 대서양을 건넜다. 영국에서 자전거 여행을 하고 파리에 도착한 그는 굶주린 상태였지만 돈이 없었다. 카메라를 담보로 5달러를 손에 넣게 된 그는 〈뉴욕 헤럴드〉지의 파리 판版에 구직 광고를 실었고, 그 결과 쌍안 사진경을 팔게 되었다. 당신이 마흔이 넘은 사람이라면 구식 입체경을 기억할 것이다. 그것을 보면 놀라운 일이 일어났다. 입체경에 달린 두 개의 렌즈가 두 장의 사진에 입체 효과를 주어 하나의 장면으로 바꿔 거리감과 놀라운 원근감을 느낄 수 있게 했던 것이다.

캘튼본은 파리에서 집집마다 돌아다니며 이런 기계를 파는 일을 시작했다. 그는 불어를 할 줄 몰랐지만 첫 해에 수수료로 5,000달러를 벌었고 그해 프랑스에서 가장 보수를 많이 받은 영업사원이 되었다. H. V. 캘튼본은 하버드 대학에서 공부했던 그 어떤 해보다도 그때의 경험이 성공에 필요한 자질을 계발하는 데 도움이 되었다고 말했다. 자신감? 그 경험을 하고 난 그는 프랑스 주부들에게 미국연방의회의 의사록도 팔 수 있을 것 같은 생각이 들었다고 말했다. 그 경험 덕분에 그는 프랑스 생활을 상세하게 이해할 수 있었고 이것은 후에 그가 라디오에서 유럽에서 일어나는 사건들을 설명하는 데 매우 소중한 도움이 되었다.

그는 불어를 하지 못했는데도 어떻게 능숙한 영업사원이 될 수 있었을까? 그는 자신의 고용주에게 판매에 필요한 말들을 완벽한 불어로 적어 달라고 한 뒤 그것을 암기했다. 초인종을 눌러 가정주부가 응답하면 캘튼본은 우스꽝스러울 정도로 서툴게 자신이 외운 말들을 반복했다. 그는 주부에게 사진을 보여 주었고 주부가 질문을 하면 그는 어깨를 으쓱하면서 이렇게 말했다. "미국인…… 미국인." 그러고 나서 그는 모자를 벗어 그 안에 붙여 놓은, 완벽한 불어로 적힌 판매 어구 쪽지를 가리켰다. 주부가 웃으면 그도 웃으며 사진들을 보여 주었다. 캘튼본은 내게 이 이야기를 하면서 그 일이 절대 쉽지 않았다고 털어놓았다. 그를 견딜 수 있게 만든 단 하나의 요인은 바로 즐겁게 일하겠다는 그의 결심이었다.

매일 아침 그는 집을 나서기 전에 거울을 보며 스스로에게 활력을 불어넣는 말을 했다. "캘튼본, 먹고살려면 이 일을 꼭 해야 돼. 어차피 해야 하는 일이면 기분 좋게 하는 게 낫지 않겠어? 초인종을 누를 때마다 너는 무대에 선 배우고 너를 바라보는 관객이 있다고 상상해 보는 것이 어떨까? 결국 네가 하는 일은 무대 위에서 하는 일 만큼이나 재미있는 일이야. 그러니 큰 활력과 열정을 쏟아 보는 건 어때?"

캘튼본은 매일 스스로에게 격려의 말을 한 것이 한때 하기 싫고 불안해하던 일을 하고 싶게 만들었을 뿐 아니라 이익도 가져다주는 데 도움이 되었다고 말했다.

내가 캘튼본에게 성공을 갈망하는 미국 젊은이들에게 해 주고 싶은 조언이 있는지를 묻자 그는 이렇게 말했다. "있죠. 아침마다 자기 자신을 북돋는 말을 하세요. 많은 사람은 잠이 덜 깬 상태로 돌아다닙니다. 그 상태에서 깨어나기 위해 육체적 운동이 중요하다는 이야기는 많이들 합니다. 하지만 우리가 행동할 수 있도록 자극하는 어떤 정신적이고 심리적인 운동은 그보다 더욱 많이 필요합니다. 그러니 매일 스스로에게 활력을 불어넣는 말을 해 보세요."

날마다 스스로에게 활력을 불어넣는 말을 하라는 조언이 어리석고 무의미하며 유치하게 들리는가? 아니다. 반대로 그것은 실로 건전한 심리학의 본질이다. '우리의 인생은 우리가 생각하는 대로 만들어진다.' 이 말은 1,800년 전에 마르쿠스 아우렐리우스가 그의 책 《명상록Meditations》에서 처음 한 말이지만 그때와 마찬가지로 오늘날에도 적용된다.

우리의 인생은 우리가 생각하는 대로 만들어진다.

매 시간 스스로에게 말을 걸면 용기와 행복의 생각, 힘과 평화의 생각으로 자신을 이끌 수 있다. 당신이 감사해야 할 일들을 스스로에게 말하면, 당신의 마음을 희망과 기쁨의 생각들로 채울 수 있다.

올바른 생각을 하면 어떤 일에 대해서도 싫어하는 마음을 줄일 수 있다. 당신의 사장은 당신이 일에 흥미를 갖길 원한다. 그래야 자신이 더 많은 돈을 벌 수 있기 때문이다. 하지만 사장이 무엇을 원하는지는 생각하지 말고, 일에 흥미를 갖는 것이 우리에게 어떤 도움을 주는지만 생각하자. 그렇게 하면 인생으로부터 얻는 행복이 배로 커진다는 사실을 기억하라. 당신은 깨어 있는 시간의 반 정도를 일하면서 보내기 때문이다. 그러므로 당신의 일에서 행복을 찾지 못한다면 그 어디에서도 찾지 못할 것이다. 당신의 일에 흥미를 가지면 걱정이 사라지고, 그것이 결국 승진과 임금 인상을 가져올 것이라는 사실을 기억하라. 설사 그렇지 않더라도, 그것이 피로를 최소한으로 줄여 여가시간을 즐기는 데 도움을 줄 것이다.

6.

불면증을
걱정하지 않는 법

잠을 잘 이루지 못해 걱정하는가? 그렇다면 평생 단 한 번도 제대로 잠을 자 본 적이 없는 유명한 국제변호사 새뮤얼 운터마이어Samuel Untermyer의 이야기에 흥미를 느낄 것이다.

대학에 다닐 때 그에게는 천식과 불면증이라는 두 가지 걱정거리가 있었다. 둘 다 치료 가망성이 없다고 생각한 그는 차선책을 택하기로 결심했다. 불면증을 활용하기로 한 것이다. 잠을 이루지 못해 걱정하고 몸을 뒤척이면서 건강을 해치는 대신 그는 일어나서 공부를 했다. 결과는? 모든 수업에서 우등생이 되기 시작한 그는 뉴욕 시립대학의 수재들 중 한 명으로 꼽히게 되었다. 변호사 업무를 시작한 후에도 그의 불면증은 계속되었다. 하지만 운터마이어는 걱정하지 않았다. 그는 말했다. "자연이 나를 돌봐 줄 것이다." 실제로 자연은 그를 돌봤다. 수면 시간이 부족했음에도 그의 건강은 유지되었고 그는 뉴욕 법조계에 있는 다른 젊은 변호사들만큼 열심히 일할 수 있었다. 아니, 오히려 더 많은 일을 할 수 있었다. 그들이 자는 동안에도 일을 했기 때문이다!

스물한 살의 나이에 샘 운터마이어는 1년에 7만 5,000달러라는 돈을 벌었다. 그의 방식을 배우기 위해 다른 젊은 변호사들이 법정으로 몰려들었다. 1931년 그는 한 사건을 처리하는 대가로 아마 역사상 가장 높은 금액일 거금 100만 달러의 수임료를 현찰로 받았다. 불면증이 있었던 그는 밤늦게까지 독서를 하고 아침 5시에 일어나 편지를 쓰기 시작했다. 대부분의 사람들이 일을 막 시작할 때쯤이 되면 그의 하루 일과는 거의 반 정도가 마무리되어 있었다. 좀처럼 밤에 깊은 잠을 자 본 적이 없었던 이 사람은 여든 한 살까지 살았다. 하지만 만일 그가 불면증 때문에 괴로워하고 걱정했다면, 그의 인생은 어땠을까?

우리는 인생의 3분의 1을 잠자는 데 소비하지만, 어느 누구도 잠에 대해서는 정확히 알지 못한다. 잠이 습관적인 행위라는 것, 그리고 근심으로 뒤얽힌 소맷자락을 자연스럽게 원상태로 만드는 휴식의 상태라는 것은 알고 있다. 하지만 각자에게 필요한 수면시간이 얼마나 되는지도 모르고 심지어 잠을 자야 하는 것인지조차 모른다.

터무니없는 말 같은가? 제1차 세계대전 당시 폴 컨이라는 헝가리 군인은 뇌의 전두엽에 관통상을 입었다. 그는 부상에서 회복되었지만 이상하게도 잠을 이루지 못했다. 의사들은 온갖 종류의 진정제와 수면제, 심지어 최면술도 써 보았지만 그 어떤 것도 폴 컨을 잠들게 하기는커녕 졸음이 오게 하지도 못했다. 의사들은 그가 오래 살지 못할 거라고 말했

353

다. 하지만 그는 그들을 놀라게 했다. 그에게는 직업이 있었고, 최상의 건강 상태로 누구보다 오래 살았다. 그는 누워서 눈을 감고 휴식을 취했지만 결코 잠들지 않았다. 그의 사례는 잠에 관해 우리가 알고 있는 많은 믿음을 뒤엎은 의학적 불가사의였다.

어떤 사람들은 다른 사람들보다 더 많은 잠을 필요로 한다. 토스카니니Toscanini는 하루에 다섯 시간만을 잠자는 데 필요로 했지만 캘빈 쿨리지Calvin Coolidge는 그보다 두 배 이상 많은 시간을 필요로 했다. 쿨리지는 24시간 중에서 11시간 동안 잠을 잤다. 바꿔 말하면, 토스카니니가 잠자며 보낸 시간은 대략 인생의 5분에 1 정도인 반면 쿨리지는 거의 인생의 반을 자면서 보낸 것이다.

불면증보다 불면증에 대한 걱정이 당신의 건강을 더 상하게 한다. 예를 들어 내 수강생들 중 한 명인 뉴저지 주 릿지필드파크 오버펙 가 173번지에 사는 아이라 샌드너는 고질적인 불면증으로 인해 거의 자살까지 생각했던 적이 있다. 그녀는 이렇게 말했다.

저는 정말 제가 미쳐 간다고 생각했어요. 처음에는 지나치게 잠을 잘 자서 탈이었죠. 자명종 시계가 울려도 일어나지 못해 늦은 아침이 되어서야 출근하기 일쑤였거든요. 실제로 제 상급자는 제게 제시간에 출근하라는 경고를 줬습니다. 저도 계속 지각하면 일자리를 잃게 될 것임을 알았죠.

친구들에게 이런 이야기를 했더니 한 친구가 '그럼 자기 전에 자명종 시계에 최대한 집중해 보라'고 하더군요. 그렇게 해서 불면증이 시작된 겁니다. 똑딱거리는 그 지독한 시계소리가 나를 괴롭혔고, 그 소리에 저는 밤새 잠들지 못하고 뒤척였습니다. 아침이 되면 저는 거의 병에 걸린 것 같았습니다. 피로와 걱정 때문에 생긴 병이었죠. 이런 일이 8주 동안 계속되었습니다. 제가 겪은 고통이란 말로 표현할 수 없을 정도였습니다. 저는 정신이 이상해지고 있다고 확신했습니다. 몇 시간씩 거실을 왔다 갔다 할 때도 있었는데 그러다 보면 정말로 창밖으로 뛰어내려 모든 걸 끝내고 싶다는 생각이 들기도 했습니다.

결국 저는 어렸을 때부터 알고 지내던 의사를 찾아갔습니다. 그는 말하더군요. '아이라, 나는 널 도울 수 없어. 아무도 널 도와줄 수 없지. 왜냐면 이건 네가 스스로 야기한 일이니까. 잠을 자려고 노력해 봐. 만약 잠이 오지 않으면 다 잊어버려. 그리고 너 자신에게 말해봐. 잠이 안 와도 괜찮다. 아침까지 깨어 있어도 나는 괜찮다. 그리고 눈을 감고 이렇게 말해 보렴. 그냥 가만히 누워 있는 한 걱정하지 말자. 어쨌든 그렇게 하는 동안에도 쉴 수는 있는 거니까.'

저는 그의 말대로 했고 2주가 지나자 차츰 잠이 오기 시작했습니다. 한 달도 채 안 되어, 저는 여덟 시간을 잤고 제 신경은 정상으로 돌아왔습니다.

아이라 샌드너를 괴롭히던 것은 불면증이 아니라 불면증에 대한 그녀의 걱정이었다.

시카고 대학의 너대니얼 클레이트먼Nathaniel Kleitman 교수는 현존하는 그 어떤 사람보다도 잠에 대한 연구를 가장 많이 한 사람이다. 잠에 관한 한 세계적인 전문가인 그는 불면증 때문에 죽은 사람은 한 번도 본 적이 없다고 단언한다. 물론 불면증을 걱정하는 사람은 저항력이 저

하되어 병원균이 침입할 수도 있지만, 피해를 입히는 것은 걱정이지 불면증 그 자체는 아니다.

그는 또한 불면증을 걱정하는 사람들은 대개 본인들이 실감하는 것보다 훨씬 더 많은 잠을 잔다고 말한다. '어젯밤에 한숨도 못 잤다'고 장담하는 사람도 자신이 얼마나 잤는지를 모른다. 19세기의 가장 깊이 있는 사상가인 허버트 스펜서Herbert Spencer가 그 예다. 나이 많은 독신주의자였던 그는 하숙집에 살았는데 그의 모든 주변 사람들이 지겨워할 정도로 끊임없이 불면증을 호소했다. 그는 심지어 귀에 '귀마개'를 끼워 소음을 막고 신경을 진정시켜 보려 했고, 때로는 졸음을 유발하기 위해 아편을 사용하기도 했다. 어느 날 그는 옥스퍼드 대학의 세이스 교수와 함께 호텔에 묵게 되었는데, 다음 날 아침 스펜서는 밤새 한잠도 못 잤다고 말했다. 하지만 실제로 한잠도 못잔 사람은 세이스 교수였다. 스펜서의 코고는 소리 때문에 잘 수가 없었던 것이다.

숙면을 위한 첫 번째 요건은 바로 안정감이다. 우리 자신보다 월등한 어떤 힘이 아침까지 우리를 보살펴 줄 것이라는 느낌이 있어야 한다. 그레이트 웨스트라이딩 요양원의 토머스 히슬롭Thomas Hyslop 박사는 영국의학협회에서 그 점을 강조하며 이렇게 말했다. "수년간의 관례를 통해 제가 알게 된 가장 좋은 수면 유도법은 바로 기도입니다. 이 말은 순전히 의사로서 하는 말입니다. 습관적으로 기도하는 사람들에게는 기도라는 행위가 마음을 진정시키고 신경을 가라앉히는 가장 적합하고 전형적인 방법이라고 보아야 합니다."

'하느님께 맡기고 내버려 두라.'

지네트 맥도날드Jeanette MacDonald는 우울하고 걱정되어 잠을 이루기 어려울 땐 항상 시편 23편을 되풀이해 읽음으로써 '안정감'을 얻는다고 말했다. "여호와는 나의 목자시니 내게 부족함이 없으리로다. 그가 나를 푸른 풀밭에 누이시며 쉴 만한 물가로 인도하시는도다."

하지만 당신이 종교를 가진 사람이 아닌데 역경을 헤쳐 나가야만 하는 상황에 있다면 물리적 수단을 통해 긴장을 푸는 방법을 배워야 한다. 《신경성 긴장으로부터의 해방Release from Nervous Tension》이라는 책을 쓴 데이비드 헤럴드 핑크 박사는 그렇게 하기 위한 최선의 방법은 자신의 신체에 말을 거는 것이라고 말한다. 그의 말에 따르면 모든 최면에 있어 가장 중요한 요소는 말이다. 따라서 당신이 계속해서 잠을 이루지 못하는 것은 당신 스스로 불면증에 걸리도록 말하고 있기 때문이다. 여기서 벗어나기 위해서는 자신을 최면에서 깨어나게 해야 한다. 당신은 몸에 있는 근육을 향해 이렇게 말하면서 깨어날 수 있다. "이제 그만, 됐어. 긴장 풀고 편히 쉬어." 근육이 긴장해 있는 동안에는 마음과 신경의 긴장도 누그러지지 않는다는 사실을 우리는 이미 알고 있다. 그러므로 제대로 잠을 자고 싶다면 근육의 긴장부터 풀어야 한다. 핑크 박사는 다리의 긴장을 완화하기 위해 베개를 무릎 아래 놓고, 팔 밑에도 작은 베개를 놓아 팔의 긴장을 풀라고 권한다. 이 방법은 실제로 효과가 있다. 그런 다음 턱, 눈, 팔, 다리에게 쉬라고 말하면 마침내 우리는 어떤 효과를 보았는지 알기도 전에 잠에 빠져들게 된다. 나도 그렇게 해 봐서 잘 알고 있다. 만일 당신의 수면에 문제가 있다면 내가 앞에서 언급한 핑크 박사의 책 《신경성 긴장으로부터의 해방》을 읽어 보기 바란다. 내가 아는 한 이 책은 재미있게 읽을 수 있으면서도 불면증을 치료해 줄 수 있는 유일한 책이다.

불면증을 치료하는 가장 좋은 방법 중 하나는 몸을 피곤하게 만드는 것이다. 정원 가꾸기, 수영, 테니스, 골프, 스키, 아니면 그저 단순하게 육체적으로 힘든 일을 하면 된다. 시어도어 드라이저가 바로 그렇게 했다. 가난한 젊은 작가였을 때 그는 불면증을 걱정했고, 그래서 뉴욕 센트럴 철도회사의 선로 관리원 일을 시작했다. 선로용 대못을 박고 자갈을 퍼 나르며 하루를 보낸 그는 너무 피곤해서 식사를 하기도 전에 잠들고 말았다.

충분히 피곤해지면 자연은 우리가 걷고 있는 동안에도 우리를 잠들게 할 수 있다. 실제로 내가 열세 살 때 아버지는 트럭에 살찐 돼지들을 싣고 미주리 주의 세인트조로 향했다. 두 장의 공짜 열차표가 있었기 때문에 나를 데리고 간 것이다. 그때까지만 해도 나는 인구 4,000명 이상의 도시를 가 본 적이 없었기에, 6만 명이 사는 도시인 세인트조에 도착했을 때 잔뜩 흥분에 들떠 있었다. 당시 내 눈에 초고층 빌딩으로 느껴졌던 6층짜리 건물을 보았고, 무엇보다 놀라웠던 시내 전차도 보았다. 지금도 눈을 감으면 그때 그 전차의 모습과 소리가 생생하다. 내 생애 가장 감격스럽고 흥분되었던 하루를 보낸 뒤 아버지와 나는 기차를 타고 미주리 주 레이븐우드로 돌아왔다. 새벽 두 시에 도착한 우리는 농장에 있는 집까지 6킬로미터가 넘는 거리를 걸어가야 했다. 이야기의 요점은 지금부터다. 너무도 지친 나는 걸으면서 잠도 자고 꿈도 꾸었다. 가끔은 말을 탈 때도 잠이 들었다.

사람이 너무 지치면 전쟁의 굉음과 공포, 위험 속에서도 잠을 잘 수 있다. 저명한 신경학자 포스터 케네디Foster Kennedy 박사는 1918년에 있었던 영국군 제 5부대의 퇴각 당시 그가 보았던 군인들에 대해 내게

데일 카네기 자기관리론

말해 주었다. 몹시 지쳐 있던 그들은 땅바닥이건 어디건 드러누워 혼수 상태처럼 깊은 잠에 빠져들었다. 심지어 그가 손가락으로 군인들의 눈꺼풀을 들어 올렸을 때도 깨어나지 않았는데, 그는 그 군인들의 눈동자가 한결같이 눈의 위쪽을 향해 있다는 사실을 알게 되었다고 말한다. "그때 이후로 잠을 이루는 데 문제가 있을 때면, 저는 눈동자를 위쪽으로 향하게 합니다. 그러면 얼마 지나지 않아 하품이 나고 졸음을 느끼게 됩니다. 그것은 제가 통제할 수 없는 반사적인 작용이었습니다.

잠자기를 거부하는 방식으로 자살을 시도했던 사람은 아직까지 아무도 없었고, 앞으로도 그럴 것이다. 자연은 인간이 아무리 큰 의지력을 발휘해도 그것과 상관없이 잠들게 한다. 자연은 인간이 음식이나 물을 섭취하지 않고 버티는 시간보다 잠을 자지 않고 버틸 수 있는 시간을 훨씬 짧게 만들었다.

자살에 관한 이야기를 하다 보니 헨리 C. 링크 박사가 그의 책《인간의 재발견Rediscovery of Men》에 기술한 사례가 떠오른다. 링크 박사는 심리학협회 부회장을 맡고 있으며 걱정과 우울함에 시달리는 많은 사람과 상담을 했다. 위 저서 중 '두려움과 걱정의 극복'이라는 장에는 자살하고 싶어 하는 어떤 환자에 대한 이야기가 나온다. 링크 박사는 그를 설득하기 위해 입씨름해 봐야 상황만 더 악화될 것임을 알고 있었기에, 그 환자에게 이렇게 말했다. "이왕 자살하기로 마음먹었다면 적어도 영웅다운 방식으로 하셨으면 좋겠군요. 쓰러져 죽을 때까지 이 주변을 달려 보시죠."

한 번도 아니고 여러 번 그 방법을 시도했던 그 환자는 매번 그렇게 달릴 때마다 근육은 그렇다손 치더라도, 마음이 점점 좋아지는 것을 느졌다. 사흘째 밤, 그는 링크 박사가 처음에 의도했던 대로 되었다. 즉, 육체적으로 피곤해진 (그리고 기진맥진한) 그는 마치 통나무처럼 세상모르고 잠을 잤던 것이다. 나중에 그는 운동 모임에 가입했고 대회에도 출전하기 시작했다. 얼마 지나지 않아 그는 영원히 죽지 않고 살고 싶을 정도로 만족스러운 삶을 살게 되었다!

불면증에 대한 걱정을 막아 줄 다섯 가지 규칙은 다음과 같다.

1. 잠을 이룰 수 없다면 새뮤얼 운터마이어가 했던 것처럼, 졸음이 올 때까지 일하거나 책을 읽어라.
2. 수면 부족으로 사망한 사람은 없다는 점을 기억하라. 대개는 불면증에 대한 걱정이 불면증 그 자체보다 훨씬 더 큰 피해를 입힌다.
3. 기도하라. 아니면 지네트 맥도날드처럼 시편 23편을 반복해서 읽어라.
4. 몸의 긴장을 풀어라. 《신경성 긴장으로부터의 해방》이라는 책을 읽어라.
5. 운동하라. 자신의 몸을 피곤하게 만들어 잠들게 하라.

걱정과 피로를 예방하고
활력과 의욕을 높이는 6가지 방법

1. 지치기 전에 휴식을 취하라.

2. 긴장을 풀고 일하는 법을 익혀라.

3. 가정주부들은 건강과 외모를 지키기 위해 집에서 긴장을 완화시켜라.

4. 다음의 네 가지 좋은 업무 습관을 활용하라.

   1) 당장 처리해야 할 일과 관계없는 문서는 책상에서 치워라.

   2) 중요한 순서대로 일하라.

   3) 문제가 생겼을 때, 결정하는 데 필요한 사실들을 알고 있다면 그 자리에서 즉시 문제를 해결하라.

   4) 조직하고, 위임하며, 관리하는 법을 익혀라.

5. 걱정과 피로를 막기 위해 열정적으로 일하라.

6. 수면 부족으로 죽은 사람은 한 명도 없음을 기억하라. 불면증 자체보다 불면증에 대한 걱정이 훨씬 더 나쁜 영향을 미친다.

DALE CARNEGIE

HOW TO STOP WORRYING AND START LIVING

1.

인생에서 가장 중요한
두 가지 결정

(이 장에서는 아직 하고 싶은 일을 찾지 못한 젊은이들에게 이야기의 초점을 맞췄다. 만일 당신이 그런 사람이라면, 이 장을 읽는 것은 당신의 남은 인생에 깊은 영향을 끼칠 것이다.)

당신이 아직 열여덟 살이 되지 않은 사람이라면 머지않아 당신의 인생을 완전히 뒤바꿀 두 가지 중대한 결정을 요구받을 날이 올 것이다. 그 결정들은 당신의 행복, 소득, 건강에 광범위한 영향을 끼칠 것이며 당신을 일으킬 수도, 무너뜨릴 수도 있다.

이 두 가지 엄청난 결정은 무엇인가?

첫째, 어떻게 생계를 꾸려 나갈 것인가? 농부가 될 것인가, 집배원, 화

364

데일 카네기 자기관리론

학자, 삼림감시원, 속기사, 수의사, 대학교수가 될 것인가, 아니면 노점에서 햄버거를 팔 것인가?

둘째, 누구를 당신 자녀의 아버지, 또는 어머니로 선택할 것인가?

이 두 가지 중대한 결정은 때로 도박과 같다. 해리 에머슨 포스딕은 그의 책《통찰력》에서 이렇게 말한다. "직업을 선택할 때 모든 젊은이는 도박꾼이다. 직업에 자신의 인생을 걸어야 한다."

어떻게 하면 직업을 선택함에 있어 위험을 줄일 수 있을까? 최선을 다해 이야기해 주겠다. 가장 먼저, 될 수 있으면 당신이 즐길 수 있는 일을 찾아라. 예전에 나는 B. F. 굿리치 타이어 회사의 회장 데이비드 M. 굿리치David M. Goodrich에게 사업에서 성공하기 위한 가장 중요한 요소가 무엇이라 생각하는지 물어본 적이 있다. 그는 이렇게 답했다. "일이 즐거워야 합니다. 하는 일을 즐기게 되면 오랜 시간 일할 수도 있고 게다가 전혀 일이라고 여겨지지 않을 것입니다. 마치 놀이처럼 생각되겠지요."

이것의 좋은 예가 바로 에디슨이다. 학교 교육을 받지 못했지만 어른이 되어 미국의 산업역사를 바꿔 놓은 신문팔이 소년, 에디슨. 자신의 연구실에서 숙식을 해결하기를 예사로 하며 하루 18시간 동안 일하던 에디슨. 하지만 그 일은 그에게 고생이 아니었다. 그는 이렇게 외쳤다. "저는 평생 동안 일을 해 본 적이 없습니다. 모든 것이 즐거움 그 자체였을 뿐이니까요." 그가 성공한 것은 놀랄 일이 아니다!

나는 예전에 이와 거의 같은 이야기를 찰스 슈워브에게서도 들었다. 그는 말했다. "누구든 무한한 열정을 갖고 있는 일을 한다면 그 사람은 성공할 수 있다."

하지만 하고 싶은 일이 무엇인지 도무지 알 수 없는 상황에서 어떻게 일에 열정을 가질 수 있다는 말인가? 한때 듀퐁 사에서 수천 명의 직원을 채용했으며 현재는 아메리칸 홈 프로덕트 컴퍼니에서 노무관리부 팀장을 맡고 있는 에드나 커Edna Kerr 여사는 이렇게 말했다. "제가 알고 있는 가장 큰 비극은 수많은 젊은이들이 자신이 정말로 원하는 일을 찾지 못한다는 것입니다. 자신의 일에서 임금 말고는 아무것도 얻지 못하는 사람만큼 불쌍한 사람도 없습니다." 심지어 대학 졸업자들도 그녀를 찾아와 이렇게 말한다고 그녀는 전했다. "저는 다트머스 대학에서 학사 학위를 받았습니다(혹은 코넬 대학에서 석사 학위를 받았습니다). 제가 할 수 있는 일이 귀사에 있을까요?" 그들은 자신이 무슨 일을 할 수 있는지, 심지어 어떤 일을 하고 싶은지조차 알지 못한다. 의욕과 장밋빛 꿈을 가지고 사회에 발을 내딛었던 수많은 젊은 남녀들이 나이 마흔에 철저한 좌절로, 심지어는 신경쇠약에 걸리는 것으로 끝나는 것이 어찌 보면 당연하지 않을까? 사실 적절한 직업을 찾는 것은 당신의 건강을 위해서도 중요하다. 존스 홉킨스 대학의 레이몬드 펄Raymond Pearl 박사가 몇몇 보험회사들과 함께 장수를 위한 요소들을 찾는 연구를 진행했을 때, 그는 '적절한 직업'을 상위목록에 올려놓았다. 그는 토머스 칼라일과 더불어 이렇게 말했을지 모른다. "자신의 일을 찾은 사람은 축복받은 사람이다. 다른 축복은 바라지 마라."

최근 나는 소코니-배큐엄 정유회사의 인사 담당자인 폴 W. 보인튼Paul W. Boynton과 저녁시간을 함께 보냈다. 그는 지난 20년 동안 7만 5,000명 이상의 구직자들과 면접을 했고《취업에 성공하는 여섯 가지 방법》이라는 책도 썼다. 나는 그에게 이렇게 물었다. "요즘에 직업을 찾는 젊은이들이 범하는 가장 큰 실수는 무엇입니까?" 그의 대답은 다음과 같았다. "그들은 자신들이 무슨 일을 하고 싶어 하는지 모릅니다. 자신의 모든 미래가, 미래의 모든 행복과 마음의 평화가 좌우되는 직업을 선택하는 것보다 2~3년 동안 입을 옷 한 벌을 사는 데 더 많은 생각을 한다는 사실에 정말 소름이 끼칩니다!"

그래서 어쩌란 말인가? 어떻게 해야 할까? 당신은 직업상담사라 불리는 새로운 직업을 활용할 수 있지만, 당신이 선택한 상담사의 능력과 성격에 따라 당신에게 도움이 될 수도 있고 손해가 될 수도 있다. 이 새로운 직업은 아직 완벽과 거리가 멀고, 심지어 아직 초기 단계에도 이르지 못했다. 하지만 전망은 아주 밝다. 이 분야를 어떻게 이용할 수 있을까? 당신이 살고 있는 지역 내에 직무적성검사와 직업상담을 받을 수 있는 곳이 어디에 있는지 찾아보라. 미국 내 모든 대도시와 수많은 소도시에서는 이와 같은 서비스를 받을 수 있다. 만일 당신이 퇴역 군인이라면 재향군인 관리국을 통해 지원할 곳을 알아볼 수 있고, 퇴역 군인이 아니라면 공공도서관이나 지방 교육청에서 직업 안내를 받을 수 있다. 수백 곳의 고등학교와 대학에도 직업안내 부서가 있다. 만일 당신이 시골에 살고 있다면 해당 지역의 행정관청 소재지를 관할하는 직업정보 안내서비스 담당자에게 편지를 써 보라. 많은 주들에 이런 종류의 조언을 제공하는 담당자들이 있다. 공공기관뿐만 아니라 YMCA, YWCA, 적십자사, 유대인 문화교육촉진협회, 보이즈 클럽, 키와니스 클럽, 구세군 등과 같은 다수의 전국단위 기구들이 당신의 직업 관련 고민에 도움을 줄 상담사를 두고 있다.

하지만 그들은 제안만 할 수 있다. 결정은 당신이 해야 한다. 이 상담사들이 틀림없을 것이라는 생각은 버려라. 그들 사이에서도 의견이 다를 때가 있고, 그들은 때때로 어처구니없는 실수를 범하기도 한다. 일례로 어떤 직업상담사는 단지 어휘력이 풍부하다는 이유로 내 수강생들 중 한 명에게 작가가 되라고 권했다. 얼마나 우스운 일인가! 그것은 그렇게 간단한 문제가 아니다. 글을 쓴다는 것은 자신의 생각과 감정을 독자에게 전달하는 것이기 때문에 글을 잘 쓰기 위해서는 풍부한 어휘력이 아니라 아이디어, 경험, 확신, 자극이 필요하다. 어휘력이 풍부한 이 소녀에게 작가가 되라고 조언해 주었던 그 직업상담사는 단 한 가지에서는 성공했다. 전에는 행복했던 속기사를 좌절감에 기가 꺾인 소설가 지망생으로 만든 것이 그것이다.

내가 강조하고자 하는 것은 직업안내의 전문가도 당신이나 나처럼 완벽하지 않다는 것이다. 혹시나 직업상담사와 상담하게 된다면 여러 명의 의견을 들어본 뒤 그들의 조언을 상식에 비추어 판단하는 것이 좋다.

어쩌면 당신은 걱정에 관한 책에 이런 장을 포함한 것을 이상하게 생각할지 모르겠다. 하지만 우리가 싫어하는 일 때문에 얼마나 많은 걱정과 후회, 좌절이 생겨나는지 알게 된다면 전혀 이상하게 여겨지지 않을 것이다. 당신의 아버지, 아니면 이웃이나 당신의 상사에게 한번 물어보라. 뛰어난 지식인인 존 스튜어트 밀John Stuart Mill은 부적합한 일에 종사하는 사람들이 '사회의 가장 큰 손실 가운데 하나'라고 단언했다. 그렇다. 이렇게 자신의 일을 싫어하는 '부적합한 직업을 가진 사람들'은 지구상에서 가장 불행한 사람에 속한다.

어떤 부류의 사람들이 군대에서 '엉망'이 되는지 아는가? 분과 배치를 잘못 받은 사람이다! 내가 말하고 있는 것은 전투에서의 사상자가 아니라 일상 업무에서 엉망이 되는 사람들이다. 현존하는 정신의학자 가운데 가장 뛰어난 인물로 꼽히며 제1차 세계대전 동안 육군의 신경정신과를 담당했던 윌리엄 메닝거William Menninger 박사는 이렇게 말한다. "우리는 군대에서 선발과 배치의 중요성, 적절한 임무에 적합한 사람을 임명하는 것의 중요성에 대해 많은 것을 배웠습니다. …… 부여받은 임무의 중요성에 대한 확신은 대단히 중요합니다. 흥미가 없거나, 배치를 잘못되었다고 느끼거나, 인정받지 못한다고 생각되거나, 자신의 재능을 발휘하지 못한다고 느끼는 곳에 배치를 받으면 예외 없이 실제적 혹은 잠재적 정신적 부상이 생긴다는 사실을 발견했습니다."

그렇다. 똑같은 이유로 사회에서도 '엉망'이 될 수 있다. 자신의 일을 싫어하는 사람은 그 일도 '엉망'으로 만들기 마련이다.

그 예로 필 존슨Phil Johnson의 경우를 살펴보자. 세탁소를 운영하던 아버지는 아들도 그 일을 하길 바라는 마음에 필에게 그 일을 맡겼다. 그러나 세탁소가 싫었던 필은 빈둥빈둥 게으름을 피우며 해야 할 일만 간신히 하고 있었다. 물론 '자리를 비우는' 날도 많았다. 그의 아버지는 게으르고 패기 없는 아들을 두었다는 생각에 상처를 받아 직원들 얼굴을 보기가 부끄러울 정도였다.

하루는 필 존슨이 아버지에게 자신은 기계공장의 기계공이 되고 싶다고 말했다. 뭐? 기계공이 되어 처음부터 다시 시작하겠다고? 아버지는 충격을 받았지만 필은 자신의 길을 갔다. 그는 기름 범벅이 된 작업복을 입고 일했다. 세탁소에서 필요로 했던 것보다 훨씬 더 열심히 말이다. 더 긴 시간을 일했지만 휘파람이 절로 나왔다! 그는 공학 공부를 시작했고 엔진에 대해 배웠으며 기계들과 시간을 보냈다. 그리고 1944년

필립 존슨이 세상을 떠났을 때, 그는 보잉 항공사의 사장이었으며 제2차 세계대전이 승리하는 데 크게 기여했던 폭격기인 '공중요새'를 제작하고 있었다. 만일 그가 세탁소에만 들러붙어 있었다면 그와 세탁소는 어떻게 되었겠는가? 특히 그의 아버지가 돌아가신 다음에는? 내 생각에 그는 사업을 말아먹고 엉망이 되어 다시 일어나지 못했을 것 같다.

가족들과 말다툼하게 될 위험은 있겠지만 그래도 나는 젊은이들에게 이렇게 말해 주고 싶다. 가족이 원한다고 해서 억지로 어떤 직업이나 일을 시작하지 마라! 하고 싶지 않은 직업은 시작도 하지 마라! 하지만 부모님의 조언은 신중하게 검토하라. 부모님은 당신보다 두 배는 더 사신 분들이고, 오로지 많은 경험과 오랜 세월을 통해서만 얻을 수 있는 종류의 지혜를 갖고 계시다. 그러나 결국 최종 결정을 내리는 사람은 바로 당신이다. 일을 통해 행복해지거나 불행해지는 사람 역시 바로 당신이다.

이야기는 이 정도로 마치고, 이제 직업 선택과 관련해 몇 가지 경고가 포함된 제안들을 제시하고자 한다.

첫째, 전문 직업상담사의 선택과 관련한 아래의 다섯 가지 제안들을 주의 깊게 읽어 보기 바란다. 이 제안들을 한 사람은 미국의 뛰어난 직업상담 전문가인 컬럼비아 대학의 해리 덱스터 키슨Harry Dexter Kitson 교수로, 당신이 충분히 믿어도 좋을 만한 사람이다.

1. 당신의 '직업 적성'을 알려 줄 특별한 방법이 있다고 말하는 사람에게는 가지 마라. 이런 부류의 사람들은 겉만 보고 판단하는 골상학자 아니면 점성술사, 성격분석가, 필적전문가 등이다. 그들이 말하는 그 '방법'은 통하지 않는다.

2. 당신이 선택해야 할 직업을 알려 주는 검사를 해 줄 수 있다고 말하는 사람에게는 가지 말라. 그런 직업상담사는 반드시 피상담자의 신체적, 사회적, 경제적 조건 등을 고려해야 한다는 원칙을 무시하는 사람이다. 직업상담사는 상담받는 사람이 선택 가능한 직업인지를 고려해서 조언해야 한다.
3. 직업에 관한 적절한 정보를 갖고 있으며 그것을 상담 과정에서 활용하는 직업상담사를 찾아보라.
4. 직업안내 상담 서비스를 제대로 받으려면 일반적으로 두 번 이상의 상담이 필요하다.
5. 절대 우편으로 직업상담을 받지 말라.

둘째, 이미 그 직업을 가진 사람의 수가 넘치도록 많은 직업이나 일은 피하라! 미국에는 2만 개 이상의 직종이 있다. 생각해 보라! 2만 개가 넘는다. 그런데 젊은이들은 이 사실을 알고 있을까? 수정 구슬로 점을 칠 수 있는 힌두교 성자를 고용하지 않는 한 그들은 알 수 없다. 그 결과는? 한 학교에서는 전체 남학생의 3분의 2, 전체 여학생의 5분의 4에 해당하는 학생들이 2만 개의 직종 중 단 다섯 개만을 선택했다. 몇몇 사업과 직업에 사람들이 몰리는 것이 당연하고, 샐러리맨들 사이에서 불안감과 걱정, 불안 노이로제가 만연하는 것도 당연하다! 특히 법조계, 언론, 방송, 영화계처럼 사람들이 몰리는 '인기 직종'에 기를 쓰고 달려드는 것은 조심해야 한다.

셋째, 생계를 꾸려 나갈 수 있는 가능성이 10분의 1에 불과한 일에는 발을 들이지 마라. 한 예로 생명보험 판매를 살펴보자. 매년 셀 수 없이 많은 사람, 대부분은 아직 직업이 없는 사람들인 이들은 앞으로 무슨 일이 일어날지 미리 생각해 보지도 않고 보험 판매에 뛰어든다. 대략 무슨 일이 일어나는지 필라델피아 주에 있는 부동산신탁 빌딩의 프랭크 L. 베트거의 경우를 살펴보자. 베트거는 20년 동안이나 미국에서 가장 성공한 보험판매인으로 꼽히는 사람이었다. 그는 생명보험 판매하는 일을 시작한 사람 가운데 90퍼센트가 1년 내에 상심과 실망감에 일을 그만둔다고 단언한다. 남은 10퍼센트의 사람 가운데 한 사람만이 보험의 90퍼센트를 판매하고, 나머지 10퍼센트의 보험은 남은 사람들이 판매한다. 다른 식으로 말해 보겠다. 만일 당신이 보험 판매를 시작한다면 12개월 내에 실패하고 그만둘 가능성이 90퍼센트이고, 그 일로 1년에 1만 달러를 벌 가능성은 고작 1퍼센트라는 뜻이다. 설사 당신이 그 일을 그만두지 않고 계속한다고 해도, 간신히 먹고살 정도의 수준을 넘을 가능성은 10퍼센트에 불과하다.

넷째, 인생이 걸린 결정을 내리기에 앞서 1주일, 필요하다면 몇 달이라도 들여서 그 직업에 관한 모든 것들을 가능한 한 많이 알아보라! 어떻게? 이미 그 일을 하면서 10년, 20년, 혹은 40년을 보낸 사람들과 만나 이야기해 보는 것이 방법이 된다.

이런 만남은 당신의 미래에 매우 큰 영향을 끼칠 수 있다. 나도 그런 경험이 있기 때문에 잘 안다. 내가 20대 초반일 당시, 나는 두 명의 연장자들에게 직업상의 자문을 구했다. 지금 돌이켜보면 그 두 번의 만남이 내 경력의 전환점이었음을 알 수 있다. 실제로 그 두 번의 만남이 없었다면, 내 인생이 어떻게 되었을지 상상하기조차 어렵다.

이러한 직업상담을 받을 수 있는 만남은 어떻게 만들 수 있을까? 예를 들어 당신이 건축가가 되기 위해 공부하려 한다고 가정해 보자. 당신은 결정을 내리기 전에 당신이 살고 있는 도시, 그리고 인접 도시에 있는 건축과들과 만나 상담을 하며 몇 주의 시간을 보내야 한다. 그들의 이름과 주소는 구인광고가 있는 전화번호부에서 얻을 수 있다. 그들의 사무실에는 미리 약속을 하고 갈 수도 있고 그냥 갈 수도 있다. 미리 약속을 하고 싶다면 다음과 같은 편지를 보내 보기 바란다.

선생님께 작은 부탁이 있어 이렇게 편지를 씁니다. 저는 선생님의 조언을 듣고 싶습니다. 저는 현재 열여덟 살이며 건축가가 되기 위해 공부할 생각을 갖고 있습니다. 결정을 내리기에 앞서 선생님의 조언을 듣고자 합니다. 너무 바쁘셔서 사무실에서 저를 만나기 힘드시다면, 댁에서라도 30분 정도만 시간을 내 주시면 정말 감사하겠습니다.

제가 여쭈어 보고자 하는 질문들은 다음과 같습니다.

1. 인생을 다시 살게 된다면 그때도 다시 건축가가 되시겠습니까?
2. 선생님께서 저를 만나신 후, 제가 건축가로 성공하는 데 필요한 자질을 갖추었는지 판단해 주셨으면 합니다.
3. 건축과 관련한 직업에 인력이 지나치게 많이 몰리고 있습니까?
4. 제가 4년간 건축학을 공부한 후에 직업을 구하는 일이 어렵겠습니까? 처음에는 어떤 종류의 직업을 가지는 것이 좋다고 생각하십니까?
5. 제가 남들과 비슷한 정도의 능력을 가졌다면, 처음 5년 동안 얼마 정도를 벌 수 있습니까?

6) 건축가가 되는 것의 장점과 단점은 무엇입니까?

7) 만일 제가 선생님의 아들이라면, 제게 건축가가 되라고 권하시겠습니까?

만일 당신이 소심한 성격이라 '거물'을 혼자 만나러 가기 망설여진다면, 다음의 두 가지 방법을 사용하면 도움이 될 것이다.

먼저 또래 친구를 한 명 데리고 가라. 서로에게 의지가 될 것이다. 만일 같이 갈 친구가 없다면 부모님께 함께 가 달라고 요청하라.

다음으로, 당신이 조언을 구한다는 것은 그 사람에게 찬사를 보내고 있는 것임을 기억하라. 그는 당신의 요청을 기쁘게 생각할 것이다. 어른들은 젊은이들에게 충고하는 것을 좋아한다. 그 건축가도 아마 당신과의 만남을 즐겁게 받아들일 것이다.

약속을 요청하는 편지를 쓰는 것이 망설여진다면 약속 없이 그 사람의 사무실을 찾아가 '조언을 해 주신다면 정말 고맙겠다'고 이야기하라.

만일 다섯 명의 건축가들을 찾아갔는데 다섯 명 모두가 너무 바빠 당신을 볼 시간이 없다면(그럴 리는 없겠지만), 다섯 명을 더 찾아가 보라. 그들 중 몇 명은 당신을 만나 줄 것이고 값을 매길 수 없는 조언, 시간 낭비와 비탄의 세월로부터 당신을 구할 조언을 해 줄 것이다.

당신은 지금 인생에서 가장 중대하고 가장 큰 영향을 미치는 두 가지 결정을 내리려 한다는 사실을 기억하라. 그러므로 행동으로 옮기기에 앞서 사실을 확인하는 데 시간을 들여라. 그렇지 않으면 평생을 후회 속에서 살 것이다. 혹시 가능하다면, 30분 동안 시간을 내주고 조언을 해 준 데 대한 보답을 하라.

다섯째, 당신에게 적합한 직업이 하나뿐이라는 잘못된 믿음은 버려라! 평범한 사람이라면 다수의 직업에서 성공할 수 있고, 또한 많은 직업에서 실패할 수도 있다. 내 경우를 예로 들어 보자. 만약 내가 아래에 언급할 직업들을 공부하고 준비했더라면 어느 정도 성공도 하고 일도 즐겼을 가능성이 있었을 것 같다. 그 직업들이란 농사, 과수 재배, 과학 영농, 의학, 판매, 광고, 지역 신문 편집, 교직, 산림 관리 등이다. 반대로 내가 불행해지고 실패했을 것이라 확신하는 직업들도 있다. 경리, 회계, 기술자, 호텔이나 공장 운영, 건축업, 모든 기계 관련업, 그리고 그 밖의 수백 가지 직업이 그런 것들이다.

DALE CARNEGIE

HOW TO STOP WORRYING AND START LIVING

1.

우리의 걱정 중
70퍼센트는 돈 문제다

만약 내가 모든 사람의 금전적인 걱정을 해결하는 방법을 알고 있었다면 지금 여기에서 이 책을 쓰고 있지 않고 아마 대통령 바로 옆자리에 앉아 있을 것이다. 하지만 나는 이것 한 가지는 할 수 있다. 이 주제와 관련한 몇몇 권위자들의 말을 인용하고 매우 현실적인 제안을 하며 당신에게 부가적인 안내를 제시할 책들과 소책자들을 얻을 수 있는 장소를 알려주는 것이다.

《레이디스 홈 저널Lady's Home Journal》에 따르면 우리가 하는 모든 걱정의 70퍼센트는 돈에 대한 것이다. 여론조사 기관인 갤럽 여론조사의 창립자 조지 갤럽George Gallup은 '조사에 따르면 모든 사람들은 수입이 10퍼센트만 올라도 더 이상 금전적인 면에서는 걱정하지 않을 것이라 믿는다'는 사실을 발표했다. 이 말이 맞는 경우는 많지만, 그렇지 않은 경우도 놀라울 정도로 많다. 예를 들면, 나는 이 장을 쓰던 도중에 엘시 스테플턴이라는 예산집행 전문가 한 사람과 면담을 가졌다. 이 여성은 수년간 뉴욕에 있는 워너메이커 백화점과 짐벨스 백화점에서 고객들을 상대로 재정 상담을 해 주고 있고, 금전적인 고민으로 힘들어하는 사람들에게 도움을 주기 위해 개인 상담가로도 몇 년간 일한 적이 있다. 연소득이 1,000달러가 채 되지 않는 짐꾼에서부터 1년에 10만 달러 이상을 버는 경영 간부에 이르기까지 수입 규모가 다양한 사람들에게 도움을 주었던 그녀가 내게 해 준 말은 이렇다. "돈을 많이 번다고 해서 금전적 걱정이 해결되는 것은 아닙니다. 실제로 저는 소득이 증가했지만 소비와 골칫거리만 늘어날 뿐 아무것도 성취한 것이 없는 경우를 자주 보았습니다. 대부분의 사람들이 걱정하는 이유는 돈을 충분하지 않아서가 아니라 가지고 있는 돈을 어떻게 써야 할지 모르기 때문입니다." 아마 당신은 마지막 문장을 읽고 코웃음을 쳤을 것이다. 그렇지 않은가? 그렇다면 다시 한 번 코웃음을 치기 전에, 스테이플턴이 '모든 사람이 그렇다'고는 하지 않았음을 기억해 주기 바란다. 그녀는 '대부분의 사람들'이라고 말했지 당신이라고는 말하지 않았다. 그녀가 말하는 사람들은 당신의 형제자매들, 그리고 먼 친척들이다.

많은 독자들이 이렇게 말할지도 모르겠다. "카네기라는 사람한테 내가 받는 봉급으로 한번 살아 보라고 해 봤으면 좋겠네. 그러면 말이 달라질걸." 하지만 내게도 금전적으로 어려웠을 때가 있었다. 나는 미주리주에 있는 옥수수 밭과 건초 창고에서 하루 10시간 동안 고된 노동을 했다. 당시 내게 바람이 하나 있었다면 그렇게 육체적으로 완전히 녹초가 되어 몸이 쑤시는 고통으로부터 자유로워지는 것이었다. 그런 고된 일을 하면서 내가 받은 돈은 시간당 1달러도 아니고, 50센트도, 심지어 10센트도 아니었다. 나는 시간당 5센트를 받고 하루 10시간을 일했다.

나는 욕실도 없고 수돗물도 나오지 않는 집에서 20년 동안 산다는 것이 어떤 것인지 안다. 영하 25도까지 내려가는 방에서 잠을 잔다는 것이 어떤 것인지도 안다. 차비 5센트를 아끼기 위해 몇 마일씩 걸어 다니는 것이 어떤 것인지, 바닥에 구멍이 난 신발을 신는 것, 엉덩이 부분이 해져서 헝겊으로 기운 바지를 입는 것이 어떤 것인지 나는 안다. 식당에서 가장 싼 음식을 주문하고 바지를 다릴 돈이 없어서 매트리스 밑에 깔고 자는 것이 어떤 것인지 안다.

하지만 그럴 때에도 나는 내가 번 돈 중 단 몇 푼이라도 저축을 했다. 그렇게 하지 않으면 불안했기 때문이다. 이러한 경험의 결과로, 당신이나 나나 빚과 금전적인 걱정을 피하고 싶다면 기업이 하는 것처럼 해야 한다는 것을 깨닫게 되었다. 다름 아닌 돈에 대한 지출 계획을 세우고 그 계획에 따라서 돈을 써야 한다는 것이 그것이다. 하지만 우리 대부분은 그렇게 하지 않는다. 예를 들어 나와 친한 친구이자 이 책을 출판하는 사이먼 앤드 슈스터 출판사의 이사회 회장인 레온 심스킨은 많은 사람들이 자신이 가진 돈에 관해 이상할 정도로 무지하다고 말했다.

그는 자신이 알고 있는 어떤 경리사원에 대해 말했다. 그 사람은 회사에서 일할 때에는 돈에 대해 매우 철저했지만 자신의 개인적인 돈을 취급할 때에는 그와 정반대였다! 이를테면 이런 식이다. 그 사람이 금요일 낮에 보수를 받았다고 가정해 보자. 그러면 그는 시내로 나가서 길을 걷다가 어느 상점에서 마음에 쏙 드는 외투를 보면 그 옷을 산다. 그는 조만간 자신의 월급봉투에서 빠져나가야 하는 집세, 전기세 같은 '고정' 비용에 대해서는 전혀 생각하지 않는다. 당장 수중에 돈이 있으니 괜찮다는 식인 것이다. 하지만 그는 자신이 일하는 회사가 그렇게 분별없이 사업을 경영한다면 결국 파산하게 될 것임을 알고 있다.

우리가 생각해야 할 문제가 바로 이런 것이다. 당신의 돈에 관한 한, 당신은 사업을 하는 것이나 마찬가지다! 그것은 말 그대로 당신의 돈을 갖고 하는 '당신의 사업'이다.

그렇다면 우리의 돈을 관리하기 위한 원칙은 무엇일까? 우리는 어떻게 예산을 편성하고 계획을 세워야 할까? 그것에 관한 열한 가지 원칙을 제시하겠다.

원칙 1 | 사실들을 기록하라

50년 전, 아널드 베넷Arnold Bennett이 런던에서 소설을 쓰기 시작했을 때 그는 가난에 쫓기고 있었다. 그는 동전 한 닢을 쓸 때도 기록했다. 돈이 어디로 가는지 궁금해서 그랬을까? 물론 아니다. 그는 중요한 사실을 알고 있었던 것이다. 그는 자신의 그런 생각이 너무 마음에 들어 후에 부자가 되고, 세계적으로 이름을 날리며, 개인 요트를 소유할 정도가 되어서까지도 돈에 대한 기록을 유지했다.

존 D. 록펠러도 장부를 기록했다. 그는 자신의 재정 상태를 완벽하게 파악한 다음에 기도를 하고 잠자리에 들었다.

당신과 나 역시 공책을 마련해서 기록해야 한다. 지금부터 죽을 때까지? 그럴 필요는 없다. 예산에 관한 전문가들은 최소한 처음 한 달간, 가능하다면 석 달 동안 소비한 모든 돈에 대해 정확히 기록하라고 권한다.

이렇게 함으로써 우리는 우리의 돈이 어디로 가는지 정확하게 기록할 수 있고, 그렇기에 예산을 짤 수 있다.

아! 당신은 이미 당신 돈이 어디로 가는지 알고 있다고? 그럴지도 모른다. 만일 그렇다면 당신은 1,000명 중에 한 명 꼴로 나올까 말까 한 보기 드문 사람이다! 스테플턴의 말에 따르면 사람들에게 자신들이 쓴 돈의 사실과 금액들을 말하게 하고 그것을 종이에 받아 적은 다음 그 결과를 보여 주면 이렇게 소리친다고 한다. "내 돈이 이런 식으로 없어진다고요?" 그들은 너무나 믿기 힘들어한다. 당신도 그런가? 그럴지도 모른다.

원칙 2 | 자신의 상황에 맞춰 예산을 짜라

스테플턴은 두 가족이 같은 지역, 비슷한 집에 살고 있으며 자녀들의 수도 같고 수입도 똑같다 하더라도 필요한 생활비는 현저히 다를 수 있다고 말했다. 왜 그럴까? 이유는 사람은 저마다 다르기 때문이다. 그녀는 예산이란 개인의 특성에 따라 맞춤형으로 짜야 한다고 말한다.

예산이라는 개념은 인생에서 모든 기쁨을 억지로 빼앗아 버려야 한다는 것이 아니다. 예산이란 우리에게 물질적인 안정감을 주기 위한 것이고, 대개는 그래야 감정적 안정을 얻고 걱정으로부터 자유로워질 수 있다. 스테플턴은 내게 이렇게 말했다. "예산에 따라 사는 사람들은 더 행복한 사람들입니다."

그렇다면 당신은 어떻게 그 일을 시작할 수 있을까? 먼저, 앞서 말한 것처럼 모든 비용을 목록으로 작성해야 한다. 그다음 조언을 구한다. 당신은 워싱턴 D. C.에 있는 미국 농무부에 이 주제에 관한 자료를 요구하는 편지를 쓸 수도 있다. 밀워키, 클리블랜드, 미니애폴리스, 그리고 대부분의 많은 대도시에서는 몇몇 중견 은행들이 당신의 재정 문제에 대해 기꺼이 상담해 주고 예산을 짜는 데 도움을 줄 전문 상담사들을 두고 있다.

인구 2만 명 이상의 많은 도시에는 당신의 재정 문제에 대해 무료로 조언해 주고 당신의 수입에 맞는 예산을 세우도록 도와줄 가정복지기관들이 있다. 이러한 단체들은 대개 직업별 전화번호부에서 '사회기관' 항목에 실려 있다. 시장 사무실이나 적십자사, 공동기금관리기구에 문의하면 당신이 살고 도시에 위치한 가정복지기관을 알 수 있을 것이다.

내가 스테플턴 씨에게 "만일 당신이 소도시나 농장에 살고 있는데 예산 수립에 대한 개인적인 조언을 얻고 싶으면 어떻게 하시겠습니까?"라고 묻자 그녀는 이렇게 답했다. "저라면 제가 살고 있는 지역에서 가장 가까운 도회지의 큰 신문사에 편지로 예산 수립에 관한 개인적인 안내를 받을 수 있는 곳이 어디인지 물어보는 편지를 보내겠습니다. 그리고 만일 필요하다면 하루가 걸리더라도 찾아가서 조언을 얻겠습니다."

원칙 3 | 현명하게 소비하는 방법을 배워라

이 말은 당신이 가진 돈으로 최대의 가치를 얻는 법을 배우라는 의미다. 큰 단체라면 어디든 오로지 회사를 위해 가장 효과적으로 상품을 사들이는 전문 바이어와 구매 대리인이 있다. 개인 자산에 대한 관리인이자 경영자인 당신도 그렇게 해야 하지 않겠는가? 그에 필요한 몇 가지 정보를 제공하겠다.

1. 워싱턴 D. C.에 있는 문서관리국에 편지를 써서 구매자와 소비자를

위한 조언이 담겨 있는 정부 간행물을 보내 달라고 요청하라. 이러한 것들은 대부분 명목상의 요금만 지불하고서도 얻을 수 있다.

2. 1년에 50센트만 내면 워싱턴에 있는 농무부에서 발행하는 '소비자 지침서'를 한 달에 한 번씩 우편으로 받아 볼 수 있다.

3. 당신의 돈을 최대한 활용하는 법을 배우는 데 1년에 6달러를 투자할 의향이 있다면 뉴욕 주 세인트마운트버논 워싱턴 가 256번지에 있는 컨슈머 리포츠에서 발간하는 잡지를 구독하라. 이 잡지는 소비자 보고서계의 브리태니커 백과사전에 해당한다. 각 권은 50센트이며 12월에 발간하는 구매 가이드 종합판은 1.75달러다.

원칙 4 | 수입이 늘어난다고 골칫거리도 늘리지 말라

예산과 관련하여 스테플턴 씨에게 들어오는 상담 가운데 그녀를 가장 두렵게 하는 것은 연소득이 5,000달러인 가정이라고 한다. 그 이유를 물었더니 그녀는 이렇게 말했다. "겉보기에는 연소득 5,000달러가 미국 가정 대부분의 목표인 것처럼 보입니다. 그들은 수년간 현명하고 분별 있게 살다가 연소득이 5,000달러까지 높아지면 목표를 '달성했다'고 생각하게 됩니다. 그러면 그들은 소비를 확장하기 시작하죠. '아파트 임대비보다 비싸지 않다'고 하면서 교외에 집을 마련하고, 차도 한 대 사고 새 가구들과 새 옷들을 사들입니다. 그러다 보면 당연히 어느새 적자를 향해 달려가게 됩니다. 실제로 그들은 전보다 덜 행복합니다. 늘어난 소득보다 훨씬 더 많은 돈을 소비해 버렸으니까요."

이것은 자연스러운 현상일 뿐이다. 우리는 모두 인생에서 더 많은 것을 얻고 싶어 한다. 그러나 장기적인 관점에서 보았을 때, 과연 어떤 것이 우리를 더 행복하게 할까? 빡빡한 예산에 맞게 사는 것일까, 아니면 대출상환 고지서를 받고 빚쟁이들이 현관문을 두드리게 하며 사는 것일까?

원칙 5 | 어쩔 수 없이 대출받아야 할 상황에 대비해 신용을 쌓아 놓아라

긴급한 일이 닥쳐서 어쩔 수 없이 대출을 받아야 하는 상황이 되었을 때, 생명보험 증권이나 미국 재무부 발행 채권은 말 그대로 당신 손에 쥐어진 돈이나 마찬가지다. 하지만 보험을 담보로 대출을 받으려면 당신의 보험 증권이 저축성인지 확인해야 한다. 그래야 보험 해약금을 받을 수 있기 때문이다. '정기 보험'이라고 불리는 특정 보험은 일정 기간에 대해서만 보험이 적용되는 것이라 나중에 돌려받는 돈은 생기지 않고, 그래서 이런 보험들은 돈을 빌리려는 당신에게 있어 아무런 소용이 없다. 그러므로 규칙을 한 가지 말하자면, 질문하라! 급하게 돈이 필요할 경우에는 보험을 해약하고 해약금을 받을 수 있는지 보험 계약서에 서명하기 전에 물어보라.

자, 그런데 당신은 가입한 보험이나 채권은 없지만 집, 혹은 자동차, 아니면 그 밖의 다른 담보물은 가지고 있다고 가정해 보자. 그렇다면 돈을 빌리러 어디로 가야 하겠는가? 은행으로 가야 한다! 은행은 그 지역 내에서 좋은 평판을 유지해야 하므로 당신을 공정하게 대할 것이다. 만일 당신이 재정적으로 곤란한 상태에 있다면 은행은 당신과 당신의 문제를 논의하고 계획을 세우며 걱정과 빚에서 벗어날 수 있도록 돕는 일까지 할 것이다. 다시 한 번 강조하지만, 담보물이 있다면 은행으로 가라!

그러나 만에 하나, 담보물도 없고 본인의 이름으로 된 자산이 아무것도 없어서 임금이나 봉급 말고는 담보물로 내놓을 것이 없는 상황이라면 어떻게 해야 할까? 당신의 인생을 소중하게 생각하는 사람이라면 이 말을 명심하라! 허가받지 않은 금융기관에서는 절대로, 절대로 돈을 빌리지 마라! 아직 러셀세이지 재단이 제안한 통일소액대부업법이 통과되지 않은 중서부의 몇몇 주에서는 아직도 무허가 '고리대금업자들'이 활개를 치고 있다. 하지만 이 법을 채택한 32개 주에 있는 허가받은 금융기관들은 일반적으로 신뢰할 수 있다. 대부분은 윤리적이고 정직하며 철저히 규정을 지킨다. 그들은 질병이나 긴급 상황에 직면하여 급히 돈을 조달해야 하는 사람들에게 서비스를 제공한다. 대출 이자율은 은행보다 높지만 은행보다 더 큰 위험을 안고 있고 자금 조달비도 더 높기 때문에 어쩔 수 없다. 하지만 만일 당신이 금융기관 영업에 대한 규제가 없는 지역에 살고 있다면 아무데나 찾아가서 거래를 하기 전에 은행으로 가서 직원을 만나 솔직히 상황을 털어놓고 적당한 대출기관을 추천해 달라고 하는 편이 좋다.

만일 그렇게 하지 않으면 당신은 고리대금업자들의 손아귀에 들어갈지 모른다. 특히 소액대부업법의 효력이 미치지 않는 캔자스, 몬태나, 노스다코타, 사우스다코타, 사우스캐롤라이나 주, 그리고 소액대부업법이 있어도 부분적 혹은 전반적으로 효력이 없는 앨라배마, 아칸소, 조지아, 미시시피, 노스캐롤라이나, 테네시, 텍사스, 와이오밍과 같은 주에서 그럴 수 있다. 고리대금업자들은 컬럼비아 특별 지역에서도 활개를 치고 있다. 불법 사채업자들은 대개 은행 이자의 40~50배나 높은 240퍼센트의 이자를 물린다. 부주의한 사람들로부터 매년 1억 달러 이상의 돈을 갈취하는 그들은 당신이 빚을 갚지 못하도록 할 뿐만 아니라 당신을 속여 먹을 방법도 열댓 개는 알고 있다.

원칙 6 | 질병, 화재, 긴급 상황에 대비하여 보험에 들어라

보험은 비교적 적은 금액으로 각종 사고, 재난, 그리고 있음직한 긴급 상황 등에 대비할 수 있는 좋은 방법이다. 그렇다고 욕조에서 미끄러지는 것에서부터 풍진에 걸리는 것까지의 모든 상황들에 대비해 보험을 들라는 것은 아니다. 나는 돈이 들고, 그래서 당신에게 걱정을 끼칠 만한 큰 재난들에 대비하라고 말하는 것이다. 그러면 보험비 이상의 가치를 얻을 수 있다.

예를 들어 작년에 열흘 동안 병원에 입원해야 했던 한 여성이 있는데, 그녀가 퇴원할 때 지불한 병원비는 정확히 8달러였다! 어떻게 그럴 수 있었을까? 그녀는 병원보험에 가입되어 있었기 때문이다.

원칙 7 | 당신의 생명보험금이 부인에게 일시불로 지급되도록 설정하지 마라

당신이 사망한 후에 가족이 보험금을 받도록 하고자 한다면, 제발 부탁이니 보험금이 일시불로 지급되도록 하지 말라.

'벼락부자가 된 미망인'에게는 무슨 일이 일어날까? 그 질문에 대한 대답은 메리언 S. 에벌리Marion S. Everly 여사에게 들어보자. 뉴욕 시 메디슨 가 488번지에 있는 생명보험협회 여성부 부장인 그녀는 미국 각지에서 열리는 여성 모임에 참석해 '생명보험금은 현찰로 받지 말고 연금 지급 방식으로 수령하는 것이 현명하다'고 강연한다. 그녀는 2만 달러를 현찰로 받은 한 미망인을 일례로 들어 이야기한다. 그 여성은 그 돈을 아들이 자동차용품 사업을 시작하는 데 필요한 사업자금으로 빌려주었다. 하지만 사업은 실패했고 현재 그 미망인은 가난에 허덕이며 살고 있다. 다른 미망인 하나는 어느 교활한 부동산업자가 '1년 내에 땅값이 두 배로 뛴다'고 설득한 것에 넘어가 보험금의 대부분을 공터를 사는 데 투자했다. 3년 후 그 땅을 매각할 때 그녀는 구입가의 10분의 1밖에 받지 못했다. 또 다른 미망인은 보험금으로 1만 5,000달러를 받은 지 12개월이 지나기도 전에 자신의 자녀들을 부양해 달라고 아동복지협회에 도움을 요청해야만 했다. 이처럼 비극적인 이야기들은 말하자면 끝도 없다.

여성의 손에 쥐어진 2만 5,000달러는 보통 7년을 못 간다.

이 말은 〈뉴욕 포스트〉 사의 재정담당자인 실비아 S. 포터Sylvia S. Porter가 〈레이디스 홈 저널〉에서 한 말이다.

예전에 〈새터데이 이브닝 포스트〉에 이런 사설이 실렸던 적이 있다. "실무 경험도 없고 은행에 조언을 해 줄 만한 사람도 없는 보통의 미망인들이 맨 처음 다가오는 구변 좋은 세일즈맨의 말에 넘어가 남편의 사망보험금으로 받은 돈을 엉터리 주식에 투자하기 쉽다는 것은 잘 알려진 사실이다. 변호사나 금융전문가라면 누구든지 미망인이나 자녀가 직업적으로 여성들의 돈을 우려먹는 사악한 사기꾼을 믿었다는 이유만으로 한 남자가 평생 희생과 절제를 통해 한두 푼씩 아껴 모은 돈 전부를 한순간에 날려 버린 사례를 수십 개씩은 댈 수 있다."

당신의 부인과 아이들을 보호하고 싶다면 그 누구보다도 현명한 금융가인 J. P. 모건으로부터 비법을 들어 보는 것이 어떤가? 그는 유언을 통해 주요 상속인 열여섯 명에게 유산을 남겼는데, 그중 열두 명은 여성이었다. 그가 이 여성들에게 현금을 남겼을까? 아니다. 그가 남긴 것은 그녀들에게 평생 동안 매달 일정한 수입을 보장해 줄 신탁기금이었다.

원칙 8 | 자녀들이 돈에 대해 책임 있는 태도를 갖도록 가르쳐라

나는 예전에 〈유어 라이프Your Life〉지에서 읽었던 어떤 글 하나를 잊을 수 없다. 그 글을 쓴 스텔라 웨스튼 터틀Stella Weston Tuttle은 자신이 어린 딸에게 어떤 방법으로 돈에 대한 책임감을 갖게 가르치는지 자세히 알려주었다. 그녀는 은행에서 여분의 수표책을 얻어 와 그것을 아홉 살 난 딸에게 주었다. 매주 용돈을 받는 딸은 그 돈을 은행 역할을 하는 엄마에게 '예금'했다. 그리고 엄마는 주중에 5센트든 10센트든 딸이 원할 때마다 그 금액만큼 '수표를 끊게' 하여 잔액을 확인하게 했다. 그 어린 딸은 그렇게 하는 것이 재미있었을 뿐 아니라 그럼으로써 자신의 돈 관리에 대한 실제적인 책임감을 배우기 시작했다. 얼마나 훌륭한 방법인가!

만약 당신에게 고등학생 정도 나이의 아들이나 딸이 있고 이 아이들에게 돈 관리하는 법을 가르쳐 주고 싶다면 다음의 책을 강력히 추천한다. 사실 이 책은 필수 서적이나 다름없다. 책의 제목은《돈 관리법Managing Your Money》이며 워싱턴 D. C. 16번가 1201번지에 있는 전미교육협회에서 소비자 교육 시리즈 중 하나로 발간했다. 이 책은 머리 손질에서부터 콜라에 이르기까지 모든 것을 10대 청소년들의 실생활에 맞춰 다루고 있을 뿐 아니라, 대학을 졸업할 때까지 필요한 예산을 짜는 방법도 담겨 있다. 내게 고등학교 다니는 아들이 있었다면 이 책을 읽어 보게 하고 가족 예산을 짜는 일을 도와 달라고 하고 싶다.

원칙 9 | 가정주부는 주방에서 약간의 부수입을 얻을 수 있다

지출에 대해서 현명하게 예산을 세웠는데도 빚을 지지 않고 살아가기가 쉽지 않다면 당신은 다음 두 가지 가운데 하나를 할 수 있다. 하나는 잔소리하고 초조해하며 불평하는 것이고, 다른 하나는 부업으로 약간의 부수입을 올릴 계획을 짜는 것이다. 어떻게 하냐고? 돈을 벌기 위해 당신은 그저 지금 현재 적절하게 충족되고 있지 않은 필수적인 욕구를 채워 주기만 하면 된다. 뉴욕 주 잭슨하이츠 83번가 37-09번지에 사는 넬리 스피어Nellie Speer 부인이 한 일이 바로 그런 것이었다. 1932년, 그녀는 방 세 개짜리 아파트에서 혼자 살게 되었다. 남편은 세상을 떠났고 두 아이들은 결혼을 했다. 어느 날, 가게 음료수 판매대에서 아이스크림을 사던 그녀는 거기서 파이를 판매하는 것을 보게 되었다. 그 파이는 먹으면 기분이 나빠질 것처럼 아주 맛없어 보였다. 그녀는 가게 주인에게 그녀가 집에서 직접 만든 진짜 파이를 살 생각이 있냐고 물어보았고, 가게 주인은 두 개를 주문했다. 스피어 부인은 내게 그 이야기를 들려주면서 이렇게 말했다.

제가 요리를 잘하는 편이기는 했지만 조지아에 살 때는 항상 하녀들이 곁에서 도와주었고, 게다가 저는 한 번도 열두 개 이상의 파이를 구워 본 적이 없었어요. 파이 두 개를 주문받은 저는 이웃집 부인에

데일 카네기 자기관리론

게 찾아가 애플파이 만드는 법을 물어봤습니다. 그 가게에서 제가 만든 파이를 먹은 손님들은 아주 만족했지요. 하나는 애플파이였고, 하나는 레몬파이였어요. 가게 주인은 다음 날 다섯 개를 주문했습니다. 그러다가 차츰 다른 판매대와 간이식당에서도 주문이 들어오더군요. 2년이 채 되지 않아 저는 한 해에 5,000개의 파이를 굽게 되었습니다. 모든 일은 우리 집의 작은 부엌에서 혼자 했기 때문에 파이에 들어가는 재료비만 빼면 아무런 비용이 들지 않았어요. 그래서 순수익으로 1년에 1,000달러를 벌었답니다.

스피어 부인이 집에서 만든 파이에 대한 수요는 크게 늘었다. 더 이상 자신의 부엌에서 일하기가 어려워진 그녀는 가게를 차렸고 두 명의 여직원도 고용하여 파이뿐 아니라 케이크, 식빵, 롤 카스텔라도 만들게 되었다. 전쟁 기간 동안 사람들은 그녀의 수제 빵을 사기 위해 한 시간씩 줄을 서서 기다리기도 했다. 스피어 부인은 이렇게 말했다.

제 평생에 그렇게 행복했던 적이 없습니다. 가게에서 하루에 12시간에서 14시간을 일했지만 하나도 피곤하지 않았어요. 제게 그것은 일이 아니라 살아 있는 모험이었기 때문입니다. 저는 사람들을 행복하게 만들기 위해 제 역할을 다했습니다. 너무 바빠서 외로워하거나 걱정할 틈도 없었죠. 그 일은 어머니와 남편, 그리고 집을 잃고 공허해진 제 삶의 공백을 메워 주었습니다.

내가 스피어 부인에게 인구 1만 명 이상의 도시에 살며 요리에 자신 있는 다른 여성들도 이와 비슷한 방식으로 남는 시간에 돈을 벌 수 있겠느냐고 물었더니 그녀는 이렇게 대답했다. "그럼요. 물론이죠!"

오라 스나이더Ora Snyder 여사도 똑같이 말할 것이다. 그녀는 인구 3만 명의 도시인 일리노이 주 메이우드에 살고 있다. 그러나 그녀는 부엌에서 10센트 정도 드는 재료들을 가지고 사업을 시작했다. 병에 걸린 남편을 대신해 그녀는 돈을 벌어야 했다. 하지만 경험과 기술, 자본이 없었기에 무엇을 어떻게 해야 할지 몰랐다. 그저 평범한 가정주부일 뿐이었던 그녀는 부엌 안쪽에서 달걀 흰자와 설탕으로 사탕을 만들었다. 그러고 나서 그 사탕을 그릇에 담아 학교 근처로 가지고 가서 하굣길의 아이들에게 하나에 1센트씩 받고 팔았다. 그녀는 아이들에게 말했다. "내일은 더 많은 돈을 가져오렴. 아줌마가 집에서 만든 사탕을 가지고 매일 이 자리에서 기다리고 있을게." 첫 주 동안 그녀는 4달러 15센트라는 이익뿐만 아니라 삶의 활력도 얻었다. 그녀는 그녀 자신과 아이들 모두를 행복하게 했다. 걱정할 겨를이 없었다.

일리노이 주 메이우드 출신의 이 얌전하고 연약해 보이는 주부는 사업 확장을 결심할 정도로 큰 꿈을 품게 되었다. 그녀는 자신이 만든 사탕을 활기 넘치는 대도시인 시카고에서 팔 수 있도록 도와줄 중개인을 찾았다. 그녀는 길거리에서 땅콩을 팔고 있는 어느 이탈리아인에게 조심스럽게 다가갔다. 그녀의 말을 들은 그는 시큰둥한 반응을 보였다. 그의 손님들이 원하는 것은 땅콩이지 사탕이 아니었기 때문이다. 하지만 그녀가 건네 준 사탕을 맛본 그는 괜찮겠다고 생각했고 그 사탕을 팔기 시작했다. 그렇게 해서 스나이더 여사가 첫날 얻은 이익은 2달러 15센트였다. 4년 후 그녀는 시카고에 자신의 첫 번째 가게를 열었다. 가게의 폭은 겨우 2미터가 조금 넘는 정도였다. 그녀는 밤에 사탕을 만들고 낮에 그것을 팔았다. 집 부엌에서 사탕 만드는 일을 시작한, 한때 소심했던 이 주부는 이제 열일곱 개의 지점을 갖게 되었다. 그중 열다섯 개는 시카고에서도 가장 번화가에 속하는 루프 지역에 있다.

내가 말하고자 하는 요점이 바로 이것이다. 뉴욕 주 잭슨 하이츠에 사는 넬리 스피어, 그리고 일리노이 주 메이우드에 사는 오라 스나이더 부인은 금전 문제에 대해 걱정하는 대신 적극적으로 행동했다. 이들은 간접비, 임대료, 광고비, 직원 월급도 없이 부엌에서 작은 사업을 시작했다. 이런 조건이라면 재정적인 걱정으로 좌절할 여성이 생길 리 만무하다.

주변을 둘러보면 아직도 충족되지 못한 욕구들이 많다는 사실을 알 수 있을 것이다. 예를 들어, 당신이 열심히 연습해서 요리를 잘하게 된다면 당신의 집 주방에서 젊은 여성들을 대상으로 요리 강좌를 열어 돈을 벌 수도 있다. 수강생들은 집집마다 찾아다니며 모으면 된다.

여가시간을 활용해서 돈을 벌 수 있는 방법에 대해서는 이미 많은 책이 나와 있으니 공공도서관에 가서 문의해 보라. 남자든 여자든 기회는 많다. 하지만 주의를 당부하는 말 한마디만 하겠다. 자신이 판매하는 일에 타고난 자질이 있다고 생각되지 않으면 방문판매는 하지 않는 것이 좋다. 대부분의 사람들은 그것을 싫어하고 또 많이들 실패한다.

원칙 10 | 도박은 절대 금물이다

나는 경마나 슬롯머신으로 돈을 벌겠는 사람들을 볼 때마다 놀라지 않을 수 없다. 나는 이런 '도박용 슬롯머신들'을 가지고 생계를 꾸려 나가는 사람을 알고 있는데, 그는 이미 조작된 기계를 이길 수 있다고 생

393

각할 정도로 판단력을 잃은 어리석은 사람들을 업신여길 뿐이다.

나는 미국에서 가장 유명한 출판업자도 알고 있다. 내 수강생이었던 그는 경마에 대해 아무리 많이 알고 있어도 경마로는 돈을 벌 수 없었다고 내게 말했다. 그러나 바보 같은 사람들이 경마에 거는 돈은 1년에 60억 달러나 되는 것이 현실이다. 그 돈은 1910년 미국의 국가부채 총액의 무려 여섯 배에 달한다. 이 출판업자는 '정말 원수처럼 싫어하는 사람이 있어서 그를 망하게 하고 싶으면 그를 꼬드겨 경마에 돈을 걸게 만드는 것보다 좋은 방법은 없다'고 말하기도 했다. 내가 그에게 미국 경마 정보지에서 하라는 대로 경마를 하는 사람에게는 무슨 일이 일어나는지 물었더니 그는 이렇게 대답했다. "그런 식으로 돈을 걸면 '몽땅 날릴' 겁니다."

그래도 도박을 하겠다고 마음먹었다면 최소한 현명해져라. 우리가 이기고 질 가능성이 얼마나 되는지 확인해 보자. 어떻게? 오스왈드 자코비Oswald Jacoby가 쓴 《확률 계산법How to Figure the Odds》이라는 책을 읽으면 알 수 있다. 그는 무려 215쪽에 걸쳐 브리지와 포커의 대가이자 최고의 수학자, 통계학 전문가, 그리고 보험계리사이다. 이 책에서 그는 무려 215쪽에 걸쳐 당신이 경마, 룰렛, 주사위 노름, 슬롯머신, 드로 포커, 스터드 포커, 컨트랙트 브리지, 옥션 피노클, 주식투자 등을 할 때 성공할 수 있는 확률을 계산해 놓았다. 이 책에는 그 밖의 다른 여러 가지 활동들에서 나타나는 과학적, 수학적 승산에 대한 내용도 들어 있다. 그렇다고 이 책이 감히 도박으로 돈을 버는 방법을 알려 주려는 것은 아니다. 저자는 딴 속셈을 가지고 책을 쓴 것이 아니라, 단지 대부분의 일반적인 도박에서 당신이 이길 확률을 보여 줄 뿐이다. 만약 당신이 그 확률을 확인하고 나면, 고생해서 번 돈을 경마나 카드, 주사위, 또는 슬롯 머신에 거는 불쌍한 노름꾼들을 동정하지 않을 수 없을 것이다. 만약 공공도서관에서 이 책을 찾을 수 없다면 서점을 통해 구입하거나 직접 출판사에 주문할 수 있다. 출판사는 뉴욕 주 가든시티에 있는 더블데이 앤드 컴퍼니이고 책값은 2달러 95센트다. 만일 당신이 주사위 노름이나 포커, 경마에 돈을 걸고 싶은 생각이 들 때 이 책을 본다면 잃게 될 돈을 100배, 아니 어쩌면 1,000배쯤은 줄일 수 있을 것이다.

원칙 11 | 재정 상태를 개선할 수 없다 하더라도 스스로를 용서하고, 바꿀 수 없는 상황을 원망하지 말자

재정 상태는 개선할 수 없다 하더라도 우리의 마음가짐은 개선할 수 있다. 다른 사람들 역시 나름대로 금전 문제로 걱정하고 있다는 사실을 기억하자. 어쩌면 우리는 이웃집만큼 잘살지 못해서 고민하는 것인지도 모른다. 하지만 그 이웃집 사람도 다른 집 사람들처럼 잘살지 못하는 문제로 고민하고 있을 것이다. 그리고 그 다른 집 사람도 또 다른 집 사람들처럼 잘살지 못한다고 고민한다.

미국 역사상 가장 유명한 사람들 중에도 재정상의 문제를 안고 있던 이들이 있었다. 링컨과 워싱턴은 둘 다 대통령 취임식 참석을 위한 여비를 마련하기 위해 돈을 빌려야만 했다.

우리가 원하는 것을 모두 소유할 수 없다 하더라도 걱정과 원망으로 삶을 망치지는 말자. 자기 자신에게 너그러워지자. 철학적인 사람이 되자. 에픽테토스의 말에 따르면 철학이란 결국 이런 것이다. "철학의 본질은 자신의 행복이 외부 상황에 좌우되지 않도록 살아가는 것이다." 또한 세네카는 다음과 같이 말했다. "부족하다고 느껴지는 것이 있는 사람은 세상을 가진다 할지라도 비참하다."

그러므로 세상을 소유하고 울타리로 빡빡하게 그 주변을 두른다 해도 우리는 하루에 세 끼밖에 먹지 못하며 한 번에 한 침대에서만 잘 수 있다는 사실을 기억하자. 막노동자도 그렇게는 할 수 있다. 어쩌면 그 사람이 록펠러보다 더 맛있게 음식을 먹고 더 평온하게 잠들지도 모른다.

금전적인 걱정을 줄이는 방법

1. 사실들을 기록하라.

2. 자신의 상황에 맞춰 예산을 짜라.

3. 현명하게 소비하는 방법을 배워라.

4. 수입이 늘어난다고 골칫거리도 늘리지 마라.

5. 대출받아야 할 상황에 대비해 신용을 쌓아 놓아라.

6. 질병, 화재, 긴급 상황에 대비하여 보험에 들어라.

7. 당신의 생명보험금이 부인에게 일시불로 지급되도록 설정하지 마라.

8. 자녀들이 돈에 대해 책임 있는 태도를 갖도록 가르쳐라.

9. 가정주부는 주방에서 약간의 부수입을 얻을 수 있다.

10. 도박은 절대 금물이다.

11. 재정 상태를 개선할 수 없다 하더라도 스스로를 용서하고, 바꿀 수 없는 상황을 원망하지 말자.

DALE CARNEGIE

HOW TO
STOP WORRYING AND
START LIVING

데일 카네기 자기관리론

초판 1쇄 펴낸 날 2024년 8월 30일
초판 2쇄 펴낸 날 2024년 11월 11일

지 은 이   데일 카네기
옮 긴 이   정내현
펴 낸 이   장영재
펴 낸 곳   (주)미르북컴퍼니
자 회 사   더스토리
전   화   02)3141-4421
팩   스   0505-333-4428
등   록   2012년 3월 16일(제313-2012-81호)
주   소   서울시 마포구 성미산로32길 12, 2층 (우 03983)
E - mail   sanhonjinju@naver.com
카   페   cafe.naver.com/mirbookcompany
S N S   instagram.com/mirbooks

• (주)미르북컴퍼니는 독자 여러분의 의견에 항상 귀 기울이고 있습니다.
• 파본은 책을 구입하신 서점에서 교환해 드립니다.
• 책값은 뒤표지에 있습니다.